谈"心"
从传统到现代

王 前 著

科 学 出 版 社

北 京

内 容 简 介

本书沿着从传统到现代的思路,对中国传统文化中"心"的观念进行了全方位阐释,具体介绍了"心"的观念的历史演变、从现代脑科学看"心"的生理根据,以及"心"的认知功能、道德教化功能、审美功能、抉择功能、社会功能和文化形态,进而探讨了自觉"用心"在设计、教育、管理领域的应用和"心"的观念在高科技时代的发展前景。

本书立足于现代科技和社会发展背景,阐发作为传统思想文化"基因"的"心"的意义和价值,有助于促进传统文化观念的创造性转化。本书适合从事人文社会科学研究和教学的专业工作者,以及对中国传统文化现代价值感兴趣的读者阅读,也可作为大学通识教育的参考读物。

图书在版编目(CIP)数据

谈"心":从传统到现代 / 王前著. —北京:科学出版社,2024.4
ISBN 978-7-03-078331-8

Ⅰ.①谈⋯　Ⅱ.①王⋯　Ⅲ.①哲学-研究-中国　Ⅳ.①B2

中国国家版本馆 CIP 数据核字(2024)第 063652 号

责任编辑:邹　聪　张　楠 / 责任校对:何艳萍
责任印制:赵　博 / 封面设计:有道文化

科 学 出 版 社 出版
北京东黄城根北街 16 号
邮政编码:100717
http://www.sciencep.com

北京市金木堂数码科技有限公司印刷
科学出版社发行　各地新华书店经销
*

2024 年 4 月第　一　版　开本:720×1000　1/16
2024 年 8 月第二次印刷　印张:16 1/2
字数:250 000

定价:98.00 元

(如有印装质量问题,我社负责调换)

序言：高科技时代为什么要谈"心"？

中华民族历来重视"心"的观念，"中国心"是中国传统文化特有的标志性用语。然而，在很多人看来"心"与"脑"并没有根本差别，讲"用心"就是在说"动脑"，只不过强调精力要更专注，更下功夫而已。可是同一件事为什么要用两种说法？毕竟"心"与"脑"看上去差别很大。现在人们都知道人在用大脑思维，所以也有人主张"用心"思维只是古人一种不科学的观念，不要以为用"心"真能思维。可是这样说来，中国人岂不是都在不自觉沿用一种过时的、不科学的说法吗？这样说显然也有问题。中国人在讲"用心"时是认真的，而且指向一种明确的、含义深远的思维方式。然而在究竟什么是观念意义上的"心"、"用心"的机制如何、"用心"有什么特殊意义等问题上，显然人们还需要深入反思，才能对"心"的观念的思想传统和现代价值有比较透彻的理解。

要理解"心"与"脑"之间究竟有何差别，只要把许多涉及"心"的表述用"脑"来置换一下，就可以发现问题。比如"不忘初心"就不能说成"不忘初脑"，"贴心"不能说成"贴脑"，"心照不宣"不能说成"脑照不宣"。类似"民心""责任心""事业心""良心""心心相印"等表述都有其特定含义，必须用"心"来表示，不可以"心""脑"互换。这意味着"用心"和"动脑"应该是两种不同类型的思维活动。可是为什么很多人会忽视这种区别呢？因为中国人从小就生活在注重"用心"的文化环境中，熟悉日常语境中"心"的各种用法，并没有感觉到在交流上存在障碍，所以大家往往意识不到反思和分析"心"的观念的必要性。正如苏东坡所说："不识庐山真面目，只缘身在此山中。"即使在现代脑科学知识得到普及之后，绝大多数人也不会有意识区分"心"与"脑"的差别。现实生活中有一个值得琢磨的现象，就是人们可以明显感受到有些人是"有心人"，做事情很"用心"，如"用心学习""用心看护""用心关爱"；而有些人做事情"不用心""不专心""不往心里去"。可在是否真正"用心"的问题上，大家并没有明确的统一标准，往往见仁见智，很难达成一致意见。对"用心"的评价尚且如此，要明确说出"心"与"脑"的差别就更不容易。

如果忽视"心"与"脑"的差别并没对现实社会生活造成明显影响，似乎也没必要小题大做，毕竟多年来人们都这样过来了。然而，在中国社会的现代化进程中，"心"的传统形态和"用心"的习惯性观念正在不断接受各种挑战。按照现在的认知科学和心理学的分类，"用心"的思维包含很多直观体验（或者说"直觉"）的成分。直观体验是一种不通过逻辑分析而直接洞察事物本质的思维形态，具有整体性强、灵活性大和注重事物有机联系的优点，但存在着一定程度的不够严格、不够确定、不够精细的弱点。[①]因而在科技、教育、生产、经济、管理等很多领域，原来依靠"用心"的很多社会活动现在需要依靠"动脑"，注重严格的逻辑分析和规则意识。这种趋势在现代化进程中不可避免，因为现代社会生活中很多事情确实已经不再适合用直观体验的思维方式来把握了。可是在现代社会生活中，特别是在中国传统文化有着深远影响的社会环境中，还有很多事情、很多场合仍然需要继续发挥直观体验的作用，仍然需要体现"用心"的功能，而这种需求也很容易在潜移默化中被"动脑"思维所取代。因为"动脑"

---

① 本书对"直观体验（直觉）"的理解，是指非逻辑的认知活动，相当于牟宗三先生所说的"智的直觉"（参见胡军. 现代中国直觉论研究. 北京：北京大学出版社，2014：271-394.），并不是简单的感性直观。"直觉"一词是外来语，是日本学者对 intuition 的翻译，这个英文词也被译为"直观"（参见刘正琰，高名凯，麦永乾，等. 汉语外来语词典. 上海：上海辞书出版社，1984：406）。本书将"直观体验"与"直觉"看作同等程度的概念，是出于中西哲学会通的考虑，这一点将在第二章第二节进一步讨论。

的思维形态更强势、更具科学性、更容易操作，也更容易超越其适用范围，被人们当成普遍适用的思维方式。"用心"的应用范围无形之中被不断压缩，人们却很难明显感受到这种变化。现在人们一般都将"心""脑"混用，即便有些社会问题是由于没有发挥"用心"的应有功能所致，人们也很少到思维方式层面寻找原因。

"心"的传统形态和"用心"的习惯性观念面临的这种困境及其负面影响，近年来已经在社会生活的一些方面逐渐有所体现。以往有些靠"用心"很容易协调和处理的事件，现在很可能变得矛盾尖锐，甚至久拖不决。比如媒体上披露和批评的某些缺少事业心、责任心、同情心的不良社会现象，如有的人在高铁或飞机上"霸座"、有的人在公交车上抢夺方向盘、有些人夜里无节制地跳广场舞扰民，这些稍微"长点心"就不至于如此的事情在现实情境中一再上演。类似的还有一些年轻人身上出现"巨婴"倾向、一些人在处理婚姻家庭关系时明显过于以自我为中心、一些学历很高的人出现智商与情商很不匹配的现象。由于"用心"的思维方式没有充分发挥应有作用，一些社会治理环节出现了一些本该避免的漏洞，对人际关系、团队合力、机构效能都产生了一定的负面影响。哪些社会问题是由缺少"心"的应有作用造成的，哪些方面的成功是与发挥"心"的作用相关的，都需要全面深入地进行研究，而这一领域的探索显然还有相当大的空间。

缺少"心"的应有作用不仅会造成明显的现实社会问题，也会带来一些隐性的社会问题，甚至对人类社会生活未来的健康发展产生一些长久的负面影响。现在由于过度强调"动脑"的作用，注重工具理性，很多人的注重整体性、有机性、体验性的思维能力正在逐渐弱化，越来越多的社会活动在人工智能的控制约束下进行，这是高科技时代的一个突出特征。未来普通人将和经过人类增强技术处理过的"后人类"生活在一起，自然人将和各种伴侣机器人、护理机器人、家政机器人生活在一起，现实的人可以在现实世界和"元宇宙"空间随意往返。那将是一个在不少场合"失心"的时代，是"心"的观念在人们视野中变得扑朔迷离的时代，甚至是人类可能难以确定自己本质特征的时代，而这显然并不是人类希望出现的时代。当人类的"动脑"思维在越来越多的应用领域被人工智能技术取代的时候，不能被人工智能替代的"心"将会成为人类保留自身本性的根本要素之一。在高科技日益深入影响人类社会生活各个领域的时代背景下，"心"的观念开始显现出在解决经济和社会发展重大现实问题方面的特殊意义。重新发挥"心"的应有作用，不仅对中国人的未来具有重要意义，对整个人类社会的未来也具有重要意义。

要充分体现"心"的观念的现代价值，发挥"用心"的应有作用，需要进一步解决相关的本体论、认识论、方法论、价值论问题，提供相应的理论基础。人们以往大都从体验和习惯角度理解"心"，并没觉得其中有什么复杂深奥之处。"用心"在很多人看来只是一种思维习惯，好像凡是中国人都知道应该怎样"用心"，差别只在于是否努力、是否到位。其实"心"的观念是有一套特定概念范畴体系的，"用心"思维有其特殊的路径、方法和标准，但这些特征由于种种原因在很大程度上被掩盖了。中国古代思想史上有大量涉及"心"的论述，但都是用古文表述的，现代普通民众很难完全理解其含义和语用环境。时过境迁，现在人们熟悉的只是"心之官则思"等少数经典用语。现代脑科学和认知科学的新进展提供了重新认识"心"的思维功能的契机，很多学者在译介这些新进展时甚至直接用了"读心""心灵科学""心身关系"等术语，却很少见到这个领域对中国传统的"心"和"用心"的专门关注。现代西方哲学中现象学、解释学、隐喻理论等领域的学者从逻辑分析视角出发，对直观体验的思维机制进行了深入研究，有很多理论成果，但运用的是专门的话语体系，与中国人日常语境的"心"和"用心"并没有直接对应。其实中国人的"心"的观念和"用心"的思维活动与这些思想资源都有内在联系，因为它们都涉及直观体验思维活动，只是视角不同、话语不同、理论基础不同，因而可以相互启发、相互借鉴、相互补充。然而这需要通过一系列比较研究，需要以现代认知科学发展为基础，立足于现代来反思我国传统的思想资源，借鉴西方的观念体系来反思中国的语用方式，这样才能取长补短，消除传统的"用心"思维的固有弱点，进一步完善发展"心"的概念范畴体系和"用心"的机制，并将其以现代人更容易理解的方式表述出来，使之呈现新的形态。显然，这种新的表述方式有助于"用心"思维与"动脑"思维合理共存，促进价值理性与工具理性协调发展，使"用心"变得更加自觉、更有智慧、更具活力。这就是本书谈"心"所要实现的目标，它是从传统到现代不断拓展视域的结果。如此谈"心"有助于发现中国传统文化的现代思想优势，丰富具有中国特色的现代学术话语，在现代化的社会生活中充分发挥其应有作用。

本书谈"心"的基本思路，是从不同层面展开从传统到现代的考察。首先梳理了"心"的观念的历史演变，基于现代认知科学研究进展探析"心"的生理根据。然后，针对"心"的认知功能、道德教化功能、审美功能、抉择功能、社会功能和文化形态，分别展开从传统到现代的反思。这种反思并非按照现在的学术标准答案来简单评点历史上有关"心"的各种观念，谈论其中哪些观念合乎现代的科学原理、哪些方面具有历史局限性，而是要在新的时代背景和理论基础上阐发其新的意义和价值，补充新的内容，建构新的理论框架，这样才能达到古为今用、推陈出新、实现创造性转化的效果。本书意在通过多角度、多学科的分析论证，立足于现代学术背景和社会生活，展现对"用心"思维的自觉认识，这就是将"用心"视为一种以直观体验为主导的、以内隐逻辑为支撑的思维活动类型，具有注重整体性、有机性、合理性的本质特征。这种理解应该能够对"用心"涉及的各种社会现象和思想资源给出充分合理的解释，同时又具有丰富的启发意义，能够用于解决现实社会生活中的各种问题。在此基础上,本书还要进一步建立自觉"用心"思维的方法论,并将这种方法论应用于设计、教育和管理活动中,以展示用"心"分析和处理各种现实问题会有何种效用。本书最后对"心"与"脑"、"心"与"身"、"心"与人工智能的未来关系进行了展望。这种探索应该说只是高科技时代背景下谈"心"的一个开端,这个领域还有大量问题有待深入研究和解决。

在从传统到现代的宏大视野中谈"心",是一项艰巨的学术任务,因为关于"心"的中国哲学史著作和论文相当多,但从现代理论和应用角度反思"心"的观念的文献又相当少。每个中国人都会熟练地运用"心"的观念,但要给出一个得到普遍认可的"心"的定义又相当困难。本书对"心"的观念的现代解读才刚刚起步,很多地方不够成熟,需要在与广大读者的思想交流中听取各种批评意见和建议,以求不断完善和发展。期待这种努力将来产生应有的效果,推动这方面的理论研究和现实应用不断深入。

王 前

2024 年 1 月

目 录

第一章 "心"的观念的历史演变

中国传统文化蕴含着有关"心"的观念的丰富思想资源，不仅影响到社会生活几乎每个领域，而且视角独特，自成体系，需要仔细梳理。"心"的范畴的思想内涵随着社会发展在不断变化，今天人们对"心"的理解和运用与其历史形态相比已经有了很大差异。考察"心"的观念的历史演变，有助于总结其思维特征，获得对"心"的观念内涵及其本质特征的更深入理解。"心"的观念的历史演变包含两个方面的问题，一是从生理视角如何看待心脏与思维的关系，二是从哲学和文化视角如何理解"心"的思维，后者从前者衍生而来，但两者有本质差别。下面分别予以讨论。

第一节 心脏能否思维？——生理的视角

所谓生理的视角，着眼于心脏本身能否思维的问题。古代文明时期不少地方的人们的确以为心脏本身就能思维，而现代科学已经确认心脏不具备思维能力。如果有人指出现在的中医理论还在主张"心脏"具有思维功能①，一些对中医持有偏见的人马上会说中医本来就不是科学。其实这些人把中医所说的"心脏"当成现代医学讲的心脏了。中医的主张是不是违背科学，关键看中医如何定义"心脏"，而中医的这个独特视角其实是其他民族的医学都不具备的。

---

① 现代中医的解释是："心，五脏之一，与小肠相表里。主神明，是精神、意识、思维等高级中枢神经活动的主宰，对其他脏腑的功能活动起领导作用。"见《中医大辞典》编辑委员会. 中医大辞典·基础理论分册. 北京：人民卫生出版社，1982：74.

　　下面从传统到现代梳理一下生理视角下"心"的观念演变，即古往今来各国的人们如何看待生理意义上的心脏能否思维。

　　商周时期的中国人已经形成了生理意义上的心脏能够思维的初步认识。在甲骨文和金文中，"心"是象形字，其图形描绘了心脏的形状和血管包络。此时涉及"心"的词汇已经蕴含了心脏有思维功能的初步观念，比如史料记载当时周王赞颂其母亲心灵通达、有道德，还要求臣下要"敬明乃心"等。[①]在甲骨文中的心部字很少，金文中的心部字大增。当时出现的很多字都与"心"密切相关，如息、志、念、忘、慈、恕等，反映了这方面观念的发展。[②]世界上其他古代民族也有过认为心脏本身就具备思维功能的想法。例如古埃及人认为心脏是思维与智慧的源泉，所以他们制作木乃伊时会将逝者的心脏浸泡后用亚麻裹缠再放回体腔内，以保留来世思维和活动的能力。[③]古代希伯来语的"心"既指"智慧和认识的源泉"，也指生理意义上的心脏。古印度《奥义书》认为神存在于每个人内心的密洞之中。[④]作为古希腊学者中的一个特例，亚里士多德曾认为"心"是智慧总府，而"脑"只是一个冷却器官。[⑤]瑞士心理学家荣格1932年邂逅美国土著陶斯普韦布洛人酋长时，问他为什么认为白人全是疯子，酋长说："他们说他们用脑袋想事"，而他指了指自己的心窝，"我们用这里思考"。[⑥]为什么古往今来这些人会把心脏同思维活动联系起来呢？原因在于作为"用心"主导成分的直观体验思维活动受人的心脏状态影响较明显，人们基于自己的切身体会很容易产生这种观念。本书后面在谈到"心"的观念的生理根据时，还要进一步讨论这个问题。

　　与将心脏看作思维器官的观念形成明显对比的是，绝大多数古希腊学者都主张大脑是思维器官，其主要原因是当时有学者通过医学解剖发现感觉器官的神经联结到大脑。早在公元前500年左右，古希腊医学家阿尔克莽就通过解剖

---

① 转引自张怀承，岑贤安，徐荪铭，等. 心. 北京：中国人民大学出版社，1993：24-26.

② 参见朱良志. 中国美学十五讲. 北京：北京大学出版社，2006：382.

③ 参见南树华. 试论古埃及木乃伊与来世信仰. 内蒙古民族大学学报（社会科学版），2008，34（3）：9-12.

④ 参见盖尔·戈德温. 心的简史. 彭亦农译. 长沙：湖南文艺出版社，2009：34-40.

⑤ 参见 W. C. 丹皮尔. 科学史及其与哲学和宗教的关系. 李珩译. 北京：商务印书馆，1975：71.

⑥ 参见盖尔·戈德温. 心的简史. 彭亦农译. 长沙：湖南文艺出版社，2009：21.

发现大脑是感觉和理智活动的中央器官。①古希腊"医学之父"希波克拉底早就发现了心室和心房，其结构与思维无关。古罗马名医盖伦区别了脑神经和脊神经，前者控制感觉，后者控制身体运动。德谟克利特、柏拉图以及后来的西方学者们基本上都坚持大脑是思维器官这一见解。②然而中国古代医学讲究望、闻、问、切，并不注重生理解剖和外科手术，所以医生们很难发现大脑与思维的这种联系。

不过，中医特有的脏腑学说讲的"心脏"，并非西医解剖学意义上的心脏，而是从功能角度指向所有参与思维活动的器官，实际上包括心脏、脑和整个中枢神经系统。这种定义将与思维相关的所有人体器官统称为"心脏"，或者说将"心脏"等同于有思维功能的人体器官，这个表述本身在逻辑上是自洽的，尽管并不精确，毕竟生理意义上的心脏并不直接参与思维活动，但这种理解并没有完全排斥脑的作用。中医经典《黄帝内经》称："心者，五脏六腑之大主也，精神之所舍也。"③中医认为思维是精气化生，而精气附于五脏和血脉运行。血由心出，精神必然也由心出，然后通过脊髓上升汇集于脑，所以称"头者，精明之府"。类似说法还有"心者，君主之官，神明出焉"，"心者，生之本，神之变也"。④中医认为如果由于疾病或心理刺激而"伤心"，就会影响"心"的思维功能，导致人精神失常，内心迷惑不明。⑤这种从生理器官功能角度来理解"心"的观念影响十分深远，写出《神灭论》的范缜就明确主张五脏中的心脏（他称为"心器"）是思维器官，因为"心病则思乖，是以知心为虑本"。⑥

中医如何看待"脑"的功能呢？《黄帝内经》中曾将"脑""髓"与"骨""脉""胆""女子胞"相提并论，称为"奇恒之腑"，但并没有明确指出"脑"有思维功能。道教《黄庭经》认为脑中有"玉精"，说"脑神精根字泥丸"，能

---

① 参见 W. C. 丹皮尔. 科学史及其与哲学和宗教的关系. 李珩译. 北京：商务印书馆，1975：63.
② 参见王元明. 灵魂的奥秘. 天津：南开大学出版社，1986：12.
③ 陈璧琉，郑卓人. 灵枢经白话解. 北京：人民卫生出版社，1962：475.
④ 山东省中医研究所研究班. 黄帝内经素问白话解. 北京：人民卫生出版社，1963：51-56.
⑤ 参见张怀承，岑贤安，徐荪铭，等. 心. 北京：中国人民大学出版社，1993：72.
⑥ 转引自张岱年. 中国古典哲学概念范畴要论. 北京：中国社会科学出版社，1989：190.

够与"绛宫"（即"心"）一起"中理五气，混合百神，十转会灵"。①中国古人强调"思"同"心"和"脑"都密切相关。"思"的篆文写法下面是"心"，上面是"囟"，指婴儿的前囟（即通常所谓"囟门"），这表明思维下从心，上从脑，脑与心合为思。②中国古人特别关注心脏功能的思想倾向，反映了中医脏腑学说的一个普遍特征，就是以功能上的"藏象"界定生理意义上的"脏器"，对肺、肾、胃肠等器官也都是从功能角度理解其特征的。③这种思维方式是中国传统文化所特有的，在传统文化各领域都有广泛体现，而且相互影响、相互借鉴，这也是"心"的观念在中国传统文化中得以充分发展的一个重要因素。

当然，在心脏能否思维的问题上，中医界也有过不同声音，但这已经是明清之际的事情了。明代的李时珍和清代的王清任都提出过"脑"是思维器官的设想。李时珍指出"脑为元神之府""泥丸之宫，神灵所集"。④写出《医林改错》的王清任明确说"灵机记性不在心，在脑"，而他是通过生理解剖得出这种认识的。⑤

尽管如此，在近代西方有关脑科学的知识逐渐传入中国后，康有为仍然想把心和脑的功能结合起来，认为"心者，人体之精灵，凡知觉运动、存记构造、抽绎辨决、情感理义，皆是也，包大脑小脑而言"。⑥谭嗣同则主张脑能思考是要靠心来供血，所以心与脑交相为用。⑦文学家林语堂说腹部是贮藏情感之处。由于没有人可以完全不用情感来思维，所以他倾向于认为人们用腹部（当然包括心脏）和脑袋同时思考。⑧受中国传统文化影响，日本学者们对"心"和腹部功能也有类似理解，不过他们将"心"与"腹"加以区别。日语中以"心"作词素的词语侧重精神、观念、审美，而以"腹"作词素的词语侧重于肉体、

　① 转引自李似珍. 形神·心性·情志——中国古代心身观述评. 南昌：江西人民出版社，2001：27-29.

　② 参见张怀承，岑贤安，徐荪铭，等. 心. 北京：中国人民大学出版社，1993：339.

　③ 参见刘长林. 中国系统思维. 北京：中国社会科学出版社，1990：78，86-87.

　④ 参见李似珍. 形神·心性·情志——中国古代心身观述评. 南昌：江西人民出版社，2001：40.

　⑤ 见《医林改错》上卷，脑髓说. 李时珍在此之前也提出过类似观点，但不如王清任说得这样明确. 参见杜石然，范楚玉，陈美东，等. 中国科学技术史稿（下册）. 北京：科学出版社，1982：224.

　⑥ 转引自张怀承，岑贤安，徐荪铭，等. 心. 北京：中国人民大学出版社，1993：338.

　⑦ 转引自张怀承，岑贤安，徐荪铭，等. 心. 北京：中国人民大学出版社，1993：353.

　⑧ 参见林语堂. 中国人. 郝志东，沈益洪译. 杭州：浙江人民出版社，1988：213.

生理及情绪。①日本学者铃木大拙指出，中国人和日本人在遇到某些困难时，常常说"用你的肚子好好想想"，肚子代表人之存在的整体，而头脑则是身体上最晚发展起来的部分，代表理智。头脑是有意识的，腹部是无意识的，禅宗的公案要靠腹部解决。②

在中国现代社会生活中，尽管"大脑是思维器官"已经成为科学常识，人们明确意识到心脏与思维活动不相干，但人们仍将"心""脑"术语并用，"用心"的提法在社会生活中仍然广泛存在，可见这种思维惯性的力量相当巨大。在中国的家长督促孩子要"用心思考"的时候，难得见到有哪个孩子问家长："用我的这个'心'真的能思考吗？"可见"用心"的要求已经成为一种"集体无意识"③，可以不假思索地发挥作用。

中国传统文化对"心"的格外关注，还可能有一些社会形态和地理结构特征造成的心理原因。中国古代人认为中国是世界中心（故称"中国"或"中土"）。在封建社会体制中，君主又是政治生活的中心。"中心"的地位十分高贵，因而作为人体之"中心"的"心"，在人们的观念中很容易同灵魂、精神联系在一起，由心来主宰思维及其他一切活动（故而《黄帝内经》称"心"为"君主之官"）。《说文解字》提到："心，人心，土藏，在身之中。象形。"④以"心"配"土"，"土"在五行中对应于中央位置，表示人心不仅是身体五脏四肢的主宰，也是人的精神活动的中枢。这种观念至今在日常用语中仍有表现，比如人们一般称"首都"为祖国的"心脏"而非"头脑"（尽管"首"的本义就是头脑）。在社会政治生活中，领导"核心"的作用也显得更为重要。与这种情况相对应的是，古希腊和古罗马文明都发端于地中海沿岸而非其内地。古代欧洲没有形成地域辽阔的大一统国家，当然无所谓中心。"心"的地位自然也不被特别看重。

---

① 参见王向远. 日本古典文论中"心"范畴及其与中国之关联. 东疆学刊，2011，(3)：24-31.
② 参见铃木大拙，E. 弗洛姆，R. 德马蒂诺. 禅宗与精神分析. 洪修平译. 沈阳：辽宁教育出版社，1990：63.
③ 参见牛政凯，蔡成后. 分析心理学在中国：发展历程及本土改造. 西北师大学报（社会科学版），2020，(6)：135-144.
④ 许慎. 说文解字. 北京：中华书局，1963：217.

第二节　先秦诸子如何谈“心”？

中国的先秦诸子关于“心”的各种解读，内容相当丰富，很多思想观点至今仍有相当大的影响。然而，如果仅仅从史料整理和文字解读角度看待这些思想资源，然后从现代哲学和科学原理出发评说其合理性和局限性，那就很难阐发出新意，因为这样做出的所有判断都是从现在已有知识的定论出发的。在现代社会生活的时代背景下，立足现代认知科学和哲学的理论基础来看先秦诸子如何谈“心”，应该考察这些古代的思想资源从现代角度看可以做何种新解释，能够看出哪些以往被忽略的思想特征，这才是我们谈“心”的意义所在。

先秦诸子关于“心”的理解，超越了古代中医对心脏的功能性理解，认为“心”本身指的是人的精神、意识、思维活动，与生理意义上的心脏是两回事，这是中国古代“心”的观念区别于其他民族类似观念的另一个显著特色。先秦时期很多思想家（如孔子、老子、墨子、韩非子、孟子和管子等）都不认为“心”是生理意义上人体中的一个器官。中国传统文化里涉及“用心”的思想资源大都是在这个意义上理解“心”的。这方面的典型说法，即孟子所谓的“心之官则思”①。他对“心之官”的理解并不是指生理意义上心脏的功能，因为孟子引孔子的话说：“操则存，舍则亡，出入无时，莫知其详，惟心之谓与？”②这操舍存亡之“心”显然不是生理学和医学上讲的心脏的特征。当然，先秦诸子对“心”的解读也不能说与生理意义上的心脏毫无关系，毕竟他们都没有把人的精神、意识、思维活动同生理意义上的脑联系起来，更没有同肺、肝、脾、胃等内脏器官联系起来，这意味着哲学和文化角度的“心”的观念与生理角度的“心”的观念关系密切，但并不是一回事。而“用心”这种思维方式是由一定的生理因素影响和制约的，古人当时从直观体验角度出发思考问题时还不可

---

① 论语·孟子·孝经·尔雅. 黄永年，焦杰，张艳云，等校点. 沈阳：辽宁教育出版社，1997：74.

② 论语·孟子·孝经·尔雅. 黄永年，焦杰，张艳云，等校点. 沈阳：辽宁教育出版社，1997：72.

能意识到这一点。本书第二章将进一步讨论这个问题。

前文提到,"心"本身是一个以直观体验为主导的思想范畴,因而人们只能在各种具体的应用语境中体会"心"与相关范畴的关系,不能简单运用逻辑分析的"属加种差"方式来下定义。"心"具有多种功能,从不同角度出发可能看到"心"的不同思想特征,因此不同思想家对"心"的理解差别很大,但不同理解之间并未形成相互否定的关系,而是可以"百家争鸣"。先秦时期的"心"的观念,已经明显地体现了这种"百家争鸣"的特征。儒家、道家、墨家、法家、管子学派的学者们都从不同角度谈论和运用"心"这个范畴,其内涵有明显差别。从注重逻辑分析的西方学术传统角度看,这种状况很难理解,可能让人觉得"心"的范畴很含混、很不确定、很难把握。对同一个范畴怎么可能有不同定义却彼此相安无事呢?其实这就是直观体验思维的特征,即同一概念范畴可以在不同语言环境中使用,具有不同含义,但二者之间的对应关系需要通过悉心体验加以把握。这就好比人们看一座宏伟的建筑,从不同观察地点看到的是不同的景观,而这些不同景观相互关联,每一景观的真实性都不能成为否定其他景观真实性的理由。

先秦时期已经出现很多与"心"相关的哲学范畴,如"知""道""天""气""性""理"等,讨论"心"与这些范畴之间关系的种种观念也日渐增多。先秦时期的"心"的观念往往是根据"心"与这些范畴之间关系的不同而加以分类的,大体上可以分为以下几种类型。

第一类强调"心"与认知活动相关。这里有一个很重要的特征,就是先秦诸子的"心"的观念中,既有人强调"心"是认知活动的主宰者,又有人强调"心"是认知活动的场所和知识的存储之处。两者看似相反,实则相辅相成。

一些强调"心"作为认知活动主宰者的学者主张"心"是自主的,人的认知活动都由"心"来控制。荀子认为"心生而有知","心者,形之君也,而神明之主也,出令而无所受令","心"具有自禁、自使、自夺、自取、自行、自止的特点。①管子也说"心"是"自充自盈,自生自成"的。他强调"心司虑",

---

① 荀子. 廖明春,邹新明校点. 沈阳:辽宁教育出版社,1997:101.

即"心"能统摄来自感官的各种信息进行思虑加工。"我心治，官乃治；我心安，官乃安。治之者心也，安之者心也。"①（这里的"官"指感官）《墨经》上讲"循所闻而得其意，心之察也"②，也是在强调"心"作为认识主体的功能。后期墨家还从认知主体角度对"心"的认知过程和方法做了比较系统的探讨，增加了"心"的观念中的逻辑推理成分③，这有助于弥补直观体验思维的弱点。作为认知主体的"心"之"知"不仅包括知他人之心，知外物之性，还可以进一步知天地万物之理。这就是孟子所说的"尽其心者，知其性也。知其性，则知天矣"④。《易经》中还有"薰心"一说，指"心"对事物认识不清的精神状态⑤，由此衍生出"利欲熏心"的成语。这样来理解"心"，相当于把"心"视为思维活动的实实在在的主导者和控制者。

另一些学者强调"心"作为认知活动的场所和知识的存储之处，他们从不同角度论述了"心"的状态以及心态对认知活动的影响，提出了一些今天看来也很值得琢磨的概念。老子有"虚其心，实其腹"⑥的说法，"虚心"往往被解释为心灵宁静、清净、无妄想。庄子将"心"称为"心斋"。⑦管子将"心"称为"智之舍"，认为"灵气在心"，"心静气理，道乃可得"。⑧荀子主张"心知"一定要"虚壹而静"，也表达了这个意思。⑨可是，作为认知主体的"心"如果处于"虚空"状态，保持平静，还怎么发挥主导者和控制者的作用？"虚空"的"心"和思维活动有什么关系？这不是与"心"的认识主体作用相矛盾吗？如果从今天的认知科学和控制理论角度看，这种矛盾就可以有另一种解释。所谓"虚心"，应该是指人们在接受外界信息和观点时要保持开放心态，不因固执己见而排斥不同见解。人的内心世界必须博大而空灵，才能充分对应于外部

---

① 管子. 梁运华校点. 沈阳：辽宁教育出版社，1997：139-140.
② 吴龙辉. 墨子白话今译. 北京：中国书店，1992：附录 4.
③ 参见冯友兰. 中国哲学简史. 北京：北京大学出版社，1985：143-155.
④ 论语·孟子·孝经·尔雅. 黄永年，焦杰，张艳云，等校点. 沈阳：辽宁教育出版社，1997：83.
⑤ 参见张怀承，岑贤安，徐荪铭，等. 心. 北京：中国人民大学出版社，1993：26.
⑥ 陈鼓应. 老子今注今译. 北京：商务印书馆，2006：86.
⑦ 转引自张怀承，岑贤安，徐荪铭，等. 心. 北京：中国人民大学出版社，1993：46.
⑧ 转引自张怀承，岑贤安，徐荪铭，等. 心. 北京：中国人民大学出版社，1993：41.
⑨ 转引自张怀承，岑贤安，徐荪铭，等. 心. 北京：中国人民大学出版社，1993：55.

世界，能够将来自外部世界的各种感知材料，以及他人和自身的经验体会、知识、智慧都容纳进来，存储起来，在思维活动中调动起来。这和使用现代的计算机需要有足够的存储和运行空间是同样的道理。这就意味着，先秦诸子能既看到“心”作为认知活动主宰者的能动性，又看到“心”作为认知活动的场所和知识存储之处的包容性，这相当于在直观体验的层次上区分了类似现代计算机运行中“控制器”“处理器”“存储器”的不同功能，应该说是很了不起的见解。

第二类是强调“心”与道德教化相关。这里也有两方面的问题。“心”既能体验到人的本能、欲望、追求，也能通过自觉意识控制和调整自身的本能、欲望、追求。因而“心”可以通过道德修养成为道德主体，实施道德行为；“心”也可能由于缺乏道德教化而导致人们做出不道德的事情来，需要通过社会的伦理和法律加以矫正。《尚书》中讲人有“善恶之心”，意味着“善良的心”和“邪恶的心”在社会上是同时存在的。儒家学者很强调通过道德修养发挥“良心”的作用，而道家和法家学者很强调通过“道”和“法”约束各种不良的“心”的作用。然而不同学派都将道德教化的焦点集中在“心”上，通过“心”来发挥作用，这也是中国传统伦理道德的一个鲜明特色。

儒家学者将“心”视为道德主体。《诗经》《左传》中就有“德心”“仁心”的说法。孔子讲“从心所欲不逾矩”，这里的“心”指的是注重个人品德修养的“仁礼之心”。孟子讲“仁义礼智根于心”，他具体谈到了“恻隐之心”“羞恶之心”“辞让之心”“是非之心”等，都涉及人际道德关系。在现实生活中没有哪个人天生就有一颗道德高尚之心，所以《尚书》中讲“人心惟危，道心惟微”，这就需要通过自觉的道德修养培育作为道德主体的“心”，即所谓“养心”。孟子认为凡是人的本心都是好的，“非独贤者有是心也，人皆有之，贤者能勿丧耳”。[①]其意是说，人都是有心的，丧失了本心或者说良心才会滋长邪恶之心，因而一定要主动“养心”。“养心”就要寡欲，要培养一种“浩然之气”，使之专注于仁义礼智，不受利欲诱惑。荀子觉得人的感情、欲望生来就有，“人心

---

① 转引自张怀承，岑贤安，徐荪铭，等. 心. 北京：中国人民大学出版社，1993：35.

譬如槃水，正错而勿动，则湛浊在下而清明在上，则足以见须眉而察肤理矣。微风过之，湛浊动乎下，清明乱于上，则不可以得大形之正也。心亦如是矣"。①其意是说，人心就像盘子里的水，静止不动时清水在上而浊水在下，清水可以映照出胡须眉毛。而微风一吹浊水泛起，映出的人形就走样了。所以他主张"君子养心莫善于诚，致诚则无它事矣"②。与此类似，管子学派也谈到"心治"就是要"洁其宫"（节制过度的欲望）、"开其门"（扩大耳目见闻）。③这些观点都强调要发挥"心"的道德主体作用，对于强调修身养性的道德文化传统的形成有着深远影响。

道家和法家换了一个视角来看"心"与道德教化的关系，这两派的学者都关注不良的"心"造成的负面影响。老子认为好的心态是无知无欲，居善不争，他说这种"心"才是近于"道"的。"圣人常无心，以百姓之心为心。……圣人在天下，歙歙焉为天下浑其心，百姓皆注其耳目，圣人皆孩之。"④老子主张的"无心"看起来似乎是在否定"心"的主体作用。如果让成年人像小孩子一样一直保持着一颗"童心"，在现实生活中能行得通吗？如果"无心"指的就是不管做什么事情都无所用心，能说是一种生存智慧吗？实际上，老子讲的"无心"，指的是圣人应该以清静无为的心态看待世间各种利欲之心的表现，这样才能看出民心惑乱的弊端，并以"道"来引导人心。成年人当然不可能简单地像小孩一样按照"童心"行事，但成年人应该看到"童心"的价值，受到启发，在心灵深处保持一种能够安身立命的纯真质朴的品格。⑤在这样的基础上再发展和运用生存智慧，才是符合道德要求的。庄子对不良的"心"造成的负面影响进一步作了具体分类和剖析，包括"成心"（对事物有成见之心，以此作为判断是非的标准）、"滑心"（他称之为"趣舍滑心，使性飞扬"）、"机心"（由"机械""机事"而来，因为心存机巧，就会纯白不备，继而神生不定，道之所不载也）、"忧乐之心"（庄子说"心不忧乐，德之至也"）、"相害之心"（庄子

① 荀子. 廖明春，邹新明校点. 沈阳：辽宁教育出版社，1997：102.
② 荀子. 廖明春，邹新明校点. 沈阳：辽宁教育出版社，1997：8.
③ 参见张怀承，岑贤安，徐荪铭，等. 心. 北京：中国人民大学出版社，1993：51.
④ 陈鼓应. 老子今注今译. 北京：商务印书馆，2006：253-255.
⑤ 参见冯友兰. 中国哲学简史. 涂又光译. 北京：北京大学出版社，1985：121-122.

说"无有相害之心，此至德之隆也"）。①道家学者主张"道"是万物的本原，"道"存在于"心"之外，但是能够引领"心"的良性发展，限制和消除不良的"心"的社会影响。

法家对不良的"心"的看法更为激进。法家学者认为人的欲望导致从私利出发相互算计和争斗，于是就出现了"奸伪之心""欲利之心""算计之心"，需要用法来约束，以法教心，法能统一人心。如《商君书》所说"圣王之治也，慎为察务，归心于壹而已矣"②，即通过治理实现人心的统一。韩非子认为人有求生存发展的衣食欲望，难免有欲利之心。主人与庸客之间、君民之间、君臣之间都难免算计，"父母之于子也，犹用计算之心以相待也，而况无父子之泽乎"③？这样一来，治理国家就不能依靠儒家的"仁爱之心"，必须依靠法治。"法"也被视为"心"之外的东西，"法"的功能在于约束，以保证"心"的良性发展。

对"心"的第三类理解，强调"心"与审美活动相关。"心"既可以作为审美主体，判断人物、景观、艺术作品的美丑，又可以成为审美对象，做出一个人是否心灵美的判断。中国传统文化的一个基本特征是真善美相统一，至真至善就可以视为美④，这一特征在先秦时期已经显现，而真善美相统一是需要用"心"来把握的。《乐记》中说"凡音之起，由人心生也。人心之动，物使之然也。感于物而动，故形于声"。⑤《左传》上讲"故和声入于耳而藏于心，心亿则乐"，"君子听之，以平其心，心平德和"。《吕氏春秋》强调"心必乐，然后耳目鼻口有以欲之，故乐之务在于和心"。⑥这就是说，人心受外物影响而产生了音乐，和谐的声音又能感化人心，使人们在欣赏礼乐的过程中提升道德境界。绘画、雕塑、工艺品制作等也具有类似功能。用"心"去审美，才能使美的形象、景观、声音及其他感受具有文化内涵，真正实现真善美的统一。

---

① 转引自张怀承，岑贤安，徐苏铭，等. 心. 北京：中国人民大学出版社，1993：47-49.
② 转引自张怀承，岑贤安，徐苏铭，等. 心. 北京：中国人民大学出版社，1993：57.
③ 转引自张怀承，岑贤安，徐苏铭，等. 心. 北京：中国人民大学出版社，1993：56-61.
④ 参见陈望衡. 中国古典美学史（上卷）. 南京：江苏人民出版社，2019：13-14.
⑤ 转引自刘长林. 中国系统思维. 北京：中国社会科学出版社，1990：385.
⑥ 转引自刘长林. 中国系统思维. 北京：中国社会科学出版社，1990：367-370.

对"心"的第四类理解强调"心"对人的抉择的影响，包括决策、执行和调整。《易经》中有"莫益之，或击之，立心勿恒，凶"①的说法，"立心"指的是在心中树立为人处世的正确观念，并且要持之以恒，这就涉及人的心理品质即"恒心"的问题。《易传》解释说"君子安其身而后动，易其心而后语，定其交而后求"，"易其心"指的就是保持平易谦和的心态。②管子说"实也，诚也，厚也，施也，度也，恕也，谓之心术"③，荀子认为"蔽于一曲"为"心术之公患"④，这里的"心术"指的是引导行为的内心态度和思想方法。中国古代用于各种实践活动的知识体系称为"术"，包括智术、权术、战术、武术、技术、医术、艺术、方术、数术等，都要用"心"来操控和把握，都是"心术"的组成部分。⑤

对"心"的第五类理解强调"心"的自然属性和社会功能。《易传》中已经有"天地之心"的提法。这个"天地之心"不是在今天人们熟悉的自然科学意义上讲的，不是说天地本身还有一个类似人心的存在物，而是说运用"心"对天地万物的整体性的体验，既包括体验天地演化的规律，如"天行有常，不为尧存，不为桀亡"；也包括体验民众的普遍愿望和心态，即所谓"民心"或者说一般意义上的"人心"。这就意味着"心"不仅是与个人相联系的范畴，同时也是群体性范畴乃至作为社会事物而存在的范畴。"心"的社会功能和文化形态都是以此为基础的。

先秦诸子都强调圣人要感人心，君子要顺民心，"民心"作为群体性的概念，体现了民众普遍性的价值判断。《易经》中讲"圣人感人心，而天下和平"，⑥管子讲"政之所行，在顺民心；政之所废，在逆民心"。⑦法家的慎到认为"法非从天下，非从地出，发于人间，合乎人心而已"。⑧韩非子主张"夫国事务先而

---

① 陈鼓应，赵建伟. 周易今注今译. 北京：商务印书馆，2005：375.
② 陈鼓应，赵建伟. 周易今注今译. 北京：商务印书馆，2005：661.
③ 管子. 梁运华校点. 沈阳：辽宁教育出版社，1997：17.
④ 荀子. 廖明春，邹新明校点. 沈阳：辽宁教育出版社，1997：99.
⑤ 参见王前. 悟性的智慧——心术. 沈阳：辽宁人民出版社，1998：10-11.
⑥ 转引自张怀承，岑贤安，徐荪铭，等. 心. 北京：中国人民大学出版社，1993：37.
⑦ 转引自张怀承，岑贤安，徐荪铭，等. 心. 北京：中国人民大学出版社，1993：57.
⑧ 转引自张怀承，岑贤安，徐荪铭，等. 心. 北京：中国人民大学出版社，1993：61.

一民心，专举公而私不从，赏告而奸不生，明法而治不烦"①。《韩非子》中这段话所在章节以"心度"为标题，反映出韩非子对"心"的社会功能的特别重视。

总的看来，先秦时期的"心"的观念已经比较全面地揭示了"心"的各种功能，初步展现了"心"与相关范畴之间的关系。先秦诸子的相关论述主要针对比较具体的思维活动过程，与现实生活联系比较密切，需要在日常语境中领会其含义。他们对"心"的特性的揭示多用类比和隐喻方法，容易理解，很多论述可以直接转化为养心修身的准则和方法。然而这一时期"心"的观念还缺少思辨和论证，缺少体系化的构建和对"心"与"物"何为本原问题的深入思考。

第三节 秦代至清代中期"心"的学说

从秦代开始到清代中期，是"大一统"的国家政治形态和制度相对稳定存在的时期。这一时期"心"的观念仍然是在哲学和文化意义上被理解和运用的，朱熹、王阳明等学者都曾明确说他们所指的"心"不是生理意义上的心脏。朱熹说："如肺肝五脏之心，却是实有一物；若今学者所论操舍存亡之心，则自是神明不测。"②他还说五脏之心受病用药可补，而学者所论之心并非菖蒲茯苓可补。王阳明讲得更清楚："心不是一块血肉，凡知觉处便是心。"③与先秦时期相比，秦代以后"心"的观念逐渐抽象化、理论化、体系化，形成各种相互对立、特色鲜明的学说，而且有明显的思想传承。宋代和明代开始出现比较系统的"心学"。秦代到清代中期"心"的各种学说，看起来仍然是在从不同角度讨论"心"与"天""道""理""气""物"等相关范畴之间的关系，似乎是在这些范畴之间翻来覆去"兜圈子"，但这些学说产生的时代背景不同，对相关范畴含义理解的角度也不同，所以不是简单重复，而是在"用心"的认知框

① 韩非. 韩非子. 秦惠彬校点. 沈阳：辽宁教育出版社，1997：192.
② 转引自张怀承，岑贤安，徐荪铭，等. 心. 北京：中国人民大学出版社，1993：189.
③ 转引自张岱年. 中国古典哲学概念范畴要论. 北京：中国社会科学出版社，1989：191.

架里不断发展。

秦代至清代中期"心"的各种学说的发展脉络，大体上可分为三个阶段。

其一，秦汉时期的发展。这一时期"大一统"的国家政治形态和制度基本形成，人们开始越来越多地从"天下"角度思考问题，所以"人心"与"天心"的关系格外受到重视。此时学者们对"天心"的理解要比先秦时期的"天地之心"观念更抽象，更具一般性，逐渐形成了一种包罗万象的认知框架。

由西汉淮南王刘安主持编撰的《淮南子》对先秦时期"心"的观念有所继承和发展。书中强调"心者身之本"，并且提出人的形体特征与天地自然特征有不少对应之处，如"天有四时五行九解，三百六十六日，人亦有四支，五脏九窍，三百六十六节"，这和董仲舒讲的"人副天数"观念很相似。书中谈到"心"的认知包括知性、知理、知道，如果做不到这一点就是"心塞"。"心之塞也，莫知务通也，不明于类也"，那就是愚人心态。人有欲求，需要"心"来节制。"以义为制者，心也。""目虽欲之，禁之以度；心虽乐之，节之以礼"，这里强调了"心"的道德教化功能。《淮南子》继承了老子"玄德"的观念，主张"执玄德于心，而化驰若神"。"玄德"意味着隐含不露，不张扬，如该书中所说的"不言而信，不施而仁，不怒而威，是以天心动化者也"，"故圣人怀天气，报天心，执中含和"。①这里突出了"天心"的重要价值，在"人心"与"天心"之间建立了联系通道。

汉朝的统治者特别相信"天人感应"。汉文帝二年发生日食，皇帝下诏说："人主不德，布政不均，则天示之以灾，以诫不治。"②汉武帝支持董仲舒将"天人感应"观念发展成为一套系统学说，将人体生理特征与自然界的各种事物相对应，将人间社会生活与自然界的各种变化相对应，以此来说明"独尊儒术"的合理性和必要性。董仲舒的这套学说要比《淮南子》对天人对应关系的描述更为全面细致，而且具有动态性。他认为人体一切结构皆可与天数对应，如人体小骨节366个与一年日数相符，大骨节12个与一年的月数相符，四肢与四季相符……这叫"人符天数"。另外，天有春夏秋冬，人有喜怒哀乐，彼此一一对应，可见"天人同类"，

---

① 参见张怀承，岑贤安，徐荪铭，等. 心. 北京：中国人民大学出版社，1993：77-81.
② 参见司马迁. 史记. 北京：中华书局，1999：297.

即所谓"以类合之，天人一也"，这是"天人合一"思想的早期形态。

由于从琴瑟共鸣等现象得到启发，董仲舒进而提出"同类相应"的思想，即"琴瑟弹其宫，他宫自鸣而应之，此物之以类动者，其动以声而无形，人不见其动之形，则谓之自鸣也"[①]。按照他的说法，天人感应的中介环节是无形的气。人在气中，如鱼在水中，差别只在于后者可见而前者不可见。[②]因此，"帝王之将兴也，其美祥亦先见；其将亡也，妖孽亦先见"[③]。"天"往往通过气的变化表达自己的意志，表现为各种特异天象和气象，人应从中得到警示，以避免大的灾祸发生，这就是所谓"上天示谴"，而人必须"以诚感天"，由此他提出了"人心副天心"的主张。具体说来，就是天施气而为人，人生而有身，身以心为本。人心因天心而生，随天心而动，人的伦理道德之心也要符合天心。而能见天心，知天意，遵循天道，行天命者，便是圣人。君主为臣民之心，君心要体究天心。天有仁慈宽厚之心，有尊德卑刑之心，而这些都可通过天象、气象的性质和变化来体会。[④]现在看来，董仲舒的学说能够汇总前人观点，把当时能看到和能想到的各种现象都置于统一的思想体系中，这确实是很不容易的。李约瑟评论董仲舒的"天人感应"观念，特别看重其"相互联系的思维"以及"小宇宙和大宇宙"（即人体与整个宇宙）之间的类比。他认为这并非迷信，而是一种自身特有的思想方式。[⑤]这种思想方式体现了中国古代"用心"思维的一些基本特点，本书后面在讨论"心"的认知机制时将做进一步分析。

前面说过，中国古代的"天"范畴并非仅指自然之天，而是人们体验到的整体的世界，因而这一时期讨论的"天心"实际上是将所有人心的最一般特征赋予一个至高无上的抽象承载者。这个"天心"既具有道德属性，又具有自然属性，而道德属性和自然属性的对应关系是通过直观体验的类比途径建立起来的，这是"天"与"人"之间能够相互感应的思想基础。为什么当时人们会普

① 转引自李约瑟. 中国科学技术史（第二卷 科学思想史）. 何兆武，李天生，胡国强，等译. 北京：科学出版社；上海：上海古籍出版社. 1990：307.

② 参见周桂钿. 天地奥秘的探索历程. 北京：中国社会科学出版社，1988：299.

③ 董仲舒. 春秋繁露. 北京：中华书局，1975：448.

④ 参见张怀承，岑贤安，徐荪铭，等. 心. 北京：中国人民大学出版社，1993：82-87.

⑤ 李约瑟. 中国科学技术史（第二卷 科学思想史）. 何兆武，李天生，胡国强，等译. 北京：科学出版社；上海：上海古籍出版社，1990：302-329.

遍相信"天人感应"学说呢？从今天的角度看，董仲舒讲的这些理由和类比的事例显得很牵强附会，但基于当时的知识水平，从直观体验角度出发，人们可能会觉得还有一定说服力。在农耕文化环境中，自然灾害与社会治理的道德水准可能有一定相关性，比如昏庸的统治者倒行逆施、破坏生态环境的行为，可能会诱发或加重自然灾害。另外，有"天人感应"色彩的民间习俗和忌讳往往受到人们的心理暗示影响，对人的某些活动和感知征兆与事情后果之间关系的解释有相当大的回旋余地。比如通过某种仪式虔诚求雨，后来真的应验了，就说成是"感动了上天"；而如果没有应验，就可以解释为诚意不够，或者找出别的什么理由。"天人感应"思维方式的联想、类比、附会特征的过度延伸，难免导致一些荒诞不经的结论。董仲舒的"天人感应"学说后来发展成谶纬迷信，使儒学神学化，为皇权政治服务，也招致很多同时代学者和后来学者的批评。王充批评"天人感应"学说，主张"天道自然"，与人事无关。"人不能以行感天，天亦不随行而应人。"[①]人心副天心其实是"以人心效天意"的结果，即借助"天意"来表达"人心"。[②]

其二，魏晋隋唐时期的发展。魏晋时期社会生活动荡，但不少文人雅士隐居在相对偏远的田园山水之间进行玄学思考，为消极避世的生活方式寻找心理依据。这一时期佛教传入中国，主张"看破红尘"的出家意识有了越来越大的影响。魏晋玄学继承道家谈"玄"的传统，又融合儒、道、释三家的思想资源，从"心"出发进行整体把握。此时对万物本原的理解分为两派。一派学者强调万物本原为"无"（也称"贵无"派），而另一派学者强调万物本原是"有"（也称"崇有"派），但此时都聚焦在如何用"心"来把握的问题上，实际上扩充了对"心"作为认识活动场所的认识，但又超越了先秦时期"虚静"的主张，开拓了无限扩展不断迭代的思维空间。这意味着"心"的观念更为抽象化、一般化。当人们思考万物的本原究竟是"无"还是"有"的时候，整个世界观、人生观、价值观都会随之发生相应变化。"有""无"之争并不是在今天的物理学意义上展开的，实际上涉及的是思维活动中个别与一般、具体与抽象、特殊

---

① 转引自袁华忠，方家常. 论衡全译. 贵阳：贵州人民出版社，1993：927.
② 转引自张怀承，岑贤安，徐荪铭，等. 心. 北京：中国人民大学出版社，1993：90-91.

与普遍之间的矛盾冲突。

三国时期的玄学家王弼是"贵无"派的代表，他主张"天地虽广，以无为心。圣王虽大，以虚为主"，"圣人无常心，以百姓之心为心"。[①]他所谓的"以无为心"，强调的不仅是"心"作为认知场所和知识存储之处的功能，还包括用"心"控制情感和欲望的功能，这就是要去除个人之心的私念和躁动，使之符合"无"的要求，而只保留符合百姓之心的成分。这主要针对君王或圣人而言，不可能要求普通百姓也都"无心"。如果百姓们都"无心"做事，社会生活岂不是秩序大乱了吗？王弼说"大制者，以天下之心为心，故无割也"[②]，说的也是这个意思。裴頠是"崇有"派的代表，他批评王弼的观点说："不可以制事以非事，谓心为无也。"[③]"以有为心"强调的是"心"作为认知主体把握个别的具体事务的功能。张岱年先生曾指出："裴頠所谓有，指个别事物"[④]，这揭示了问题的关键所在。"有""无"之争之所以能够开展起来，正是由于"有"和"无"并不在一个思维层次上对立的缘故。"贵无"派强调的是"有之为有，恃无以生。事而为事，由无以成"，王弼将"无"解读为"道"，这都是在抽象或一般意义上理解"无"的。而裴頠主张的"崇有"论强调"夫至无者无以能生，故始生者自生也"，即"有"不可能来自"无"，这显然是在具体或个别意义上理解"有"的，而且把"有"和"无"完全割裂开来。[⑤]绝对的"无"（"至无"）从逻辑上当然推导不出"生有"的可能性。直观体验思维的一个特点是逻辑前提的差异很隐蔽，所以对同一范畴在不同层次上的理解也可能发生争论。

西晋学者郭象提出"无心应物""心与物化"的思想，这里所指的"物"其实还是"有"。他继承老庄"自然无为"的观念，强调"无为而治"，提出"夫无心而任乎自化者，应为帝王也"。"圣人有道，即用百姓之心耳。"因而他主张"虚心集道，无心自得"。就是说，不要以机巧之心对待外物，不要追逐物

---

① 转引自张怀承，岑贤安，徐荪铭，等. 心. 北京：中国人民大学出版社，1993：105.
② 转引自张怀承，岑贤安，徐荪铭，等. 心. 北京：中国人民大学出版社，1993：107.
③ 转引自张怀承，岑贤安，徐荪铭，等. 心. 北京：中国人民大学出版社，1993：108.
④ 张岱年. 中国古典哲学概念范畴要论. 北京：中国社会科学出版社，1989：76.
⑤ 参见张岱年. 中国古典哲学概念范畴要论. 北京：中国社会科学出版社，1989：75.

欲。他说："有心于为德，非真德也。夫真德者，忽然自得而不知所以德也。""忽然自得"实际上指的是直观体验过程中的"顿悟"现象。东晋学者张湛的《列子注》中也有类似观点，主张用心求理而心智之迹犹存，忘心而冥会才能得到智外之妙理。①这就把顿悟的作用推向了极致。

佛教学者强调"心体空无"，主张"心为本""无执为心"。僧肇说"心无者，无心于万物，万物未尝无。此得在于神静，失在于物虚"。②他论证"心"不是虚无也不是实有，既肯定"心"的认知功能又肯定寂静无为的心理状态，在思辨和论证水平上都有新的提高。梁武帝萧衍说："夫心为用本，本一而用殊，殊用自有兴废，一本之性不移。"③这里实际上讲的仍然是"用心"来把握事物的普遍性和特殊性的关系。还有一些佛教学者主张"心作万有，诸法皆空""心性清净，寂然不变"。④追求作为"空"和"无"的"心"，需要按照佛教教义，把外界事物在人的心灵层面引起的各种杂乱的影响、欲望、意向从本体论、认识论、价值论角度逐一"排空"，这样才可以达到"六根清净"的境界。

到了隋唐时期，社会生活又开始出现"大一统"局面，儒、道、释三家的思想交流更加深入，"心"的观念也得到了进一步深化。隋朝学者王通以弘扬儒家思想为主，认为"心者非他也，穷理者也"。"心"要探究事物的原理，透过事物的形迹洞察其本性。圣人要以仲尼之心为心，以天下苍生为心。成玄英发扬道家思想，认为"灵府者，精神之宅，所谓心也"。他主张圣人应以"无心之心"面对外部世界，摒弃知觉，虚以待物，"虚其心室，乃照真源，而智慧明白，随用而生"，这和佛教的禅定在思维机制上是相通的。他还认为"夫达道圣人，虚怀不执，故能和是于无是，同非于无非，所以息智乎均平之乡，心休乎自然之境也"。⑤其意是说，达道的圣人虚怀若谷不偏执，就能够实现"是"与"无是"的和谐以及"非"与"无非"的统一，这里的思辨味道相当浓，但核心问题是追求"无心而感应"，希望通过玄思冥想达道，展现无为而无不为

---

① 转引自张怀承，岑贤安，徐荪铭，等. 心. 北京：中国人民大学出版社，1993：109-117.
② 转引自张怀承，岑贤安，徐荪铭，等. 心. 北京：中国人民大学出版社，1993：123.
③ 转引自张怀承，岑贤安，徐荪铭，等. 心. 北京：中国人民大学出版社，1993：125.
④ 转引自张怀承，岑贤安，徐荪铭，等. 心. 北京：中国人民大学出版社，1993：126.
⑤ 转引自张怀承，岑贤安，徐荪铭，等. 心. 北京：中国人民大学出版社，1993：131-137.

的效果。"冥心"能否"会道"？这里缺乏进一步论证。"心"的"顿悟"机制确实存在，但不可能靠彻底摒弃知觉来实现，这个问题在后面涉及"心"的认知能力时还将进一步讨论。

隋唐时期的佛教学者在"心"的观念上体现出更强的抽象思辨能力，"万法唯心"的提法把"心"的地位推向了前所未有的高度。佛教哲学认为"心"是思虑的本体，"法"是对身外之物的认识，但"心"是一切"法"的本原，"心"与"法"相互包含，不可分割，于是有"一念三千""三谛圆融"之类的说法。华严宗的五祖宗密说"一切法皆唯心观，无别自体。是故大小随心所转，即入无碍"。宗密将"心"分为"肉团心"（生理意义上的心脏）、"缘虑心"（具有思虑和分别功能）、"集起心"（具有积集种子产生一切现象的功能）、"坚实心"（真心，即心的清净本性），这种区分实际上相当于揭示了认知活动中感知外物、思维加工、想象与灵感的不同机制。宗密认为佛性需要觉悟，"欲求佛道，需悟此心"。佛教唯识宗主张"三界唯心尔，离一心外无别法故"，一切唯心，心融万有。"心所以王，以识为主。归心泯相，总言唯识。"禅宗六祖慧能则提倡"顿悟成佛"，"自性心地，以智慧观照，内外明彻，识自本心"。还有些学者强调"此法即心，心外无法；此心即法，法外无心"，"佛即是心，心外更无别佛也"。[1]佛教哲学将"心"对外界事物的各种反映仔细加以区别，在直观体验的思维框架里揭示相关概念相互依赖、相互转化的辩证关系，提出了许多深刻见解。然而将"心"的认知当成万法的基础，将认知成果实体化为世界本原，这就从根本上脱离了现实生活。出家人认为这正是他们追求的境界，但现实生活中大多数人更需要在内心世界与外在世界之间寻找积极的互动关系。

关注现实生活的儒家学者显然不会赞同佛教学者的这种"出世"态度。唐代学者柳宗元倡导经邦济世之心，主张"圣君以奉天为心，不以谦冲为德；以顺人为大，不以崇让为优"，注重"心"的社会功能。他强调要"上探天心，下极人欲"。[2]韩愈主张"处心有道，行己有方。用则施诸人，舍则传诸其徒，

---

① 转引自张怀承，岑贤安，徐荪铭，等. 心. 北京：中国人民大学出版社，1993：140-153.

② 柳宗元. 柳河东集. 上海：上海人民出版社，1974：579.

垂诸文而为后世法"，以弘扬伦理道德为己任。①这里儒家学者的"心"的观念得到进一步传承。

　　总的看来，魏晋隋唐时期"心"的观念的发展有两个比较显著的变化，一是在直观体验的总体思维框架内增强了逻辑推理的作用，这主要是受到佛教"因明学"的影响。逻辑推理的因素有助于消除直观体验思维的不够严格、不够确定、不够精细的弱点，为后来宋明理学的出现奠定了思想基础。二是中国化的佛教派别——禅宗的兴起，对总结直观体验过程中"顿悟"的心理机制有很大促进作用。这一时期"心"的观念，客观上起到了缓解由社会动荡造成的心理压力的作用，同时也使"心"的观念体系中相关概念之间的关系得到更细致的阐释。

　　其三，宋代至清代中期的发展。这一时期社会经济有新的发展，开始出现较多的经贸和文化交流活动，人际思想沟通的需求也空前增长，而印刷术的发明加速了这一进程。理学和心学就是在这一时期出现并得到不断发展的。与秦汉时期相比，这一时期的"心"的观念以"人"为中心，注重现实生活。在"天、地、人"这"三才"之中，"人"为中心。此时"心"的观念逐渐形成完整的本体论、认识论、方法论和伦理学体系，在以直观体验为主导的思维框架内达到了相当完善的程度，同时也暴露出一定的局限性。

　　北宋时期理学家邵雍提出"心为太极"的主张，这主要来自"先天八卦图"的影响，力图用卦象的数理模型说明"心"与天地万物的关系。他认为"心在天地前"，说"先天学，心法也。故图皆自中起，万化万事生乎心也"。他还强调"心"是一心又是万心，是一己之心又是天地之心，这种判断和前面提到的先秦诸子对"心"的不同定义类似，从逻辑分析角度看都是难以理解的，然而这是在直观体验思维框架里的判断，强调的是同一范畴"心"在不同语境下有不同特征，同时又相互联系，不能因为其中一种特征而排斥其他特征，但又不能把这些特征等同起来。"心为太极"就是强调"心"与"太极"两者相通，都有作为宇宙本原的意义，不是说两者完全等同。这种表述方式在宋代以前的

---

① 转引自张怀承，岑贤安，徐荪铭，等. 心. 北京：中国人民大学出版社，1993：154-160.

"心"的观念演变中已经有不同程度体现，到了宋明理学时期格外突出。理学家们的学说中很多表述都有类似特点。①

张载认为"人本无心，因物为心""大其心则能体天下之物"。"心"的认知对象是"理"或"义理"。要"尽心"必须"穷理"，"穷理"才能发现事物区别的细微之处。对"理"的特别关注标志着理学思潮的兴起，实际上涉及"用心"思维中内隐的逻辑思维成分的作用，这一点在后面讨论"心"与"理"的关系时还将进一步展开。张载承认外物的存在，但"心合内外"，能够使闻见之知上升到"理"的层次，但又认为"德性所知，不萌于见闻"，而是来自内心。在本体论意义上，张载把"气"看作更根本的范畴，认为"太虚即气""太虚者，心之实"。"气"无形为"虚"，有形为"物"。太虚之气要靠"心"来把握，而不能靠感官。他不赞同"天心""天意"之类的说法，认为"天无心，心都在人之心"。人心领会的"道"就是气化流行的规律。领会天道要去掉成心，"成心忘然后可与进于道"。张载有一个重要的提法是"心统性情"，这是"心"的观念中的一个核心内容。在他看来，"合虚与气，有性之名"，饮食男女、仁义礼智都是性，"有性则有情，发于性则见于情，发于情则见于色，以类而应也"。中国传统"心"的思维的一个基本特征是知情意相贯通，在张载这里已经有了明确的论述。②

二程（程颢、程颐）主张"心理合一"，"心"与"性""道""天"都相通，求心于内就掌握了"性"与"天"，而且"一人之心即天地之心，一物之理即万物之理"。这里的"即"强调的仍是相通而非等同。吕大临主张"心兼体用"，强调的也是"心"与"体""用"相通。③胡宏主张"心本于天性"，显然认为"天性"更为根本，"天"与"道"相通，"心"是"性"的显现和作用，"心穷其理，则可与言性"。"心"的功能是知天地宰万物以成性，所以"性为体而心为用"。④在以直观体验主导的思维框架里，强调"心"与相关概念的相通是有必要的，但很难进行概念之间关系的结构性分析，这是一个根本性的

---

① 参见张怀承，岑贤安，徐荪铭，等. 心. 北京：中国人民大学出版社，1993：163-164.
② 参见张怀承，岑贤安，徐荪铭，等. 心. 北京：中国人民大学出版社，1993：165-171.
③ 参见张怀承，岑贤安，徐荪铭，等. 心. 北京：中国人民大学出版社，1993：172-179.
④ 参见张怀承，岑贤安，徐荪铭，等. 心. 北京：中国人民大学出版社，1993：181-185.

弱点。

朱熹在讨论"心"与相关概念的关系方面更全面、更系统，揭示了"心"的认知机制的一些根本特征。他的很多论述是对前人"心"的观念的详细阐释，如心有知觉功能，心通过格物、思虑等环节达到穷理，心为主宰、非物所能宰，人心虚灵、心无形影、虚心是为了明理，心兼动静、体用、已发未发，天地之心包含人心，道心是人心中的义理之心，等等。同时，他又有自己新的见解。他进一步发展了张载"心统性情"之说，认为"性以理言，情乃发用处，心即管摄性情者也"。这样就把胡宏的"性体心用"改成了"性体情用"；而"心兼性情"，"心"又处于根本的位置上。朱熹认为知觉是"理"与"气"的结合，"所觉者，心之理也；能觉者，气之灵也"。朱熹也讲"理"在"心"中，这是在"理"是"心"的认识对象意义上讲的。他强调"意者心之所发，情者心之所动，志者心之所之"，心是性、情、意、志的统一体。①他特别提到"情"是"感而遂通"，这里实际上涉及格物致知的认知活动中"情"的作用。中国传统哲学的"情"的范畴不完全指生活情感，还包含认知活动中的心态和感受，与"知"和"意"有密切关系。朱熹的论述对理解"心"的思维特征非常有启发意义。

在朱熹看来，天下万物都有其"理"，而这个"理"是客观的、绝对的，这是"理学"的根本思想特征。"心"的功能是"穷理"，这是一种"向外"的功夫。而陆九渊讲"心即理""宇宙使是吾心，吾心便是宇宙"，认为"穷理"的问题在内心世界就可以解决，这个"理"显然是属于认知主体的，这是一种"向内"的功夫。陆九渊说："人心至灵，此理至明，人皆有是心，心皆具是理。"他主张仁义道德是人的本心，反对将天理与人欲分开，但强调存心去欲。他并不仔细辨析"心"与性、才、情、气、欲的关系，认为只要强调统一于"心"即可。他把天地万物包罗在心中，满心而发，充塞宇宙。②这里的"心包万物"不是在现实的空间关系意义上讲的，而是说"心"的智慧能够理解和包容万物。朱熹批评陆九渊混理气为一，不区分体用，指出了陆九渊的"心"的观念体系

---

① 参见张岱年. 中国古典哲学概念范畴要论. 北京：中国社会科学出版社，1989：192.

② 参见张怀承，岑贤安，徐荪铭，等. 心. 北京：中国人民大学出版社，1993：213-217.

存在不够严谨、完备的问题。

明代理学家的代表人物王阳明不赞同朱熹"求理于事物"的说法，强调"求理于吾心"，但他并不是简单继承陆九渊的心学，而是强调"知行合一"。他认为"心"为天地万物之主，凡知觉处便是心。物理就是心之理。"身之主宰便是心，心之所发便是意，意之本体便是知，意之所在便是物。"他特别强调"良知"的价值，认为"心之虚灵明觉，即所谓本然之良知也"。良知造化万物，与物无对，融本体论、认识论、人性论和道德论于一体。①"致良知"的要求，就是要追求道德意识、道德情感和道德行为的统一。这里体现了在经济日趋繁荣的环境中致力于保持伦理道德应有的社会调节功能。

宋代至清代的其他学者也从不同角度丰富和发展了"心"的观念，如张栻认为心为形而上，气为形而下，以仁义道德作为"心"的内涵。②吕祖谦认为"心"为万事之纲，心与性异名而同实。③罗钦顺认为"道心，性也，性者，道之体；人心，情也，情者，道之用"。④王廷相认为"心缘外而起"。⑤李贽主张"童心即真心"。⑥刘宗周、黄宗羲等融合心理气三者，认为心与物、理、性一体。⑦方以智认为心为天地万物之所以，万物所以之心即人心而又不限于人心，心即天地。⑧王夫之主张心涵性、情、才。⑨戴震认为有血气而后有心知⑩，等等。这些学者在论述"心"与相关范畴的关系时，虽然有不同程度的论辩，但缺乏严格精细的概念分析，难以形成共识，不少学者的观点与前人相比只是细节上更周全，表述更完善，但没有根本性的变化。

宋明理学大体上分为理本、心本、气本三派。他们都想构建新体系而未成功。宋明理学推崇的"理"与今天人们熟悉的"理论""规律""理性认识"并

---

① 参见张怀承，岑贤安，徐荪铭，等. 心. 北京：中国人民大学出版社，1993：247-255.
② 参见张怀承，岑贤安，徐荪铭，等. 心. 北京：中国人民大学出版社，1993：206-209.
③ 参见张怀承，岑贤安，徐荪铭，等. 心. 北京：中国人民大学出版社，1993：210-213.
④ 参见张怀承，岑贤安，徐荪铭，等. 心. 北京：中国人民大学出版社，1993：238.
⑤ 参见张怀承，岑贤安，徐荪铭，等. 心. 北京：中国人民大学出版社，1993：257.
⑥ 参见张怀承，岑贤安，徐荪铭，等. 心. 北京：中国人民大学出版社，1993：260.
⑦ 参见张怀承，岑贤安，徐荪铭，等. 心. 北京：中国人民大学出版社，1993：272-284
⑧ 参见张怀承，岑贤安，徐荪铭，等. 心. 北京：中国人民大学出版社，1993：290.
⑨ 参见张怀承，岑贤安，徐荪铭，等. 心. 北京：中国人民大学出版社，1993：304-305.
⑩ 参见张怀承，岑贤安，徐荪铭，等. 心. 北京：中国人民大学出版社，1993：321.

不完全等同，"理"是从直观体验出发对事物本质特征的整体把握，是能够讲出来并获得人们共识的思想成果，但其前提是有共同的直观体验积累，这样才能"认理"，实现心灵沟通。不过，在以直观体验为主导的思维框架内，想要建构"心"与理、气、性、道等范畴相互联系的完整知识体系是很困难的。这也表明中国传统的"心"的观念演变已经到了一个"瓶颈期"，需要借鉴西方文化传统中以"动脑"为主导的知识体系，立足于新的时代背景和社会问题，开拓新的发展途径。

第四节　近代和现代"心"的形态

近代和现代"心"的形态是在西方有关脑科学的知识传入中国的时代背景下逐渐形成的。清代后期社会动荡，传统的理学思潮受到挑战，"心"的观念也面临巨大转型。很多思想家结合近现代科学知识和社会生活的新变化对"心"的观念加以解读，逐渐去除其中传统的本体论含义，将其理解为人们的精神、意识、思维活动本身，"心"与"脑"出现日益趋同的倾向。

清代后期学者龚自珍在传统的"心"的观念基础上主张至心不可言不可知，人心为世俗之本，心力决定能力。[1]魏源沿袭"心"为思维器官的观念，认为心为身之主宰，心为性根，心有道心人心之别，人之心即天地之心，晚年则主张"即心即境"。[2]康有为在理解"心"的机能上引进了一些近代科学知识，今天看来很粗浅，但在当时看却可能很新鲜。他说："不忍人之心，人也，电也，以太也，人人皆有之，故谓人性皆善。""以太"是当时被认为充塞整个宇宙的最基本的物质构成，爱因斯坦的相对论出现后才否定其存在，所以康有为的引用在当时还是很"前卫"的。康有为还有"知气者，灵魂也，略同电气，物皆有之"、有心之物即有"爱质"、唤起人心的根本途径在于"增心之热力"（"心

---

① 参见张怀承，岑贤安，徐荪铭，等. 心. 北京. 中国人民人学出版社，1993：328-330.
② 参见张怀承，岑贤安，徐荪铭，等. 心. 北京：中国人民大学出版社，1993：333-336.

之热力"即爱国热情）等说法。①严复也有类似特点。他主张心之理必验证于物之理。他把物体质量产生的力称为"爱力"，把物体重量产生的力称为"体力"，两者相互作用促成意识活动。"心"具有思虑和情感功能，思虑可分别是非然否，而情感只是心的忧喜悲愉的感觉。严复在认识论上已经受到德国哲学家康德的影响，他将先验认知形式作为儒家致中和、佛教境由心造的根据。②

谭嗣同也用以太和电解释心力，主张"境能生心，心实造境"，"缘劫运既由心造，自可以心解之"。③梁启超的"心"的观念同现代科学和现代社会生活有了更深入的融合，对前人的各种学说有继承、反思，也有发展。他将朱熹的格物穷理与弗兰西斯·培根的方法进行比较，分析传统的"心"的观念在思维方法上的长处和弱点。他认为"心"包含知情意，而智、仁、勇"三达德"对应于知情意圆满发达的状态。他强调"情"之发达为仁，道德本原出于良心之自由，仁爱与利己应该统一起来。④章太炎、孙中山以思想、意识、精神指"心"。他们的"心"的观念力图融合中西文化对精神、意识、思维活动的不同理解，在"心""脑"之间建立某种沟通渠道。⑤

在新文化运动以后，人们在现代科学的意义上普遍接受了"脑"是思维器官的常识，此后"心"的思维功能很少在学术层面得到关注了。学者们普遍存在将"心"和"脑"等同的倾向。很多人在著作和论文中明确表示"用心"就是"动脑"。⑥"心""脑"概念的趋同是"西学东渐"以来中西文化交流的特定产物。"动脑"思维是伴随近代西方科学文化知识的传入才逐渐为人们熟悉的。在这一过程中，面临如何消除不同文化传统之间理解障碍的问题，一些学者就将涉及"动脑"的相关知识翻译为便于从"用心"角度理解的表达。一个突出例子是对西方哲学中"唯心论"一词的翻译。这个词是外来词，日本学者

---

① 参见张怀承，岑贤安，徐荪铭，等. 心. 北京：中国人民大学出版社，1993：340-344.
② 参见张怀承，岑贤安，徐荪铭，等. 心. 北京：中国人民大学出版社，1993：346-350.
③ 转引自张怀承，岑贤安，徐荪铭，等. 心. 北京：中国人民大学出版社，1993：351-356.
④ 参见张怀承，岑贤安，徐荪铭，等. 心. 北京：中国人民大学出版社，1993：357-364.
⑤ 参见张怀承，岑贤安，徐荪铭，等. 心. 北京：中国人民大学出版社，1993：364-370.
⑥ 张立文先生曾指出："人脑是意识的物质载体，中国古代把这个思维器官称为心。"见张怀承，岑贤安，徐荪铭，等. 心. 北京：中国人民大学出版社，1993：4. 类似的说法还有许多。

先是将 idealism（观念论、理念论）译为"唯心论"，然后再传入我国。①这种译法传入中国后，很多学者在翻译一些西方文献涉及大脑主宰的精神活动的术语时，往往用"心"来指代，比如，英语中的 mind 被译为"心"或"心智"，将 mind-body relation（精神与肉体关系）译为"心身关系"，将 psychology（研究人们感觉、知觉、思维、情感规律的科学）译为"心理学"②。现在认知科学哲学问题的研究都是以脑科学研究的新成果为基础的，但都称为"心灵哲学"。③而这些术语的原意都来自将"脑"视为思维器官的文化，与中国传统的"心"的观念相去甚远。不过，这些译法尽管不精确，但很容易被人们接受，因为一谈到"心"，人们马上会联想到精神活动，因而西方有关精神、观念、认知等方面的学术成果很容易融入中国传统文化的语境之中。

在"心"和"脑"这两个概念通过翻译渠道建立等同关系之后，很多人就不去思考"心"与"脑"的差异与不可互换性，而是追求这两个概念在不同语境中灵活变通的自洽应用。

在学术研究层面，中国哲学史研究和西方哲学史研究的不同范式可以相安无事。如果在中国哲学史的范围内讨论"用心"，学者们依旧按照中国古代哲学家的思路来解读"心"，谈论"心之官则思""心包万物""心学"等话题，但不会同时考虑西方学者如何理解"心身关系"。一些对中国哲学有兴趣的西方哲学家和汉学家也按照中国传统的理解来讨论"心"的功能和价值，并将其等同于意识活动。瑞士汉学家耿宁所著《心的现象——耿宁心性现象学研究文集》一书，从现象学角度分析中国传统心学的一些思想成果，但并没有从"心"与"脑"的差异角度展开考察。④安乐哲曾指出："'心'常常被译为'mind'这一事实提醒我们仅仅将其译为'heart'是不充分的……如果不是这个'心'

---

① 刘正琰，高名凯，麦永乾，等. 汉语外来语词典. 上海：上海辞书出版社，1984：355.

② 《光明日报》1997 年 3 月 1 日发表申荷永的文章指出，用"心理学"翻译 psychology，包含一种潜在的中国文化的心理学，因为"心"超越了心脏和大脑，表示人的精神世界。

③ 参见杨足仪. 心灵哲学的脑科学维度. 北京：中国社会科学出版社，2011：10-11.

④ 耿宁. 心的现象——耿宁心性现象学研究文集. 倪梁康，王庆节，张庆熊译. 北京：商务印书馆，2012：473-488.

在思考的话，中国古典著作中的许多篇章都是不可理解的。"①然而他并没有进一步指出"心"与 mind 之间是否还存在什么本质区别。

可是如果到了西方哲学或现代哲学研究领域，学者们就换了一个思路，从汉英语言互译角度将"心"直接对应于现代意义上的精神活动、知觉活动、思维过程，谈论唯心论、心身问题、心理学，但不会在意中国传统哲学对"心"的本意的理解。如果有人要在一般意义上讨论"心"是否存在区别于"脑"的根本特征，则很容易被认为小题大做，得不到响应。"心""脑"混用的思维惯性相当大，以至于很多人见到"用心"马上会想到"动脑"，觉得讨论二者区别根本没必要。

现代新儒家学者曾有过将中国传统的"心"的观念与西方传统的唯心论哲学融会贯通的努力。贺麟先生提出过"新心学"的思想体系，力图将新黑格尔主义和康德哲学与中国传统的陆王心学统一起来，将"心"区分为"逻辑的心"和"心理的心"，认为"逻辑心即理也"。②施友忠、唐君毅、黄健中等学者也讨论了"心外无理，境不离心""辨心之求真理""良心为道德意识之有机全体"等观点。③然而新儒家学者基本上仍然还是在"心""脑"混用的思维框架里展开讨论的，而且学理性很强，在现实社会生活中影响有限。钱穆先生对"心"与"脑"的区分有很清醒的认识，他对"心"的功能沿用中国传统哲学的理解，并指出"中国人言学多主其和合会通处，西方人言学多言其分别隔离处。如言心，西方人指人身胸部，主血液流通之心房言。头部之脑，则主知觉与记忆。中国人言心，则既不在胸部，亦不在头部，乃指全身生活之和合会通处，乃一抽象名词。"④，但他并未对认知意义上的"心""脑"混用做进一步的澄清。

在日常语境中，普通民众已经习惯于既讲"动脑"也讲"用心"，但将其分别置于不同语境下使用，而且同样表现出相当大的灵活性。该强调"用心"

---

① 安乐哲，郝大维. 道不远人：比较哲学视域中的《老子》. 何金俐译. 北京：学苑出版社，2004：33.

② 陈永杰. 现代新儒家直觉观考察——以梁漱溟、冯友兰、熊十力、贺麟为中心. 上海：东方出版中心，2015：178-182.

③ 贺麟. 五十年来的中国哲学. 沈阳：辽宁教育出版社，1989：44-54.

④ 参见朱良志. 中国美学十五讲. 北京：北京大学出版社，2006：381.

的地方一般不会强调"动脑"，而该强调"动脑"的地方一般也不会强调"用心"，尽管这种区分并没有经过严格的语义分析，很少有人在"用心"和"动脑"之间划出明确界限，但却很少有人会用错它们的应有场合。当涉及学习专业科技知识、执行规章制度的时候，人们习惯于讲"开动脑筋"。这时若提到"用心"，仅指一种认真的学习和工作态度。而当涉及人际交往和承担社会角色责任的时候，人们习惯于讲"真心诚意"。这时若提到"动脑"，仅指一些具体操作方法。这种灵活变通的处理方式一方面有益于传统的"用心"思维继续发挥作用，便于"心"与"脑"思维功能相互补充，另一方面也遮蔽了从认知角度进行"心""脑"之辨的必要性，带来一些负面影响。

在教育和社会治理中，实际上存在"用心"和"动脑"相互排斥的现象，比如一些人在强调规章制度作用时往往忽视"用心"，而在强调人际情感交流时往往忽视"动脑"。"心""脑"概念混淆使得人们将"动脑"视为"用心"框架下的一种特定方式，而 "用心"则逐渐演化为一种思维习惯。"动脑"思维之所以能不断替代或"架空"传统的"用心"思维作用，与"用心"和"动脑"各自的思维特征都有关。"用心"思维具有很强的包容性，能够将"动脑"思维融入自身框架中加以理解，但其独有的特征和价值以往却没有充分体现出来。"用心"本身没有硬性要求。当人们发现某些人办事不用心、某些孩子学习不用心的时候，习惯的做法只是批评、督促、感化，很少提出具体的标准。从外部环境看，自古以来培育"用心"思维需要社会上耳濡目染的氛围，但这种氛围现在由于"用心"与"动脑"并存已不复存在。"用心"能力的提升需要相应的社会环境和舆论宣传，而这种事情在人们忙于从事与"动脑"相关的工作时可能无暇顾及。从内部因素看，"用心"的整体性要求与"动脑"的分析性要求相矛盾，"用心"的知情意相贯通特征与"动脑"的客观、冷静、有条理的要求相矛盾，"用心"思维强调定性与"动脑"注重量化相矛盾。当"动脑"的能力在教育、管理、评价活动中不断得到强化的时候，"用心"的能力自然会无形之中逐渐被弱化。人们以往对"用心"的理解、价值判断和方法体验，也会逐渐被"动脑"的知识、认知机制和思维方法取代。"心"的观念演变至今，其思想内涵随着科技进步和社会发展不断发生变化，现在同其最初形态已经有了巨大差异。通过考察"心"的观念的历史演变，一方面可以发现这个范畴的强大适应能力和变革态势，另一方面也可以看到传统理解的历史局限性，需要在新的时代背景下构建"心"的范畴的新的认知机制和表现形态。

第二章 从现代脑科学看"心"的生理根据

为什么中国古人会将"心"视为思维器官，而没有将肺、胃或别的什么东西视为思维器官？"心"的认知是否有相应的脑神经科学方面的支持？它和当代认知科学讨论的"具身认知"是什么关系？从现代脑科学角度看"心"的生理根据，有助于在现代科学背景下理解"心"的观念的意义和价值。

第一节 从脑功能定位看"心"的指向

中国古代关于"心"的功能的观念，无论从生理出发还是从哲学和文化角度出发，其实都有一定的科学依据，因为人的大脑中确实存在着相应的神经生理机制，以至于能够使人们合情合理地以为"心之官则思"。当然古代关于"心"的功能的观念只是基于一些经验性认识和推测，应该说是以一种曲折的方式反映了大脑的一些思维特征和机制。因此，我们可以根据现代的脑功能定位理论研究成果，对传统的"心"的功能的表现形态进行新的诠释，进而对其意义和价值获得更深入的理解。

现代的脑功能定位理论是通过现代生物物理和生物化学实验手段确立的，这一理论揭示了人脑不同部位对人的思维过程和身体活动具有不同影响。1861年法国科学家布洛卡发现了大脑皮层上的语言中枢，1873年德国科学家韦尼克发现脑特定部分损伤造成感觉性失语症，此后脑功能定位的研究得到迅速发展。20世纪60年代美国科学家罗杰·斯佩里等人进行"裂脑实验"，用切断大脑两半球之间的联结通道——胼胝体的方法治疗癫痫疾病，发现这种"裂脑人"的思维功能有很多奇特之处，由此大脑两半球功能不对称现象引起学术界广泛关注。①根据现代脑科学研究成果，人的大脑由左右两个半球（也称左脑、右脑）组成，其中左脑主要掌管逻辑推理、数学运算、语言表达，而右脑主要掌管形象思维、想象、直觉、创造等活动。②脑神经生理学研究表明，左右脑的生理结构和功能之间有明显对应关系。左脑许多功能非常清楚地同一定区域联系着，这些区域都很好地互相隔离。右脑的局部划分则不很精细，半球的宽阔区域都参加完成任何一种行动。参加执行严格既定任务的神经元在此扩散得很厉害，并且同从事其他工作的神经元相混杂。③除了左、右脑，大脑的边缘系统也会影响人的认知活动。边缘系统是大脑皮层的周边部位及皮层覆盖的一系列互相连接的神经核团的总称，包括海马、海马旁回、内嗅区、杏仁核等④，其功能涉及内脏活动、躯体活动、内分泌、情感等复杂过程，不仅调节情绪，也协调无意识的自主神经系统，它是整合人的全身体验特别是内脏体验信息并汇入大脑的关键器官⑤，因而大脑边缘系统也被称为"内脏脑"。人的情绪对思维过程的激活作用，也是通过边缘系统整合的。⑥大脑在认知活动中需要整合左、右脑与边缘系统的功能协同发挥作用，不过它们之间的分工并不十分绝对，在特定情况下也能够相互补偿。⑦

　　将脑功能定位学说与中国传统思维活动中"心"的功能表现形态进行比较，可以发现，在中国人的日常语境中，凡是讲到"用心"的地方，都是指向整体的、有机的、以直观体验为主导的思维活动，这显然是右脑和边缘系统这些人脑中"非左脑"部分发挥主导作用（左脑的作用不显著）的体现。"心"的认

---

①　参见托马斯·R. 布莱克斯利. 右脑与创造. 傅世侠，夏佩玉译. 北京：北京大学出版社，1992：4-10.

②　参见托马斯·R. 布莱克斯利. 右脑与创造. 傅世侠，夏佩玉译. 北京：北京大学出版社，1992：133.

③　参见谢尔盖耶夫. 智慧的探索. 乔立良，李爱萍译. 北京：生活·读书·新知三联书店，1987：253-254.

④　参见中国科学院神经科学研究所. 大脑的奥秘. 上海：上海科学技术出版社，2017：38.

⑤　参见杨天祝. 临床应用神经解剖. 北京：中国协和医科大学出版社，2002：433-437.

⑥　参见孟昭兰. 人类情绪. 上海：上海人民出版社，1989：143-145.

⑦　参见章士嵘. 认知科学导论. 北京：人民出版社，1992：268-269.

知活动类型包括形象思维、想象、直觉、创造等认知活动，这些都是右脑的功能。①特别是直观体验（直觉）思维活动，由于其特征是不通过逻辑分析而直接洞察事物本质，所以从逻辑分析角度很难对其思维机制进行深入研究，在很多习惯于逻辑分析的西方学者看来具有某种神秘性，觉得其不可缺少但难以理解。美国学者 T. 丹齐克就说过："有一种数学的必然性，它指导着观察和实验，逻辑不过是这种必然性的一个方面。其另一方面，就是那个难以捉摸、完全非定义所能确定的东西，即所谓直觉。"②中国古代学者对直观体验（直觉）思维活动中的顿悟、冥会、开悟现象有过十分深入的研究，这些在"心"的观念体系中起到关键作用的认知活动都来自右脑的机能。"心"的认知活动还非常注重情感和体验，这是边缘系统的功能。③右脑的思维活动也与边缘系统的情感体验密切相关。内脏器官尤其是心脏通过大脑的边缘系统影响思维活动，同"用心"思维中知情意相贯通的特点相对应。人们平常所说的不狂躁、不固执、不大起大落的平和心态，对于客观而冷静的思维显然是极重要的条件，而这种心态显然又同心脏的生理状况密不可分。也正因为如此，古人才会认为心脏具有思维功能。不仅如此，中医认为心与小肠相表里，心为里，肠为表。中国古代文学作品中甚至还有不少认为肠子也参与心理和情感活动的说法，如"诉衷肠""热心肠""牵肠挂肚""断肠人在天涯"之类的说法。中国传统文化中还有"满腹经纶"的表述，也体现了"内脏脑"的独特作用。因为五脏六腑会将人们对外部世界的身心体验汇总起来，通过边缘系统进入大脑，从而参与学问的制造过程。

　　强调"心"的功能与右脑和边缘系统相关，并不意味着可以将"心"的功能完全等同于大脑中这些"非左脑"部分的功能，或者将"用心"的思维方式完全等同于直观体验的思维方式。因为单单依靠右脑和边缘系统这些大脑中"非左脑"部分，人们实际上无法进行正常、完整的思维活动。仅仅依赖直观

---

　　① 参见托马斯·R. 布莱克斯利. 右脑与创造. 傅世侠，夏佩玉译. 北京：北京大学出版社，1992：20-21.

　　② 丹齐克. 数：科学的语言. 苏仲湘译. 上海：上海教育出版社，2000：206.

　　③ 参见 A. G. 凯恩斯·史密斯. 心智的进化. 孙岳译. 北京：中国对外翻译出版公司，2000：172-173.

体验的思维方式，也难以实现有秩序的社会生活，更谈不上造就高度发达的文明形态。"用心"思维中实际上也包含着左脑的逻辑推理、数学运算、语言表达的成分，但其作用形态比较隐蔽，蕴含在左右脑和边缘系统的协同互动关系之中。而在这种协同互动关系中，右脑和边缘系统的功能发挥着主导作用，决定着感知和体验的方式、思维的走向和过程，以及选择和评价标准。同时，左脑的功能是在不断发挥反思、论辩和矫正作用，避免直观体验思维的弱点造成认识上的偏颇之处。左脑思维的这种作用往往通过人的内心矛盾活动体现出来，这就是本书"序言"中所说的"以直观体验为主导，以内隐逻辑为支撑"的含义。在本书后面讨论"心"的认知机制时，还将对此进一步具体分析。

左右脑和边缘系统的这种协同互动关系，更多地与心脏的生理状态相关。中国传统思维强调知情意三者和谐一致，它们之间和谐关系的破坏可能会导致"心痛""心烦""心力交瘁"等症状，因而古代贤哲们在思维时自然会更多地关注心脏的状态。相比之下，现在人们讲的"动脑"主要是由左脑主导（而右脑、边缘系统的作用不显著）的认知活动，注重逻辑推理、科学实验和规则意识。"动脑"思维在西方传统文化中得到了比较充分的发展。西方文化的抽象思维和形式逻辑较发达，又是字母组合文字，这种思维活动负担过重时，脑的功能会有明显变化，出现"头痛""头昏"等症状，因而脑的状态就容易成为人们注意的对象。这或许可以解释，为什么在医学知识尚不发达的古代，很多思维机制只能靠猜测，中国人会倾向于主张"用心"，而西方人会倾向于主张"动脑"。这可能是不同类型的思维活动的负担过重时给人们的不同提醒，而且这种差别只能是不同文化传统的产物。

文化人类学家尼斯比特（Nisbett）的研究表明，西方人（如欧洲人和北美人）和东方人（如中国人、日本人、韩国人）在思维风格上有明显差异。西方人比较关注对象，更容易看到稳定性，用人格特征解释他人行为；而东方人可能更注意环境和关系，看到变化，意识到情境和关系如何决定人们的行为。[1]这

---

① 参见保罗·萨伽德. 心智——认知科学导论. 朱菁，陈梦雅译. 上海：上海辞书出版社，2012：229.

种文化差异很明显反映出"动脑"和"用心"的不同思维特征。由于"动脑"的认知活动与现代科学研究、学校教育、法律法规直接相关，故而人们习惯于把"动脑"与对科学和现代化的理解联系在一起。尽管近现代西方哲学也有专门研究直觉、情感、体验的流派，如机体哲学、现象学、解释学、隐喻理论、具身认知研究等，但研究范式仍然离不开逻辑分析的框架。日本学者岸根卓郎就曾认为"西方人是左半球占优势的左脑型，东方人是右半球占优势的右脑型"①。

如果从现代脑功能定位理论出发来看"用心"和"动脑"的文化差异，可以看出无论是以右脑和边缘系统为主导的"用心"思维的发展，还是以左脑为主导的"动脑"思维的发展，都是其社会文化不断选择和推动的结果，反过来又影响社会文化发展的进程。中国传统的"心"的观念基本上是从哲学和文化角度发展的，与自然科学和医学研究的关系不大，所以其概念范畴体系更多贴近日常社会生活，并随着社会生活变迁而不断发展。而西方传统的"脑"的观念的发展虽然也受到社会生活很大影响，但与自然科学和医学研究的关系比较密切，当然这方面探索也并非一帆风顺。西方学者在主张大脑是思维器官的问题上，其大方向正确，但在具体理解上也走了不少弯路。尽管西医注重解剖，但是18世纪以前的神经生理学解剖知识不够充分，在解释大脑的思维功能方面还存在很多不科学的成分。例如，盖伦认为血液是食物在肝脏里变成的，然后和天然元气相结合而富于营养，血液在心脏里同空气相混合带上"生命元气"而具活力，又在大脑中生出"动物元气"，沿神经流动，完成人体各种高级功能。②16世纪比利时医生维萨留斯仍接受这种观点，但他说他弄不清楚大脑如何执行想象、推理、思维、记忆的功能。③18世纪瑞士生物学家哈勒发现人脑通过神经接受感觉，并通过神经传送引起如肌肉收缩那样反应的神经冲动。1811年奥地利医生加尔提出人的能力同大脑一定部位相结合，相应引起颅骨隆起，他提出的"颅相学"有许多荒唐说法，比如抚摸一个人颅骨上的特定部位

---

① 参见岸根卓郎. 文明论——文明兴衰的法则. 王冠明，张小云，张春弟，等译. 北京：北京大学出版社，1992：45.
② 参见 W. C. 丹皮尔. 科学史及其与哲学和宗教的关系. 李珩译. 北京：商务印书馆，1975：104.
③ 参见 W. C. 丹皮尔. 科学史及其与哲学和宗教的关系. 李珩译. 北京：商务印书馆，1975：186.

就会使其在催眠状态下做出相应动作。恩格斯曾撰文批判过这种伪科学的学说。①显然，大脑功能定位学说是经历一系列曲折的发展过程之后，才具备现代科学的理论形态。

"心"的观念可以从大脑功能定位学说找到生理基础，包含着一种内在的必然性。正因为人脑中存在右脑和边缘系统这些"非左脑"部分发挥主导作用的思维机制，才使得中国传统的"心"的观念的演变一直围绕着这种思维机制展开，并且积累了相当丰富、可贵的思想资源，为在现代认知科学和哲学背景下重新理解"用心"的特征和价值奠定了基础。然而在"心"的思维形态和过程机制的研究中还有大量具体问题目前尚不能在现代脑科学原理基础上完全解释清楚，这是一个有待大力开发的新的领域。

近年来，"心"的观念包含的直观体验思维形态已经成为现代认知科学的重要研究对象。这主要是由于在第一代认知科学的符号主义研究纲领（用计算机符号和运算原理模拟人类认知机制）和联结主义研究纲领（用人工神经网络原理模拟人类认知机制）的基础上，第二代认知科学的具身——交互认知研究纲领正在形成和发展之中，而具身认知与"心"的观念包含的直观体验思维形态在研究对象、内容和方法上有很多共同之处。从具身认知研究角度看"心"的观念的生理基础，可以对"心"的生理根据有更深入的了解。

第二节　从具身认知看"心"的作用

具身认知也称"涉身认知"，主要强调人们对身体活动的各种直接体验会参与认知活动，影响认知的过程和结果。具身认知与"用心"思维都是人类体验外部世界的认知机制的体现，但对前者的研究主要运用逻辑分析方法和科学实验的手段，而对后者的研究主要从语用实践角度揭示直观体验的实际过程和方法。从具身认知看"心"的作用，指的是"心"的思维活动所包含的直观体验成分可以从具身认知研究中得到新的诠释，表明直观体验活动能够通过各种

---

① 参见恩格斯. 自然辩证法. 于光远，等，译编. 北京：人民出版社，1984：52-53.

可以进行实证的途径影响大脑的思维过程和认知结果，这就为直观体验在"用心"思维中的主导作用从另一角度提供了科学依据。具身认知研究通过实证方法确定直观体验因素与认知目标、途径、方法之间的对应关系，与大脑功能定位学说关于左右脑和边缘系统的互动机制互为印证，但从大脑功能定位学说如何解释具身认知机制的细节来看，还需要进一步研究。

具身认知研究近些年来得到学术界较多关注。越来越多的认知科学研究成果表明，认知过程中的很多要素和环节与人的亲身体验有关，体验过程和相关信息传播方式会直接影响大脑的认知活动，不应忽略"身体"在思维过程中的独特作用。不过，对于应该如何定义作为体验主体的"身体"，学者们却有着种种不同见解。柏格森认为"身体"是一个图像，是一个有选择能力的"行动的中心"，他所说的"身体"是相对于人所认识的外部世界而言的，"身体"包括大脑和神经系统在内。①我国学者张之沧等人将"身体"区分为"自在的身体"和"自为的身体"，前者相当于生理意义上的身体，后者包含了精神活动。他们对"身体"的理解也是将大脑包括在身体之中的，只不过强调了大脑之外的身体器官在认知活动中的作用。②美国语言学家莱考夫和哲学家约翰逊认为"身体"不是日常意义上的肉体，不是传统理论中的单纯生物物理装置，而是用来普遍说明意义生成的身体体验结构的概念。③这里强调的是身体体验对于认知活动的意义。在他们看来，"身"是用来说明意义生成的身体之体验结构的概念。他们进一步提出作为"体验哲学"基础的三点主张：心智本身就是基于身体的，思维几乎是无意识的，抽象概念主要是隐喻的。④梅洛-庞蒂的知觉现象学着重讨论了"身体"在知觉形成和演化中的意义。他认为意向性特征奠基于人在前反思状态下已经拥有的身体感知能力，而他的研究目的在于"揭示知觉与理性之间可以说是有机的联系"。⑤在他看来，"身体本身在世界中，就

---

① 参见邓刚. 身心与绵延——柏格森哲学中的身心关系. 北京：人民出版社，2014：46-47.

② 参见张之沧，张虨. 身体认知论. 北京：人民出版社，2014：23-32.

③ 参见刘晓力，孟伟. 认知科学前沿中的哲学问题——身体、认知与世界. 北京：金城出版社，2014：189.

④ 参见王寅. Lakoff & Johnson 笔下的认知语言学. 外国语，2001，（4）：15-21.

⑤ 莫里斯·梅洛-庞蒂. 知觉的首要地位及其哲学结论. 王东亮译. 北京：生活·读书·新知三联书店，2002：21.

像心脏在机体中；身体不断地使可见的景象保持活力，内在地赋予它生命和供给它养料，与之一起形成一个系统"。①他对"身体"的理解突出了"主体间性"问题，认为"我的身体，作为我把握世界的系统，建立着我所知觉的物体的统一性。同样，他人的身体，作为象征行为和真实行为的载体，从我的某个现象的条件中挣脱出来，向我提出真正交流的任务并赋予我的物体以主体间性或客观性的新维度"。②他后来还提出了作为知觉基础的"肉身"概念，认为"肉身"同时作为能见者、能触摸者、被见者和被触摸者，不是物质，不是精神，也不是实体，而只能说是一种存在的"元素"。③现代有关具身认知的研究是在"动脑"思维的框架基础上向直观体验领域的延伸，可是还未能充分考虑到"用心"思维的相关思想成果，因而需要在新的基础上进行更高层次的理论综合。

具身认知的相应生理基础现在已经得到认知科学和实验心理学相关研究的证实。1996年意大利帕尔马大学科学家里佐拉蒂发现猴脑存在镜像神经元（mirror neuron），能够像照镜子一样通过内部模仿而辨认出所观察对象的动作的潜在意义，并且做出相应的情感反应。根据经颅磁刺激技术和正电子发射断层扫描技术得到的证据，人类也具有镜像神经元。这意味着当人们看到别人的表情或经历过的情感状态，镜像神经元就会被激活，让自己体验到他人的感受，走进他人的情感世界。④这种体验性的"共情"机制，与孟子讲的"恻隐之心"很类似，比如人们见到小孩掉到井里会产生惊惧同情心理，马上想到要去救他。王阳明讲的"致良知"也需要不经过逻辑推理的思索过程而直接实施道德行为，当然这种行为能力需要道德修养的长期积累。

具身认知的实验研究在语言理解方面也取得很多重要进展。相关的行为及认知神经科学实验表明，对语言的理解是通过神经系统如感觉系统、运动系统以及情绪系统来模仿语言所描述的情境而实现的。在语言理解过程中会有感觉

---

① 莫里斯·梅洛-庞蒂. 知觉的首要地位及其哲学结论. 王东亮译. 北京：生活·读书·新知三联书店，2002：261.

② 莫里斯·梅洛-庞蒂. 知觉的首要地位及其哲学结论. 王东亮译. 北京：生活·读书·新知三联书店，2002：16.

③ 转引自宁晓萌. 表达与存在——梅洛-庞蒂现象学研究. 北京：北京大学出版社，2013：185.

④ 参见刘晓力，孟伟. 认知科学前沿中的哲学问题——身体、认知与世界. 北京：金城出版社，2014：206-213.

和大脑运动皮层相应部位的激活。①因此，人的身体的解剖学结构、身体活动方式、身体感觉和运动体验决定了人们怎样认识和看待世界，人们的认知是被身体及其活动方式塑造出来的。人们认知过程的方式和步骤由身体的物理属性所决定，身体的主观感受和身体在活动中的体验为语言和思想部分地提供了基础内容（主要通过隐喻体现出来），人类的抽象思维大多利用了这种隐喻性的推理，即用熟悉的事物去理解不熟悉的事物。认知是具身的，而身体又是嵌入环境的。认知、身体和环境组成一个动态的统一体。②从认识论角度看，人类在认识各种事物的过程中，对于已经认识到的各种事物属性、结构和功能，需要进行指代和表达，以便做进一步的加工处理。这种指代和表达有两种路径，一是用创造出来的相对独立的概念符号来指称各种认识对象，用逻辑关系表达它们的相互联系，这是逻辑分析的思路；二是用各种体验成分来表征各种认知对象，用比喻或类比关系表达事物之间从具体到抽象的各种关系，比如时常借用精神意义上的"身体"感受来表征认识主体对人际关系的体验，如"热情""冷淡""悲凉""甜蜜"等，这是直观体验和具身认知的思路。在后一种情况下，人们自身体验的成分就转化为认识资源，随着经验的积累在人们的认知活动中发挥越来越大的作用。

　　具身认知研究成果改变了人们以往对认知活动的一些习惯性看法。以往人们大都认为大脑从感觉器官接受来自外界的信息后，经过思维加工转变为思想成果，从感性认识上升到理性认识，这个认知过程与身体的活动体验无关。而实际上人的身体活动过程中的各种体验会影响思维过程和结果。实验心理学研究表明，伴随思维过程的一些动作和行为会影响人们的判断和选择。人们对很多抽象概念的理解是借助身体活动的体验实现的，汉语中这种倾向更为明显，类似"望眼欲穿""张冠李戴""班门弄斧"等成语都具有这种特点。③现代具身认知研究虽然是从逻辑分析和科学实验的框架出发的，但具身认知的思维形态与中国传统的"心"的观念中直观体验思维的主导作用有着高度的一致性。

①　参见周天下. 具身认知：来自实验心理学的证据. 科教导刊（上旬刊），2014，（2）：228.
②　参见叶浩生. 具身认知：认知心理学的新取向. 心理科学进展，2010，18（5）：705-710.
③　参见叶浩生. 心智具身性：来自不同学科的证据. 社会科学，2013，（5）：117-128.

作为直观体验基础的"体"，是中国传统文化中的一个基本范畴，其繁体字"體"的本义是从外部可见的身体各部分器官的总称，引申为事物的整体、全体、总体。"体"在不同的语境中呈现不同的思维层次，有时指比较抽象的"本体"，如宋明理学认为"理"就是"体"。朱熹说："理者，天之体；命者，理之用。"王阳明讲"心之本体，即是天理"。①有时"体"也指比较具体的"形体"。例如荀子认为"万物同宇而异体，无宜而有用为人，数也"②。这里的"体"说的就是"形体"。然而无论在何种语境中，"体"都是同整体性思考相联系的。"心"的观念中所包含的直观体验思维不仅涉及身体的物理属性、身体主观感受和活动体验对语言和思想交流的影响，涉及认知、身体和环境的关系，还涉及人们对生活经历、社会关系、文化传统的整体性体验，而这些方面的体验都是相通的。

具身认知过程与"心"的认知机制存在一定的对应关系。美国学者夏皮罗曾概括总结了具身认知研究的三个主题，一是"概念化"，即一个有机体身体的属性限制或约束了一个有机体能够习得的概念。就是说，一个人身体的结构和功能特征在很大程度上决定了他能够理解和掌握哪些相应概念。二是"替代"，即认知能在不包含表征状态的系统中发生，并且无须诉诸计算过程或表征状态就能被解释。三是"构成"，即在认知加工中，身体或世界扮演了一个构成的而非仅仅是因果作用的角色。③"概念化"与"心"的认知对象的形成和运用有类似之处，"替代"实际上讲的是"心"的认知中"可意会而不可言传"的内容，而"构成"涉及"心"的认知中对以往体验信息储备的选择和利用问题。具身性的这三个主题都有大量认知科学实验作为知识基础，表明人的大脑认知活动中确实存在这些超越逻辑分析的认知框架（即"标准认知科学"）的运行机制。当然，目前的具身认知实验所涉及的身体体验（感觉过程和身体运动体验）还是比较初等的，而"心"的认知所涉及的更复杂的身体体验（内心深处的情感体验和身体感受）可以成为具身认知研究的更长远目标。

---

① 转引自张岱年. 中国古典哲学概念范畴要论. 北京：中国社会科学出版社，1989：62.
② 转引自孙安邦. 白话荀子. 西安：三秦出版社，1998：146.
③ 参见劳伦斯·夏皮罗. 具身认知. 李恒威，董达译. 北京：华夏出版社，2014：4-5.

　　具身认知研究的成果，有助于进一步理解"直观体验"和"直觉"这两个术语的关系。本书"序言"中提及将"直观体验"和"直觉"看作同等程度的概念。"直观"和"直觉"都是外来语，是日本学者对 intuition 的不同译法。[①]在具身认知研究兴起之前，intuition 中包含的体验成分并没有没得到足够关注。"直观体验"是具有中国文化特色的术语。具身认知研究对认知活动中体验成分的作用做了深入分析，也为将"直观体验"和"直觉"看作同等程度的概念提供了依据。本书后面的内容在涉及西方哲学的相关问题时多用"直觉"一词，在涉及中国传统哲学和文化时多用"直观体验"一词。

　　从生理学角度看，"心"的思维形态是人类经历几百万年进化过程才出现的非常精致、深刻、复杂的思维系统的显现。它的生成、发展和运行肯定有物理、化学、生物学方面的根据，有相应的物质基础，但其运行机制并不是现代的科学水平在短时间内能够搞清楚的。现代认知科学和人工智能技术可以在很多方面模拟甚至替代人类的逻辑思维过程，但人们对直观体验（直觉）思维过程的奥秘还所知甚少。具身认知的实证研究成果表明，"心"的观念中包含的相当多的直观体验思维活动有其生理基础，而"心"的观念的丰富内容又为具身认知的研究提供了更广阔的研究空间。在本书后面讨论"心"的认知机制的时候，还将进一步考察体验与直觉、顿悟、灵感的关系，以及这种关系对"心"的整体认知能力的影响。

---

① 刘正琰，高名凯，麦永乾，等. 汉语外来语词典. 上海：上海辞书出版社，1984：406.

第三章 "心"的认知功能：从传统到现代

"心"的认知功能是"心"的最基本、最重要、最具特色的功能。中国传统的"心"的观念和现代人们"用心"的实践，都积累了有关"心"的认知功能的丰富思想资源。然而对"心"的认知功能的现代解析，还需要结合现代认知科学和认知哲学的新进展，与现代西方现象学、解释学和隐喻理论的相关研究进行比照。这样有助于发现"心"的认知的特征、价值和不足之处，建构"心"的认知的现代新形态。"心"的认知功能包括认知对象、认知过程、认知方法和认知结果四个方面，每个方面都包含着与基于逻辑分析的传统认识论框架体系不同的内容，值得沿着从传统到现代的思路深入探究。

第一节 "心"的认知对象："象"

提到"心"的认知对象，人们习惯性地会想到"现象"这个范畴，以及"透过现象看本质"的说法，这已经成为一种哲学常识。可是中国古代并没有现代意义上的"现象"一词，有的只是"象"，如天象、气象、景象、脉象等。"心"的认知对象就是各种"象"，而"象"与西方哲学中讲的"现象"有所区别。现代中国人对"象"的理解一方面受传统文化中"象"的语用方式影响，另一方面受西方传统哲学对"现象"定义的影响，很多人对现代西方现象学重新解读的"现象"概念反而觉得很难理解，并未意识到"象"与现象学讲的"现象"之间其实有内在联系。讨论"心"的认知对象需要不断将"象"与

"现象"加以比较，才能对"象"的形态特征、思维优势和不足之处有全面了解。

从词源学角度看，作为"心"的认知对象的"象"本义是指作为动物的大象，这是一个象形字，描绘的是大象骨架，后来引申为对各种事物及其关系的整体印象。按照韩非子《解老》中的说法："人希见生象也，而得死象之骨，案其图以想其生也，故人之所以意想者皆谓之'象'也。"①其意是说，远古时中原地区有活的大象出没（河南省简称"豫"，与"象"有关）。后来地球气候变冷，活的大象在中原地区难以生存，人们在当地只能见到死去的大象骨架，因而依其骨架形状设想其活时形态，这就是"想象"一词的来历。中国传统文化语用环境中的"象"包含十分丰富的内涵。人们日常生活中对"象"的理解往往靠约定俗成，是文化传承长期潜移默化的产物。西方传统认识论的范畴"现象"传入中国后，很多人把"象"与"现象"混用，但对涉及"象"的词汇的理解仍沿用传统语境中的含义，这很类似前面谈到的"心"与"脑"的关系。现代术语"对象"一词实际上也是外来语，来自日语对英文词 object 的意译，表示思考和行动时作为目标的事物②，这种译法显然考虑到了"象"的含义，但现代术语的"对象"是将作为目标的事物从背景关系中分离出来的结果，不能涵盖中国传统文化中"象"这个范畴更为丰富的内容。

"象"这个范畴有两种基本含义，一是"形象"，如死去的大象的骨架形状，具有眼前可见的感性的具体特征；二是"象征"，如依其骨架形状对活着的大象的想象，具有经过思维加工的理性的抽象特征，主要表示对象事物的变化征兆和发展趋势，引申为与对象事物相关的其他事物的本质特征。"形象"与"象征"两种含义相互关联，缺一不可。如果只有前者而没有后者，人们的认知活动就只能停留在粗浅的感官认识阶段；而如果没有前者，后者就缺乏相应思想基础。只谈"形象"而无"象征"意义，不能称为"象"。中医号脉时医生感受的脉搏具体形态被称为"脉"，从脉的具体形态中体会到与之相关的内脏生理或病理变化才是"脉象"。与此类似，人的身体的其他各种"象"，以及天象、

---

① 韩非. 韩非子. 秦惠彬校点. 沈阳：辽宁教育出版社，1997：53.

② 刘正埮，高名凯，麦永乾，等. 汉语外来语词典. 上海：上海辞书出版社，1984．86.

气象、意象、卦象等，都要具有某种象征意义，才有其存在价值。能够反映相关事物的某种征兆的"象"有时也称为"幾"，其原初含义是预示危险的征兆，引申为相关事物的某种重要特征与趋势，以及事物的内在规律，如明代学者方以智所说的"通幾"。①表示事物本质特征和规律的"象"还有意象、道象等说法。就"象"的"形象"含义而言，大体上对应于西方哲学中的"个体"或"实体"概念；就"象"的"象征"含义而言，大体上对应于西方哲学中的"关系"概念。然而"象"不是孤立的"个体"，"形象"是在事物的关系网络中呈现的，每个"象"都是事物的关系网络中的一个节点。而"象征"建立了"由此及彼、由表及里"的认识通道，展现了不同的"象"之间的关系，使事物之间的关系网络成为"象"的关系网络。作为"心"的认识对象的"象"是以其特定方式对事物进行整体性的直观体验的认知结果。它是在事物普遍联系和变化发展中存在与演化的对象。

"象"与"现象"的区别究竟在哪里？西方传统认识论对"现象"的定义实际上是"动脑"思维的产物。在传统的逻辑分析框架里，"现象"被视为事物外在的表现，是人们看上去的样子，通常是表面的、流变的、不可靠的。与"现象"相对立的是"本质"，是事物中根本的、可靠的属性。本质隐藏在现象背后，所以必须透过现象追寻本质，用本质来"拯救现象"。②由于要透过现象看本质，人们对"现象"的观察和整理要适应理性思维加工，往往有针对性，需要把观察的现象作为认识客体加以"对象化"，与相关联的各种事物联系背景相分离，注重当下的显性特征，以便于概括分析。这样难免忽略很多整体性的、隐性的、不在场的、需要体验的相关细节。为了弥补这一弱点，现代西方现象学把"现象"理解为事物呈现的基本形态，既是意向性活动的产物，也是真实的存在，从现象学角度把握的"现象"与事物的"本质"是相通的。③现象学理解的"现象"针对的是整体性的直观体验活动，同时又要采用逻辑分析方法，似乎存在着内在的矛盾冲突，因为运用逻辑分析方法直接处理直观体验

① 参见张岱年. 中国古典哲学概念范畴要论. 北京：中国社会科学出版社，1989：118-119.
② 参见余纪元，N. 布宁. 拯救现象：亚里士多德主义的比较哲学方法. 余纪元译. 世界哲学，2017，(6)：5-17.
③ 参见刘放桐，等. 新编现代西方哲学. 北京：人民出版社，2000：317.

的对象肯定行不通，但是现象学的逻辑分析聚焦于揭示直观体验认知机制的思想特征（而不是直观体验的对象本身），考察这种认知框架与传统认识论认知框架的对应关系，进而展现直观体验认知机制的价值和局限性，这是可以做到的，也是现象学的理论特色所在。西方的具身认知理论对"现象"的理解，与现象学的理解基本相同。

作为"心"的认知对象的"象"既涉及事物的表面现象，又涉及事物的本质，两者是通过直观体验而相互贯通、自然转化的，这和西方现象学讲的"现象"很接近。但是西方现象学讲的"现象"是在逻辑思维传统基础上力图超越逻辑分析的产物，是要将概念分析"悬置"之后才能达到的思想状态，表达起来比较艰深难懂。按照现象学的阐释，"现象"是客体在主体激发下呈现自己，在特定的"缘发构成"的条件下通过特定的意识行为成为意向的对象。这意味着认识主体和客体同时生成，同时显现，同时获得存在的意义，同时具有"真"的价值。所谓"现象即本质"，就是在这个意义上讲的。现象学认为这是意向性活动对感觉材料的"激活"，使之得到"统握"或"立义"。①显然，进入这种思维状态需要从逻辑分析的思维框架中解脱出来，要费一番周折。而从"用心"思维的角度看待"象"，则比较容易发挥直观体验的作用，因为"心有徵知"，"意向性"本身就是"心"的认知功能，可以将感觉材料直接纳入直观体验的框架之中，对"象"的理解和阐释不需要经过现象学主张的"悬置"过程。中医学讲的"脉象"是通过脉搏跳动了解人体内部器官细微变化的"窗口"。从逻辑分析角度看，这种联系的根据可能不充分（至少需要更多生理生化实验证据的支持）。而从"用心"的角度看，人们完全可以专注于"脉象"这种具有明显意向性的体验，发现脉搏跳动形态与人体内部器官之间更多的整体性的有机联系。王树人先生认为中国传统思维就是"象思维"，并作了详细阐述。在他看来，"象思维"之"象"虽与形象、表象相关联，但它本身是高于二者的"原象"或者说"精神之象"。②由于"象"这一范畴有着丰富的内涵，能够

---

① 参见张祥龙. 现象学导论七讲——从原著阐发原意. 北京：中国人民大学出版社，2011：63.
② 参见王树人. 回归原创之思——"象思维"视野下的中国智慧. 南京：江苏人民出版社，2005：3.

充分发挥形象思维的优势，迅速把握"原型"事物的本质特征，直接开启由"形象"到"象征"的通道，这就使"现象学还原"有了更清晰的景观，使"回到生活世界"的意义得到了更充分的体现。

通过以上比较，大体上可以说，"象"是现象学讲的"现象"的"逻辑等价物"。两者视角不同，但在认知机制上存在很多对应关系，可以实现意义上的转换。借鉴现象学的思想方法来反思"象"的存在形态，也有助于发现"象"的层次结构、思想优势和有待完善的地方，为在现代意义上理解和运用"象"这个范畴奠定思想基础。值得注意的是，"象"与现象学讲的"现象"都涉及整体的、有机的、直观体验的认知活动，这本身是一种宏观层次的认知活动，适用于那些依靠逻辑分析不能完全覆盖的场合。比如在现实生活中，很多时候人们对外界事物整体性的相关信息了解还不充分（因而认识对象的内涵和外延难以明确界定，或者没必要明确界定），意识到对象事物宏观上的变化趋势难以准确预测（因而其意义和价值难以确切判断），各种社会现象尚不能用基于逻辑分析获得的知识和原理充分解释（因而只能通过直观体验加以把握），此时就需要运用"象"与现象学讲的"现象"范畴加以思考，所以其适用范围与西方传统认识论的适用范围并不冲突，这也是其具有独立存在价值的根据。本书在"序言"部分提到，尽管在现实生活中现在越来越多的地方强调"动脑"，但还有很多事情、很多场合仍然需要发挥直观体验的作用，或者说仍然需要体现"用心"的功能，说的正是这种情况。而在讨论"象"与现象学讲的"现象"关系时再来强调这一特征，就是为了从认知功能角度进一步揭示"心"的这种不可替代的价值。通过下面对"象"的层次分析，可以获得对这一根本特征的更深入认识。

人们经常在四个层次上来谈论"象"，这四个层次由"形象"向"象征"不断转化，由具体向抽象逐步上升，由表象向本质和规律不断发展。

第一个层次是"物态之象"，也可以简称为"物象"，包括自然界的天象和气象，各种景物之象，人的面部形象（如凶相、福相、善相），中医上讲的舌象、声象、脉象、脏象，社会生活中的兴旺之象、衰败之象以及风土人情、市井百态，等等。总之，一切可直接感知的、有形的实物形象，均属于这一层次。

《庄子·达生》称："凡有貌象声色者，皆物也。"①中国传统文化中的"物"主要指具体实物，物态之象即各种具体实物某一方面的形态之象。"象"的这个层次，大体上相当于西方现象学讲的"生活直观"，即直接面对生活本身，通过直观体验来把握各种具体的"象"。②西方传统的认识论注重逻辑分析，习惯于从逻辑思维角度对外部世界的现象加以考察，实际上经过了思维加工，因而渗透了认知主体的理性判断、推导和理解，已经不再是"原生态"的现象了。故而胡塞尔提出要"终止判断"，将逻辑思维的加工活动暂时停下来，直接面对"生活世界"。现象学的"生活直观"或对"纯意识"的追求，是想直接面对纯粹的现象本身，即所谓事物的"本来面目"，这对现在已经熟悉逻辑思维的人们来说有一定难度。可是，这种问题从"用心"的角度看却不成问题。因为"用心"的思维活动本身预先没有逻辑分析的背景。当人们用"心"把握各种"物态之象"的时候，只需要将其融入体验的关系网络中就足够了。已经习惯于"用心"的中国人都会理解，"用心"的时候需要全神贯注、平心静气、心无杂念，这样自身的直观体验思维机制就会自动开启。即使是理工科专业的中国人在想要"用心"的时候，一般也不会受到逻辑分析思维框架的明显影响。与现象学的要求相比，"物象"属于未经逻辑思维加工的事物"本来面目"，而"回到生活世界"关注的是"悬置"逻辑分析之后的事物"本来面目"。两者殊途同归，但前者的语境更适合体验的长期积累，将眼前的各种物态之象即纯粹现象同以往各种体验联系起来，在"心"中加以融会贯通。这时的"物象"并非孤立的感性对象，而是联系其他的"象"的认知活动的入口，在横向上可以联系到能够带来同样体验的其他同类的"象"，在纵向上可以联系到作为同类事物共同本质的比较抽象的"象"，从而进入谈论"象"的更高层次。顺便说一下，在中国古代的"心"的观念中，有些学者谈论"心"与"物"的关系，往往是在"物象"这个层次上理解的。"物"是通过感官直接把握的有关事物整体特征的"象"，大体上对应于传统认识论讲的"知觉"和"表象"的认知结果。"心"能容"物"，指的是（作为"心"的对象一部分的）"物象"与"心"

---

① 李回. 庄子译析. 沈阳：辽宁教育出版社，1993：404.
② 参见张祥龙. 现象学导论七讲——从原著阐发原意. 北京：中国人民大学出版社，2011：54-55.

的本体的关系。

在"物象"这个层次上，还有一个"象"与"相"的关系问题。在汉语日常语境中，"假象"的反义词是"真相"而不是"真象"，"假象"也不能说成"假相"，为什么会出现这种情况？"相"的本义是"省视"。《易经》上说："地可观者，莫可观于木。"其意是说，在地上最适合远眺的地方莫过于在树上，因而"目"和"木"才结合成"相"。①这里体现了"观相"的特定位置和角度，此时看到的"物象"更全面、完整、清晰。由于假象扭曲或掩盖了事物的本来面目，所以要通过特定方式才能获取真相。在这个意义上，"相"是需要付诸努力才能得到的更有价值的"物象"，蕴含更多的象征意义，所以谈到人的相貌时要用"相"而不是"象"，人像摄影一般被称为"照相"而不是"照像"，从人的相貌中可以看出很多内心世界的隐秘特征。

第二个层次是"属性之象"，简称为"性象"。它是从各种"物态之象"中抽象出来的事物某一方面属性的体现，这里已经有了一定程度的普遍性，其中又可分两种情况。

一种是动态属性之"象"，这就是人们经常提到的各种各样的"气"，如喜气、怒气、正气、邪气、福气、晦气、骨气、脾气等。这里的"气"并非中国古代"精气说"或"元气说"所指的那种作为天地万物本原的"气"，或人们平时呼吸的空气，而是表示事物在相互作用中体现出来的动态特征，是体验到的比"物象"更为抽象一些的"象"。这种"象"具有与自然界各种气体类似的性质，可感知但看不见，流动多变且有一定力度，同时又具备人的某种品性和社会特征，这是两种或多种"物象"的结合。比如理解"骨气"这个"象"的含义，就要提取"骨"的刚劲挺拔、宁折不弯的"象"，与"气"的动态显现、扑面而来的"象"相结合，用以展现一种在威逼之下刚正不屈的品格。这时决不能考虑"骨"的形状和生理特征方面的"象"，也不能考虑"气"的无固定形状、不断流动变化的"象"，因为后两者的结合不具有任何意义。中国传统文化对"气"的理解注重其形态和功能，只要是人们体验到的类似"气"

---

① 许慎. 说文解字. 北京：中华书局，1963：72.

的变化的动态属性，都可称为各种各样的"气"。例如"气功"本是人们通过意念对自身生理活动的调整，体验到某种类似"气"的生理上的物质和能量流动变化过程，这和自然界里的气体流动是两回事。

另一种是静态属性的"象"，常被称为各种各样的"性"，如中医"八纲"所谓"阴、阳、表、里、寒、热、虚、实"之性（这里不是指"阴""阳"范畴本身），如"五行说"所谓的具体事物的"金、木、水、火、土"之性，如儒家所谓"忠、孝、仁、义、礼、智"，等等，都是相对稳定的静态属性之"象"。"性"这个字从生从心，是由"心"体验到的与生俱来的东西。[1]被称为"性"的属性也是直观体验到的东西，主要着眼于其功能性的体现，并依照功能性的差异进行分类（比如"五行"在天文、气象、地理、中医、技术等很多领域都可以找到具有共性的"象"），但这不是在现代科学意义上从纯客观角度通过观察实验确定的结构性物质特性。

对"属性之象"的把握，大体上相当于现象学讲的"范畴直观"，即从"物态之象"抽象出事物的基本属性和特征，用概念和范畴加以表征，通过直观体验把握这些相对抽象一些的"象"。"属性之象"虽然具有一定程度的抽象性，还保留一定程度的形象特征，这是一种可以想象、可以体验的抽象，大致相当于维特根斯坦讲的"想象一块红"的那种思维过程。[2]现象学讲的"范畴直观"需要通过在体验中不断排除认知对象中的感性特征而获得。与此类似，中国传统哲学对"属性之象"的理解立足于一定的感性特征，同时又要从中领会出某些更为一般的特征，其要义在于通过具体语境下对典型事例的解释，将来自"物态之象"的各种体验要素有机地结合在一起，提取不同"物象"的共性而舍弃其个性（这需要运用本书后面讨论的"取象比类"，即以"象"说"象"的方法），用来表示概念或范畴的本质特征。传统的"心"的观念中有不少关于"心"与"性"关系的讨论，实际上涉及（作为"心"的对象一部分的）"属性之象"与"心"的本体之间的关系。"心"能"知性"，两者相通，但又不能将"心"与"性"等同起来。

---

① 许慎. 说文解字. 北京：中华书局，1963：217.
② 参见张祥龙. 从现象学到孔大子. 北京：商务印书馆，2001. 123 125.

"象"的第三个层次是"本原之象"，亦可称"意象"。它反映了各种"属性之象"的内在联系，用于揭示事物的本质属性。"本原之象"显然要比"属性之象"更为抽象，更具有一般性。"意"的本义是"从心察言而知"，简单地说就是由心底发出的声音。① "意象"要表示人或事物的根本属性或特征，是隐藏在一个人内心深处很难用言语充分表达的东西。不同语境中"意"可作多种理解。

一为"意向"，即心之所向，或者说人们行为的内在动机。例如董仲舒在《春秋繁露·循天之道》中说："心之所之谓意。"② 日常语言中所谓"情意""心意""好意"，都属于"意向"之类。一些人的言行表象未必反映内心的真意，对真意的把握就需要更深入、更全面的体验。尤其是一些人表现出来的与内心所想的可能完全相反。表面上大度，内心狭隘；表面上无所谓，内心有所求；表面上谦恭，内心生恨意。俗语说"人心难测"，或者说"知人知面不知心"，是说对人内在的真实意向难以把握。只有通过长期体验，才能对这一类"象"有确切的了解。与"心"的"意向"类似的现象学范畴是"意向性"（intentionality），指的是认知主体与对象事物之间的意识关系，即我们的经验和认知活动都是"关于某事物或别的事物的意识"③。但是"意向性"本身不包含"意图"或"动机"的含义。

二为"意思"，即蕴含在语义中的事物本质属性或特征。《易传·系辞上》上讲："书不尽言，言不尽意……子曰：圣人立象以尽意。"④《庄子·外物》讲："言者所以在意，得意而忘言。"⑤ 王充主张："据象兆，原物类，意而得之。"⑥ "言意之辨"指的都是言语与蕴含在语义中的意思的关系。有些"言外之意"是需要在亲身体验中加以领会的，这就是所谓"意会"。很多老中医强调"医者意也"，指的就是蕴含在言语中的医理即一般规律。⑦ 技术操作中的"诀

① 许慎. 说文解字. 北京：中华书局，1963：217.
② 董仲舒. 春秋繁露. 北京：中华书局，1975：574.
③ 参见罗伯特·索科拉夫斯基. 现象学导论. 高秉江，张建华译. 武汉：武汉大学出版社，2009：8.
④ 陈鼓应，赵建伟. 周易今注今译. 北京：商务印书馆，2005：639
⑤ 李回. 庄子译析. 沈阳：辽宁教育出版社，1993：648.
⑥ 转引自张怀承，岑贤安，徐荪铭，等. 心. 北京：中国人民大学出版社，1993：88.
⑦ 中医学家裘沛然先生解释说："医者意也，就是用意以求理，理有未当，则意有未惬；医理难言，则用意有加。"见裘沛然. 壶天散墨. 上海：上海科学技术出版社，1985：59.

窍""火候"，学习过程中对各门知识融会贯通的理解，处事为人中所谓"分寸""门道"，都有"言外之意"的成分，这就是所谓"意会知识"。对言语的理解本来就不应拘泥于字面，汉语尤其具备此种特征，但不可能有完全脱离言语的"言外之意"。

对"意思"的理解和把握，大体上相当于现象学讲的"本质直观"，即从"属性之象"进一步抽象出事物的本质特征和事物之间的本质联系，通过直观体验把握这些更为抽象的"象"。现象学的"本质直观"需要在想象过程中逐步剔除非本质因素，体验对事物本质特征理解的变化①，"意会"也有类似特点，即不经过逻辑推理，在体验过程中直接揭示事物的本质。在怀特海的机体哲学中，强调在直接表象背后有一些具体的、沉重的、模糊不清的事实，需要通过"因果效验"的知觉模式加以把握②，与中国传统哲学中的"意会"认知过程有许多类似之处。

三为"意境"，即蕴含在自然景观、社会生活和文学艺术形象之中的思维境界或内在哲理。中国古典美学注重"境生象外"，如刘禹锡《董氏武陵集纪》中所说："义得而言丧，故微而难能；境生于象外，故精而寡和。"③中国古代诗歌、音乐、绘画等描绘的景象，都需要蕴含某种可领会又超然物外的意境，才有韵味，才有价值。对"意境"的理解包含了比现象学的"本质直观"更为丰富的含义，即不仅要揭示对象事物的本质特征，而且要从中领悟更为开阔的精神境界，展现理解事物之间本质联系的更大的思维和想象空间。关于"意境"的表现和领悟方式，在后面的第五章中将进一步讨论。

"意"的第四种理解为"意义"，这是在中国哲学和西方哲学中讨论相当多的范畴。某一事物本身的意义，一般是相对于与其相关的其他人或事物而言的，表示对这些人或事物有影响，而这种影响是有价值的，能够影响其本质特征和整体性的发展，这是一种可以比较和衡量的，人们能够取得共识的影响。所以，当某一事物被置于不同的背景上，或不同的关系网络中，就会呈现出不同的意

---

① 参见罗伯特·索科拉夫斯基. 现象学导论. 高秉江，张建华译. 武汉：武汉大学出版社，2009：181-182.

② 参见但昭明. 从实体到机体——怀特海本体论研究. 北京：人民出版社，2015：168.

③ 转引自韩林德. 境生象外. 北京：生活·读书·新知三联书店，1995：62.

义。所谓某某事件"意义重大"，就是表达对相关的人或事物施加影响的重要程度。

以上四种"本原之象"都立足于"物态之象"和"属性之象"，同时又要超越这两类"象"，这就是"立象以尽意"的过程。"意会"往往因人而异，有很大程度的不确定性，但在直观体验的思维框架里还可以相互理解，达到"心领神会"的效果。在逻辑分析的框架里，由于认识对象是从认识背景中分离出来加以认识的，暂时不考虑与周围事物和环境条件的各种联系，以至于人们常常孤立地看待它们，忽视了它们与其他事物，特别是与不在场的、隐蔽的事物之间的有机联系。而现象学的研究力图恢复这种联系，从在场的事物走向不在场的事物，从显性的事物走向隐蔽的事物。这种认识需要从生活直观、范畴直观向本质直观不断发展，与"心"的认知活动中由"物态之象""属性之象"向"本原之象"的发展很接近。

"象"的第四个层次是"规律之象"，亦可称为"道象"。它反映事物的各种本质属性之间的种种必然联系，因而可以作为推断事物发展趋势的根据。事物的单个属性或本质属性都不能称为规律之象或"道象"，本质属性之间最为普遍的规律性联系才是"道象"。作为高度抽象的范畴的"阴阳""五行""道"，都是"道象"层次的范畴。中国古代有一些关于"道象"的描述和图式，如"八卦图"描绘的阴阳相互转化之象、五行相生相克之象、河图洛书的图像等，寄希望于通过比较简单的图像构造，达到能透彻说明天地万物变化规律的效果，但都存在不同程度的局限性。老子讲"道可道，非常道"。那些能画出来的结构很简单的示意图，可以作为便于理解和领悟"道象"形态特征的某种"导引"，但很难充分表达"道象"含义的博大精深。对"道象"的理解要超越历史局限性，发掘其根本特征及其现代意义，才能实现创造性转化。

具体说来，中国古代对"阴阳"范畴的理解具有直观体验特点，在不同语境下有不同含义，其合理之处是为事物有机联系中积极、主动、显著的倾向与安静、平和、隐蔽的倾向相互依存、相互渗透、相互转化建立思想模型。古人将"阴阳"仅仅理解为物质形态的阴气和阳气、生理上的阴性和阳性、卦象的阴爻和阳爻，用来解释自然和社会现象，虽然有一定解释力，但普遍应用时有很多局限性和牵强附会之处。如果将"阴阳"理解为事物存在方式的阴性和显性特征、顺应自然和改造自然的不同态度、意会知识和明言知识的相互关系，不仅更符合"阴阳"作为"道象"的本意，在分析和解决现代的社会文化问题方面也能够发挥显著作用。①中国古代的"五行"范畴也有类似特点，不能仅停留在"属性之象"的层次上，将其仅仅理解为"金、木、水、火、土"这五种物质形态，而是要将其理解为"五行"分别具有的"从革"（适合造型）、"曲直"（适合加工）、"润下"（适合化解）、"炎上"（适合烧结）、"稼穑"（适合养育）这五种动态功能属性，对应于技术与生产活动中最基本的实践活动，以及由此衍生出的不同产业之间的关系，这样"五行"才更符合作为"道象"的本意，能够更好地阐释古代和现代的技术与产业关系。②至于"道"这个范畴本身，更不能将其想象成宇宙起源、神秘莫测、完全不可言说的某种存在。"道"并非指实在的道路和实践活动中各种具体途径和方法，而是体现实践活动中各种相关要素充分和谐关系的最合理的、最优化的途径和方法，是实践活动的最理想状态。③在本书后面讨论"心"的抉择功能时，还将进一步讨论"道"对于优化决策的重要价值。这些"道象"至今仍具有重要的思想价值和启发意义，正是由于它们在最抽象层次上反映了事物变化发展的一般规律。

中国古代还有一些范畴具有"道象"的特征。比如管子曾提出"精气说"，认为"凡物之精，此则为生。下生五谷，上为列星。流于天地之间，谓之鬼神；藏于胸中，谓之圣人"④。他的"精气"范畴不是指某一具体事物的本原之象，而是涉及整个宇宙变化规律的"道象"。"精气说"后来演变为"元气说"。董仲舒认为"元者为万物之本"，元气指天地未分之前的统一体。王充认为"天地合气，万物自生"。⑤张载提出"太虚即气"，认为"凡可状皆有也，凡有皆象也，凡象皆气也"⑥。用"精气"或"元气"解释天地万物的变化，包括人

---

① 参见王前. 古韵新声——中国传统范畴的现代诠释. 北京：科学出版社，2021：71-80.
② 参见王前. 古韵新声——中国传统范畴的现代诠释. 北京：科学出版社，2021：81-87.
③ 参见王前. 古韵新声——中国传统范畴的现代诠释. 北京：科学出版社，2021：25-35.
④ 管子. 梁运华校点. 沈阳：辽宁教育出版社，1997：139.
⑤ 转引自张岱年. 中国古典哲学概念范畴要论. 北京：中国社会科学出版社，1989：34.
⑥ 转引自张岱年. 中国古典哲学概念范畴要论. 北京：中国社会科学出版社，1989：35.

的精神活动，这一类"象"显然是在"规律之象"层次上发挥作用的。

中国古代哲学中还有许多关于事物发展变化规律的概括，如"物极必反""相反相成""见微知著""无为无不为"等，有助于在直观体验过程中理解"道象"，成为"悟道"的重要指引。"道象"这个层次是现象学较少讨论的，它是直观体验高度凝练的结果。海德格尔的现象学已经接触到现象学原理与"道"的本质上的相似性①，但对中国古代哲学中的其他相关范畴还没有给予足够的关注。

对"意象"和"道象"的深度体验具有重要的方法论意义。要掌握某一学科或工艺领域中的一般规律，用来指导实践活动，必须反复体验各种实践活动中"象"的关联方式、运作方式和表现方式，体验其中指导实践活动的"意象"和"道象"。武林高手往往能"十八般武艺样样精通"，原因就在于找到了武术中共同的"意象"和"道象"。医术高深的老中医看病时神气超然，洞察患者肺腑，全凭意念做出反应，开方信手拈来，原因也在于通过长期体验而达到对医道的融会贯通。很多书法家和画家凭意念挥毫泼墨，一些大文豪凭意念奋笔疾书，他们创作全凭意象驱动。名将指挥战斗时不必总想着《孙子兵法》，仍能运筹帷幄，出奇制胜。他们在成长初期习练过的许多规则、模式、方案此时似乎都不起作用了。因为所有这些习练阶段的作为引导的东西已完全融入他们对外部世界的体验当中。他们的反应近乎一种自动化的过程。人们评价他们"出神入化"，这是因为他们通过长期的体验，使自身的知情意与外部世界充分协调，"从心所欲而不逾矩"。这是一种主客体充分交融的和谐境界。中国古代哲学称这种境界为"得意忘象"，指的是人们"得意"和"得道"之后可以忘却具体之象，因为具体之象此时已凝结成或浓缩进"意象"和"道象"之中。王弼解释"得意忘象"时说"犹蹄者所以在兔，得兔而忘蹄；筌者所以在鱼，得鱼而忘筌也"。②"忘"指的是专注于"意"而忽略其来源的"象"，在把握"意"的一般性时超越"象"的特殊性。

还应注意，"象"的这四个层次有可能在同一个典型事例或故事中同时出

---

① 参见张祥龙. 海德格尔思想与中国天道. 北京：生活·读书·新知三联书店，1996：424-427.

② 转引自张岱年. 中国古典哲学概念范畴要论. 北京：中国社会科学出版社，1989：200.

现，但其层次性仍然很鲜明，可以通过体验加以辨析。比如在《庄子》寓言"庖丁解牛"中，庖丁的手、肩、足、膝的各种动作即"物态之象"，"依乎天理，批大郤，导大窾，因其固然"是在讲"属性之象"，"以神遇而不以目视，官知止而神欲行"是在讲"本原之象"，而"臣之所好者道也，进乎技矣"则是在讲"规律之象"。①不同层次的"象"虽然都涉及"实体"，但都是在"关系"的框架中理解"实体"的。

通过以上对"象"的四个层次的分析和比较，可以概括出"象"的一些基本思想特征。

第一，"象"都是靠直观体验而不是靠逻辑分析把握的。

"象"不能从逻辑上下定义，也不能从逻辑上明显划分其现象与本质、感性与理性、具体与抽象、形式与内容等诸多对应成分。这些对立成分在每一种"象"中都不同程度地存在。极度抽象的"象"也有某种感性成分，如"道"的恍惚形态、周行而不殆的性质。阴阳、五行、八卦也各有其感性成分，它们是对其所有特例的感性成分的高度凝练。只有在体验大量特例之后，才有可能对这些极度抽象的"象"的感性成分有较确切的把握。从另一方面看，非常具体的"象"也有某种理性成分，即表现出另外某些更为深刻的"象"的意义，表现"此象"与"彼象"的内在联系，这就是前面所说的"象"的"象征"功能。

第二，"象"都是整体认知的结果。

这并不是说每一种"象"都是一个整体，而是指每一种"象"都存在于事物不同层次的整体结构之中，需要从整体上或者说在宏观层次上辨认识别"象"，了解"象"与"象"的联系，体会"象"的象征之意。不能将某种"象"孤立起来加以研究，孤立地谈"象"是没有意义的。当人们直观体验某种"象"时，总是由直接看到的事物形态出发展开联想与想象，追寻蕴含其中的东西或与之相关的东西，在一个更高的整体性层次上来理解直接看到的东西。海德格尔强调观察事物时要超越"在场的东西"，指向隐蔽的、不在场的东西，认识

---

① 参见李回. 庄子译析. 沈阳：辽宁教育出版社，1993：64.

到任何存在之物无非是无穷的不在场的东西的集结点，是无穷的联系之网上的一个交叉点。①这种从西方逻辑分析思维看来很费解的思维方式，恰恰是"心"的认知活动早已具有的。

第三，"象"是"心"与外在世界联系的中介。

"象"既是"用心"思维的对象，又是"用心"思维的产物。"象"通过直观体验来把握，又通过直观体验来产生。很难将"象"简单纳入主客体关系模式中加以分析。对于同一事物，不同的人体验到不同的"象"。老中医把握的脉象与刚刚行医的人把握的脉象势必有认识深度上的差别。老谋深算的人把握到的事物"意象"显然也不同于年轻单纯的人。世上没有与直观体验无关的绝对客观的"象"，而直观体验总带有主体性、私人性。"象"又绝非纯粹主观自生的东西，人们对"象"的理解、界定和阐释有许多相通之处，因而才可以相互交流。"象"是思维活动中主客体相互贯通、相互作用的产物。从"心"出发对"象"的把握注重事物的整体关系、结构和功能，但往往不够精细，很难有量化的表达方式。

在前面梳理中国传统的"心"的观念过程中，提到很多关于"心"与物、气、性、意、道等范畴之间关系的讨论。这些关系实际上处于"象"的不同层次上。"心"与物的关系主要是在"物态之象"的层次上展开的，"心"与气、性的关系主要是在"属性之象"的层次上展开的，"心"与意的关系主要是在"本原之象"的层次上展开的，"心"与道的关系主要是在"规律之象"的层次上展开的。古代学者们从不同角度讨论"心"与物、气、性、意、道等范畴的特殊关系，比如"因物为心"②"太虚者，心之实"③"心本于天性"④"心之所发便是意，意之本体便是知，意之所在便是物"⑤"道心，性也，性者，道之体；人心，情也，情者，道之用"等⑥，在表述自己观点时往往凭个人感悟，

---

① 参见张世英. 进入澄明之境——哲学的新方向. 北京：商务印书馆，1999：89-115.

② 转引自张怀承，岑贤安，徐荪铭，等. 心. 北京：中国人民大学出版社，1993：165.

③ 转引自张怀承，岑贤安，徐荪铭，等. 心. 北京：中国人民大学出版社，1993：169.

④ 转引自张怀承，岑贤安，徐荪铭，等. 心. 北京：中国人民大学出版社，1993：183.

⑤ 转引自张怀承，岑贤安，徐荪铭，等. 心. 北京：中国人民大学出版社，1993：251.

⑥ 转引自张怀承，岑贤安，徐荪铭，等. 心. 北京：中国人民大学出版社，1993：238.

缺少各范畴之间的结构关系论证，这是传统的"用心"思维的一个弱点。

前面说过，现在很多人实际上经常把"象"与"现象"混用，但对涉及"象"的词汇的理解仍然沿用传统语境中的含义。而对于一些久已习惯逻辑分析思维的学者来说，要思考和运用"象"的功能，或许也要经历现象学主张的"终止判断""悬置"逻辑分析的训练。比较"象"与现象学的"现象"在认知功能和价值上各自的长处和弱点，有助于更深入地理解"象"的思想特征和价值。

相比较而言，"心"的认知的长处在于对外部事物的反映有更丰富的内涵和更复杂的机理，比现象学的"本质直观"有更多的实用价值。作为中国传统哲学范畴的"意"和"道"不仅仅是体验模型，它的主要功能是用来指导实践活动。前面提到，中医诊病的最高境界是"医者意也"，国画审美的最高境界是"意境两浑"，"得道"是认知的最高境界。不过，现象学对直观体验的过程比中国传统的"心"的观念有更为深入细致的观察，对直观体验的认知机制有比较严格的分析，这是传统的"心"的观念体系比较缺乏的。现象学将认知过程理解为一个网络状的有机的过程，从对象走向边缘和背景，从在场的东西走向不在场的东西，恢复那些被逻辑分析思维过滤掉的东西，使人们的感知和理解更全面、更丰富。因此，现象学的"反思直观"才能具有某种超越性，超越当下的感觉材料，指向对范畴和本质的直观。①这种"纯粹的被给予"实际上是意向对象在"生活世界"的关系网络之中被先行决定了的，一旦在整个关系网络中的某个位置上显现出来，就被置于一组特定的"关系"聚合的"节点"上。它的特征、属性、结构和功能既是自身形成的，又是被关系网络给定了的。②因此，现象学的思考追求认识活动中内在的明晰性、融贯性、一致性，这和逻辑分析思维追求的对象化认识的严格性、精确性、实证性形成鲜明对比。现象学对"现象"的理解使人们能够意识到逻辑分析思维的局限性，这是传统的"心"的认知很难察觉的，对于完善和发展"心"的认知机制研究也十分必要。

借鉴现象学对"现象"的特征和直观体验活动的分析，现代的"心"的认知活动中对"象"的理解和运用需要注意一些方法论上的新要求。

---

① 参见张祥龙. 现象学导论七讲——从原著阐发原意. 北京：中国人民大学出版社, 2011：42-43.
② 参见张祥龙. 现象学导论七讲——从原著阐发原意. 北京：中国人民大学出版社, 2011：67.

其一，在对"象"的不自觉的理解和运用基础上，要有意识地训练认识主体克服逻辑分析局限性的能力，在拓展"象"的关系网络时，注意从在场的"象"的关系网络出发观察和探索相关的不在场的"象"，从显性的"象"的关系网络出发观察和探索相关的隐蔽的"象"，从当下的"象"的关系网络出发观察和探索相关的过去和未来的"象"。这样才能获得对生活世界更全面、完整、深入的观察和体验，为"心"的认知的进一步深化奠定基础。

其二，从"象"入手展开的"心"的认知活动不同于"透过现象看本质"的思维活动，需要经历思维方式的转换过程，才能看到传统认识论框架中的"现象"未能包含的细节，看到与现象学的"现象"不一样的内容。具有理工科知识背景的人们可能更习惯于对传统认识论框架中的"现象"的理解，觉得专门来理解"象"的结构和功能没什么必要，并没意识到这正是超越工具理性和逻辑分析的局限性的地方。而如果将"象"与西方现象学的"现象"完全等同起来，就体现不出"象"的独特价值。

其三，现代意义上对"象"的理解与运用既要立足于传统文化对"象"的理解和运用的思想资源，又要立足于现代的思想基础和时代背景。传统文化对"象"的理解和运用往往不够精确、不够严格、缺乏量化表达，有些历史上对"象"的理解和运用的思想资源具有不同程度的局限性，都需要加以清理和完善。时代的变迁不断催生出各种形态的新的"象"，如虚拟现实的"象"、网络空间中的"象"、人类增强技术造就的"象"，以及当代社会生活和精神生活中各种日新月异的"象"，都需要立足于当下，"用心"加以把握，使"象"的关系网络从传统到现代不断扩展，体现其勃勃生机和特有价值。

第二节 "心"的认知模式：知情意相贯通

"心"的认知模式具有知情意相贯通的特点。在西方传统认识论中，感性认识和理性认识之间有着明确界限，认识活动中的情感因素被视为非理性因素，而意会过程由于难以对其进行逻辑分析而往往被忽略。近年来西方伦理学界有些学者开始关注情感伦理学研究，认知科学研究中对意会知识也日益重视，但还没有特别关注知情意相贯通的问题。人们熟悉的从感性认识向理性认识的发展过程，实际上是在"动脑"的认知框架中展开的，主要通过逻辑分析获得知识。"心"的认知过程与之不同，要通过以直观体验为主导的认知途径获得知识。在"用心"的思维活动中知情意是顺序展开的，同时相互关联、相互制约、相互渗透。中国传统文化中包含很多这方面的专门论述，需要通过整理并与"动脑"进行比较研究，才能体现其思想特征和价值。

"心"的认知过程大体上要涉及这样几个方面。

其一，基于直观体验对"知"的把握。中国传统哲学中的"知"包含很多可以明确辨析和定义的知识，如数学对象的定义、动植物的命名、技术活动方法和产品标准等，这些知识与通过"动脑"获得的相应知识相比，可能有表述符号和方式上的差别，本质上是一样的。还有很多知识是需要通过直观体验把握的知识，如老子的"涤除玄览"之知、孟子的"尽心知性"之知、荀子的"虚壹而静"之知，等等。张载以"内外之合"说"知"，并区别了"见闻之知"和"德性所知"。王夫之认为"形也，神也，物也，三相遇而知觉乃发"。①这些对"知"的理解都同对外部世界的直观体验密切相关。以直观体验为主导的认知主要是对外界的人和事物整体性的宏观层次的认知。前面提到，这种认知的特点是认识对象的相关信息难以充分掌握，认识对象的发展趋势难以准确预测，各种社会现象尚不能用基于逻辑分析获得的知识和原理充分解释，因此这种"知"肯定是不完全、不确定、局部不明晰的，但同时又是不可缺少的。因为在实际生活中人们每天都要面对个人、群体、国家、人类社会大量整体性的宏观层次的认识问题，随时需要进行并不十分精确的思考和决策，甚至需要基于这种"知"立即做出反应和迅速抉择。比如说了解一个人，有谁能保证知晓到完全彻底的程度呢？看待一项社会活动、从事某种事业、把握一个团体内复杂的人际关系，人们有多少知识能达到非常严格的逻辑分析的标准呢？然而即使人们的知识达不到这种程度，也仍然需要获取和应用，这就需要从整体的、

---

① 转引自张岱年. 中国古典哲学概念范畴要论. 北京：中国社会科学出版社，1989：214-219.

宏观的角度不断调整认知的途径和方法，尽可能提高知识的全面性、准确性、可靠性，减少认识误差。中国传统的"心"的认知解决这个问题的方法就是不断穷"理"与悟"道"，这是解决如何"知"的问题的基本途径。

"心"的认知活动追求的"道"和"理"，都是要揭示事物的本质和规律性，但它们主要不是靠逻辑推理和论证获得的，而是通过直观体验，通过领悟，这种类型的思维活动的前提是对世界的整体性和相互联系的网络结构的认识。"致知"不是将认知对象从周围环境中分离出来孤立地加以考察，而是要将认知对象同周围事物联系起来探讨其合理性。本书前面在讨论"道象"时曾提及"道"的范畴，人们日常往往将"道""理"连用，即要讲"道理"，其实"道"的思维层次非常高，人们更多谈论的还是如何判别属性之象和本原之象的"理"。"理"与"道"的一个重要区别，在于"理"可以用语言表达，可以"讲理"或"说理"，而"道"很难直接用语言表述，"道可道，非常道"。韩非子《解老》认为"道"是"万物之所然也，万理之所稽也"。①郭象在《德充符》注中讲"物无妄然，皆天地之会，至理所趋"。②实际上人们的认知活动很多时候并没有也不需要都达到"道"的层次，但需要在各种场合讲"理"，"理"是人与人交流思想观念的桥梁。所以在中国传统哲学中"理学"要比"道学"有更大的影响。

在中国传统文化中，"理"的本义是玉石上的条纹，因为有条不紊，所以称为"条理"。作为思想范畴的"理"出现在战国中期，引申为规律、准则、事物之间的基本关系等含义。孟子解释说："心之所然者何也？谓理也，义也。"庄子认为"知道者必达于理"。韩非子认为"理者，成物之文也"。魏晋玄学家们主张凡物皆有其理，如郭象所说"不得已者理之必然者也"。宋明理学将"理"视为世界的最高本原，"所以然而不可易""所当然而不容己"。而到了清代，戴震认为"理"就是事物之间的区分。③要注意这个"理"和西方传统认识论中的"理性"有一定区别，它是以直观体验为主导的认知活动的产物。西方传

---

① 转引自张岱年. 中国古典哲学概念范畴要论. 北京：中国社会科学出版社，1989：27.
② 转引自张岱年. 中国古典哲学概念范畴要论. 北京：中国社会科学出版社，1989：41.
③ 转引自张岱年. 中国古典哲学概念范畴要论. 北京：中国社会科学出版社，1989：39-46.

统认识论中的"理性"认知追求一般原理和普遍规律，如几何公理、牛顿三大运动定律、康德的道德形而上学原理等，然后通过逻辑分析将其余的理性知识推导出来。而"心"的认知活动追求的"理"是各种"象"之间的本质联系特别是因果关系，但要通过"理"与"理"之间的"相合"来调整认知活动，使事物之间的本质联系凸显出来，这就是所谓"合理"，即本书"序言"中提到的作为"用心"思维本质特征之一的"合理性"。因为在现实生活中，要把握整体性的、充满有机联系的、动态的直观体验活动，很难找到一个绝对不变的原理，也很难时时处处都靠从一般原理推导出用于实际需要的知识，所以可行的办法就是将现实问题所涉及的各方面的"理"统合起来加以思考、调整、改进，通过"讲理"的过程加以完善。

从知识的储备、整理、交流和指导行动的角度看，"理"在认知活动中是不可或缺的。人们在长期的直观体验中，会逐渐积累对事物整体特征和有机联系的普遍规律、法则、标准的相关知识，这些知识都会以"理"的形态储备起来。"庖丁解牛"的寓言中讲"依乎天理，批大郤，导大窾，因其固然"，这个"天理"就是关于牛的生理特征的普遍性知识。在现实生活中，书籍是储备这些知识的主要载体，很多人对"理"的了解是从读书中获得的，因而人们"知书达礼"往往需要先"知书达理"。清代学者戴震主张"心通理义"，以人们普遍认同的"理"作为思考的出发点，由此推演出各种层次的"分理"，如肌理、腠理、文理、条理，以及作为事物的价值判断标准的"义"，最后达到"血气心知，明之尽无几微之失焉"的境界。① 其意是说，只有立足于感官和心灵的深入认知，才能对自然事物达到明察秋毫的程度。

"理"是按照不同事物、层次、领域整合起来的知识体系，所以有如物理、事理、伦理等区分。它们之间的"相合"既包括某一类型之"理"内部各分支的融通相合，也包括不同类型之理的参照相合。诸"理"之间的"相合"既包括各种因果关系和规律不应相矛盾，也包括各种伦理原则和道德规范不应相冲突。在相互联系的社会网络中，人们可能面临多重社会角色、不同角度的利害

---

① 参见戴震. 戴震全书（第五册）. 合肥：黄山书社，2010：149-151.

权衡，怎样做才符合伦理，就是需要使之"合理"的考验。在《论语·子路》中，叶公语孔子曰："吾党有直躬者，其父攘羊，而子证之。"孔子曰："吾党之直者异于是。父为子隐，子为父隐，直在其中矣。"①其意是说，叶公告诉孔子：我们这里有个性情直率的人，他父亲偷了羊，他都告发。孔子说：我们这里直率的人与你那里不同。父亲替儿子隐瞒，儿子替父亲隐瞒，直率就在其中。孔子这里并没有明确说"亲亲相隐"是否正确，但指出这是"直率"，这里蕴含着父子间的伦理关系、亲情与法律的关系、人际的权利和义务关系，如何权衡才合理？至今都是学界所关心的问题。"理"与"理"要能够彼此相通。如果人们对某一事物的理解与相关事物的"理"相矛盾，思路受阻，不能"贯通"，就会出现困惑和烦恼，俗语称"闹心"。"穷理"的过程就是消除人们理解中的内在矛盾的过程。这可能是一个很费气力的过程，需要长时间努力。可是一旦找到了对象事物的"理"，能够顺畅说明事物之间各种相互关系，就会有"豁然贯通"的感觉。由于"理"与"理"相通，古人经常从具体事物的"理"出发，领悟具有更大适用范围的抽象的"理"，最后获得一个整体上统摄万物的"理"，能够透彻说明各种场合的"用"，这就是"知"的最高境界。关于如何"穷理"以达到融会贯通的效果，后面在讨论"心"的认知方法时还要进一步展开。

"理"在一定范围内具有普遍性和客观性，正所谓"人同此心，心同此理"。很多人相信"有理走遍天下，无理寸步难行"。然而"理"在一定条件下又具有相对性，人们对同一个"理"的理解和认同可能很不一样，所以才会有"公说公有理，婆说婆有理"，甚至"强词夺理"的现象。为什么会出现这种情况呢？因为"理"来自"心"的以直观体验为主导的思维活动，关注的是事物整体性质和对事物之间有机联系的整体把握。整体把握需要一定的思想基础、观察视角和评价标准。如果在这些方面相同，大家都会认可同一个"理"，就能够"以理服人"。如果思想基础、观察视角和评价标准不同，就会主张不同的"理"。老年人给年轻人讲的"理"，往往基于多年的生活体验和知识基础，可

---

① 论语·孟子·孝经·尔雅. 黄永年，焦杰，张艳云，等校点. 沈阳：辽宁教育出版社，1997：54.

能带有一定的时代局限性，而年轻人认可的"理"所基于的生活体验和知识基础可能是老年人不具备的，这样就会出现"理"的冲突和"代沟"。

人们对"理"的理解，还可能受到利益选择的影响。人们在"讲理"的时候，往往会选择对自己最有利的"理"，同时设法回避或掩盖不利于自身利益的"理"。这种经过选择的"理"本来应该是在一定前提下或适用范围内成立的，但在"讲"的过程中可能被随意搬用，取消限定条件，将自己的"理"强行让对方接受，甚至提出"歪理邪说"。为什么有些人被视为"不可理喻"？因为这些人"认死理"，跟他们讲理讲不通。所谓"死理"，就是不要前提条件和适用范围的"理"。而"认死理"的内在动机很可能是这种"死理"对其个人有利。"认死理"的人本来没有很强的"讲理"能力，"讲不过"对方，又只有"死理"可以用来为自己辩护，那就只有"认定"不放松了。"理"的应用以直观体验为主导，尽管可以进行推理和辩论，但不会像西方文化中的"理性"那样严格和确定，人们更注重的是"合理"而不是"推理"。

人们在对各种知识进行整合的过程中，对"理"的思索和推演发挥着关键作用。在直观体验过程中，将各种零散的、局部的体验整合成完整的知识体系，本身是需要逻辑思维作用的。人们有些时候之所以感到"看不准""想不通""很纠结"，实际上可能是逻辑推理出现错误、环节缺失、证据不足。人们在确切了解到一个人的本质和一件事情的真相之前，在还没有做出最后判断的时候，可能有某种预感，觉得有什么地方"不对头"，"好像有什么问题"，由此不断调整观察和思考的方向，使自己的警觉得到实证。这里的基本判断根据就是要看是否"合理"，而"用心"的思维活动中内隐的逻辑推理在这里就发挥了关键作用。从合理的知识基础出发进行推演，可以减少重复性的经验性活动，提高思维效率。《中庸》提到思考问题需要"博学之，审问之，慎思之，明辨之，笃行之"①，其中的"审问""慎思""明辨"都需要充分发挥直观体验思维与内隐逻辑思维的互动作用。

人们对"理"的理解是可以传承的，前人对各种"理"的认知可以成为后

_____

① 郭齐勇. 中国古典哲学名著选读. 北京：人民出版社，2005：319.

人进一步发展完善"理"的基础。人们对"理"的理解需要经历一个学习和培育的过程。在"心"的认知过程中，对"知"的把握不是一次完成的，而是需要在生活实践中不断丰富、完善和发展。人们经常使用"知道"一词，其实"知道"只是表示知晓某事某物，距离真正知"道"还相差甚远。在知识交流的过程中，"讲理"发挥着至关重要的作用。古代书院教育主要的功能就是传授有关"理"的知识和掌握"理"的能力。

其二，基于直观体验对"情"的把握。作为传统范畴的"情"并不仅仅指感情、亲情、爱情，更主要的是指一种具有一定认知功能的心态或感受，与传统范畴中的"知"和"意"密切相关。由于直观体验的"知"具有不完全、不确定、局部不明晰的特点，在具体把握各种人和事的尚未作充分逻辑分析的各种信息时，在不自觉地接受的过程中会引起不同的情感反应，产生不同的感受状态，作为整体认知结果记忆下来。人们平常所谓对某事物"留下了深刻印象"，对某某事件"感慨不已"，对某种经历"体验至深"，说的就是这种不分明状态，这就是在传统范畴意义上起作用的"情"。荀子说："形具而神生，好恶、喜怒、哀乐藏焉，夫是之谓天情。"①韩愈说："情也者，接于物而生也。"②如果从逻辑思维角度理解"情"，往往指感情反应，指欲望，"感情用事"总是不好的。但知情意相关联中的"情"不仅是理智约束的对象，也是调整和引导理智的认知要素。当然这是一种深沉的情感，需要长期生活积淀而成。

从心理学角度看，直观体验多数时候是无意识的活动。然而"无意识，有情感"，情感常常影响无意识活动向有意识活动的转化。所以，这个"情"字在人类社会生活中举足轻重。人与人之间有了稳定的情感，才有了稳定的相互关系。自古以来强调文学艺术的教化人心作用，中国近现代社会生活中公众情感起伏跌宕呈现的巨大力量，甚至在革命战争年代把唱歌作为政治动员的武器，都表明了"情"的特殊作用。浅层次的"情"体现为喜怒哀乐等外在流露的表情，深层次的"情"体现为各种心态、心境，如超然物外、心平气和、冷静达观、虚怀若谷、允执厥中等，都是通过持续多年的思想修养才能体验到的

---

① 孙安邦. 白话荀子. 西安：三秦出版社，1998：287.
② 转引自马其昶. 韩昌黎文集校注. 上海：上海古籍出版社，1986：20.

境界。"情"的极端情况就是"静心"休养的心态，看似无情却有情。明代心学家陈献章说"为学须从静中坐养出个端倪来，方有商量处"。他主张通过静以求心，心体才能显露。[①]安静的心情有助于排除杂念的干扰，清晰地看到事物的本质和规律。

在中国古代哲学里，"性"和"情"经常相提并论，董仲舒认为"情亦性也"，而《论衡》中说"性生而然者也，在于身而不发；情接于物而然者也，出形于外"。王安石主张"性者情之本，情者性之用"。[②]一个人情感率真，其本性掩饰不住。而情感上总是不瘟不火，不动声色，其本性就难以琢磨。人们在日常生活中所谓的"性情中人"，指的都是不愿意也很难以掩饰自己内心情感的人。真情是内心状况的流露，因而真情也最能打动人。如果情感被打动，那么人们就比较容易接受某种观点，相信某种道理，这就是"以情感人，以理服人"。先感化再说理比较容易说服人，反过来却往往难以奏效。这就是"心统性情"的作用。

作为传统范畴的"情"可以用于说明情感在不同的人之间传递的现象。人们的情感可能产生共鸣，在看到他人的悲伤与痛苦的时候，自己也会产生相同的情感，这就是"同情心"。其实人们在可怜他人时产生的同情心，往往是设想自己一旦处于对方处境时会产生的情感，未必是对方本人的真实情感。一个从小在大城市里长大、生活优裕的人，见到偏僻乡村的孩子的生活可能有同情心，而乡村的孩子未必与之"共情"。一个人生活经历中积淀的某些情感，可能会影响对其他人情感或心理状态的理解，这就是心理学上所谓"移情"，常见于心理咨询过程中来访者与分析者的相互认知之中。广义的"移情"可以体现在对存在很多认知空白的事物的整体感受上面，比如在想象某人在某个城市中生活状况的时候，如果缺少近期的直接体验，那么整体的感受可能就是由以往零散的但印象深刻的记忆碎片组合而成的，比如最后见到某人时的印象（也许是很多年以前的印象），加上对这个城市的某些最深刻的印象（往往是以前旅游时见到的风光），再加上对某些生活线索的想象，很可能构造出一个与真

---

① 转引自张怀承，岑贤安，徐荪铭，等. 心. 北京：中国人民大学出版社，1993：234.

② 转引自张岱年. 中国古典哲学概念范畴要论. 北京：中国社会科学出版社，1989：196-197.

实状况相去甚远的感受来。

"情"在人际关系中还有着体察人的本性和处世为人分寸的作用，这就是所谓"练达人情皆学问"。"情"具有影响人们生活信心和活动能量的作用，热情和冷遇都会影响人的情绪和心理状态。通过察言观色体会人情冷暖，本身也是一种"思维经济"。在逻辑分析思维的框架里，现实生活带给人们的感觉和知觉在记忆中很少与情感和意向缠绕在一起，因而遮蔽了对在体验中不断深化知情意相互联系的关注。

"情"与"理"的关系一旦不协调，也可能导致非理性行为的出现，这在以直观体验为主导的思维框架中很难完全避免。中国人办事讲究"合情合理"，先"合情"而后"合理"，所以"合情"常常比"合理"显得更重要。在处理工程、农耕、医疗、养生、贸易等尤须大动感情的事务时，在人们心情平和地思考人生、社会和自然界各种现象及其变化规律时，合情合理的作用不成问题。然而，在处理人际矛盾、娱乐爱好、情感冲突等有可能大动感情的事务时，"情"的因素时常冲破理性的堤岸。人们对于自己喜爱、敬重的人，往往多看其优点，有了过错也往往谅解；而对于自己讨厌、痛恨的人，则往往看其缺点毛病，有了长处也往往加以贬低。俗语所说的"爱之欲其生，恶之欲其死"，就是这样一种典型心态。这种思想倾向发展到极端，就出现"神化"或"妖魔化"倾向，将某些有某种特殊才能的人想象得尽善尽美，集天下人所有优点于一身。无论是对古代圣贤的想象，还是对当今文艺明星和体育明星的崇拜，都有用想象填补认识空白的特点。能够对大众产生魅力的杰出人物，其形象往往在崇拜者情感引导下经过想象加工，与真实面目可能存在不同程度的差别。另外，对于某些有明显缺点或劣迹的人，人们倾向于将其想象得一无是处，甚至坏得无比复加。极端化倾向可能导致人们彼此影响，相互激发，似乎合于公众之"情"的事本身就成了"合理"之事。近些年来互联网上时常出现的"网络暴力"就是这种极端化倾向的体现。在具体的家庭、邻里、同事、同学关系中，情感上的好恶也时常引导价值判断和是非判断。彼此利害关系带来的矛盾冲突，往往造成人与人之间的偏见。所谓"客观"，从字面上就是超越利害关系的"客"之"观"。一旦卷入某种利害关系冲突，想"客观"判断和处理问题是相当困难的。

其三，基于直观体验对"意"的把握。前面谈过，较抽象的"意象"和"道象"中都有"可意会而不可言传"的东西，需要通过"立象尽意"加以把握。前面说过，中国古代很多军事家、文学家、艺术家、杰出工匠在实践中凭意念行动，出神入化，原来习练过的规则、模式、方案此时均可忘却，进入"得意忘象"的境界。中国传统文化对"意"的作用的描述生动但不具体，因为语言在直观体验对"意"的把握中只起引导作用，一旦"入门"之后就需要个人在心灵世界中不断深化已有的认识，领悟"意"的更多思想精华。

在现代社会生活中，基于直观体验对"意"的把握仍然有着重要的应用价值。英国哲学家波兰尼等人将人类的知识形态分为"意会知识"（也称"默会知识""隐性知识"）和"明言知识"（也称"言述知识""显性知识"）两种类型，对"意会知识"的特征和演化规律做了比较深入的分析。[1]基于直观体验对"意"的把握大体上对应于"意会知识"。然而"用心"领悟和把握的意会知识以对"知"和"情"的直观体验为基础，这种认知特征与西方学者对意会知识的专门研究有很多共性，也有一些重要区别。

西方学者对意会知识的专门研究，比较强调意会知识的价值和由于忽略意会知识作用带来的问题。西方文化传统历来强调对明言知识的关注，其指向是普遍的、抽象的理念和规律，张世英先生称之为"阳性形而上学"。[2]因为从普遍的、抽象的理念和规律出发进行推演，能够对事物的本质特征和发展趋势进行精细的解释、预测和控制，这是建构性很强的思维活动，海德格尔所说的现代技术的"摆置""谋划""座架"的特点就是由此而来的。也正是这种"阳性形而上学"的过度影响，才造成了近现代技术发展的"双刃剑"效应。近年来认知科学和认知哲学的发展，使得学者们开始关注知识形态的"阴"的方面。原来被认为只具有修辞作用的"隐喻"，显现出在知识表达方面具有不可替代的作用。隐喻能够传递人们的体验，使一些只能通过亲身体验的知识通过人际

①　参见郁振华. 人类知识的默会维度. 北京：北京大学出版社，2012：46.
②　参见张世英. 进入澄明之境——哲学的新方向. 北京：商务印书馆，1999：117.

交流得到相互理解。①进一步的研究指向有关身体体验的知识，包括人们对技能、诀窍和处理问题时分寸感的把握。②然而，西方学术界对体验性知识的研究目前主要采用逻辑分析方法，这种方法本身很难深入揭示意会知识产生的思想基础和演化机制。在这种情况下，从"心"的以直观体验为主导的认知框架出发对"意"加以把握，就显得尤为重要。

现代心理学研究表明，内隐认知和意会知识的产生源于心理资源的分配策略。随着练习的深入，操作逐渐趋于自动化，动用的心理资源越来越少。自动化是建立和运行程序的过程，这里包括模式识别的程序和动作——次序程序。这些程序或能力可以促进知觉——运动技巧、认知技巧、启动效应——等认知操作的进行，它的启动和运行一般不能被意识觉察，也不能通过语言表达。③亚里士多德的"实践智慧"在一定程度上涉及这种转化过程，但对领悟过程没有专门的说明。

从"心"的认知特点角度看，意会知识所具有的实际作用至少与明言知识相当，甚至可能更为重要，"心领神会"是人们思想交流中追求的境界。尽管明言知识具有人们都能接受的普遍形态，但每个人对同一明言知识的理解是大不相同的，理解上的差别主要是与之相关的意会知识背景的差别，这就是"在心里如何去想，如何去看"。人们会把明言知识放到自己的知识背景下去解读、判断、评价，获得一种整体上的界限不甚分明的理解。在人与人之间进行交流时，尽管都使用明言知识的语言符号，但传递的信息含义并非人们心中所想的全部内容，说者所想的内容与听者领会的内容会有很大差别。如果有言不由衷、正话反说、表达不清等情况，问题可能会更大。前面说过，人们对宏观事物的认识，很多时候处于信息不充分、知识不完备、前景不明朗、目标不清晰的状态，因而相当多的理解、判断、感受处于意会知识的状态。在世界观、人生观、价值观等领域，这种情况更为明显。如果忽略了这些领域中意会知识的存在和

---

① 参见乔治·莱考夫，马克·约翰逊. 我们赖以生存的隐喻. 何文忠译. 杭州：浙江大学出版社，2015：116.

② 参见乔治·莱考夫，马克·约翰逊. 我们赖以生存的隐喻. 何文忠译. 杭州：浙江大学出版社，2015：138-141.

③ 参见刘景钊. 内隐认知与意会知识的深层机制. 自然辩证法研究，1999，15（6）：11-14.

作用，仅仅着眼于人际交流中明言知识的存在和作用，就会得到一幅扭曲的知识图景，给人们的思维、决策和行动带来消极影响。在现实生活中，人们经常说"听其言，观其行"，对一个人明言表述的判断必须同对其实际行动的意会理解相互补充，才能得到可靠的结论。

明言知识和意会知识的关系，还具有"相反相成"的特点。而"用心"的以直观体验为主导、以内隐逻辑为支撑的本质特征，有助于充分发挥这种特点的作用。"用心"思维能力很强的人不仅悟性很强，富有灵感和创意，而且思路清晰，表达有条理，这意味着其直观体验能力和逻辑思维能力都很发达，明言知识和意会知识的水平及运用能力都很出色。明言知识体系注重知识的逻辑结构和推理过程，但是知识的逻辑起点和逻辑前提是靠意会知识来确定的，知识的创造性来自意会过程中直觉、灵感、悟性的作用。高水平的意会能力能够带来创造性的观念或者说"创意"，以此为基础的逻辑推理才能深入揭示事物的本质和规律性。而意会知识本身具有不严格、不精确、不明晰的弱点，必须通过严谨的逻辑追问才能加以消除。明言知识在意会知识的发展中起到潜在的思维框架的作用。明言知识贫乏、逻辑思维能力很差的人，其意会知识水平往往很肤浅；反过来，意会知识贫乏、直觉或悟性能力很差的人，也不会将明言知识运用得恰到好处，而且容易犯教条主义的毛病。在以"动脑"为主导的文化环境中，明言知识和意会知识的这种关系依然存在，但意会知识的潜在作用往往容易被忽视，而"用心"的思维方式会自觉、主动地促进明言知识和意会知识的互动。

西方文化注重"逻各斯"的作用，强调知识的可言说、可推理、可用符号表达等特点，导致以"阳"（明言知识）为主的知识体系；而中国传统文化注重用"心"的直观体验，强调"可意会而不可言传"的知识的精妙之处，导致以"阴"（意会知识）为主的知识体系。目前知识论研究给出的图景，仍然具有"阳盛阴衰"的特征。可是，目前人类社会面临的亟待解决的重大现实问题，如生态环境恶化、能源紧张、金融危机、地区性冲突、科学文化与人文文化的割裂等还在继续加剧，这里可能存在知识论方面更深层次的原因，值得深入思考。当人类社会处于农耕文明时代，尽管"阴""阳"关系在不同地域、不同国度各有侧重，但大体上保持平衡。进入工业文明时代之后，"阳盛阴衰"趋势日益明显。近年来对事物存在的隐性特征的研究、对生态环境的保护、对意会知识的意义和作用的重视，都是在不同角度重新平衡"阴""阳"关系的努力。但是"阴""阳"失衡的问题现在看来还没有从根本上得到解决。目前国内外很多学者在进一步研究"阴阳"范畴的现代意义和价值。美国伦理学家迈克尔·斯洛特将"阴""阳"分别理解为"接受性"和"理性控制"，从这样的角度展开他的伦理学体系，展现了"阴阳"范畴现代意义的新视角，很有启发意义。①从现代角度揭示"阴阳"范畴的合理"内核"，发挥这一思想模型的启发作用，显然具有重要的实际价值。

"用心"领悟和把握意会知识，在互联网和大数据的时代可能具有特殊的价值。互联网造就的大数据带来了海量信息，很多时候超出人们按照常规处理的能力，使人目不暇接，眼花缭乱。一些学者将大数据反映的事物之间关系称为"相关关系"，认为它们还达不到"因果关系"的程度，但可以用于判断和决策。因果关系要能够显示"为什么"，而相关关系只能显示"是什么"，很多时候这就足够了。其实，在没有互联网的现实生活中，人们面对的信息很多时候也是海量的，可是人们并没有感到什么压力，因为人的大脑在直观体验层面对外界信息有强大的接受能力，很容易把事物的各种相关关系先接受下来，储存起来。随后对事物属性之象和本原之象的思索，有助于迅速从相关关系中提炼因果关系，很快形成关于事物本质特征及其有机联系的整体认识，并及时做出决策，采取相应的行动。这就是"意会"的特殊作用。如果将对大数据的处理限定在逻辑分析和严格运算的范围内，通过处理大数据获得因果关系往往成为人们难以招架的事情。直观体验有助于充分"消化"和"吸收"大数据蕴含的价值，更有效地利用互联网带来的智力资源，而"用心"的知情意相贯通的特征有助于更充分、有效地发挥这种作用。

由"知"到"情"再到"意"，是一个并非完全自觉，但又不是纯粹的无意识的过程，这里关于对象事物的想象不断在发展，思路不断清晰，而内隐逻

---

① 参见迈克尔·斯洛特. 阴阳的哲学. 王江伟，牛纪凤译. 北京：商务印书馆，2018：15.

辑不断调整那些不可靠、不合理、不通畅的假设、先入之见和僵化心态。按照现象学的理解，要消除本质直观方面的错误，需要和别人讨论，通过想象反例，尤其是通过观察我们提出的本质是否符合我们在达到这个本质之前已经认定的经验的共相。①这和通过"意会"对事物本质的把握思路也是基本一致的。直观体验是思维活动中最能体现思维效率的地方，常规的逻辑推理在这里以类似"快捷方式"的途径被大大压缩了。由于能够从个别中直接体验普遍，在现象中迅速把握本质，思维效率得到明显提高，所以直观体验适合在宏观层面把握全局，洞悉事物本质，这种能力是充满智慧的生活的根基，能够使人们活得通情达理，通晓人生哲理。

在"心"的认知过程中，对"知""情""意"的把握有一个大致的顺序，但三者不能截然分开。它们的相互贯通体现在相互影响、相互制约、相互转化。在直观体验活动中，"情"所涉及的"知"，包括个人积累的经验性知识、他人传授的体验性知识和历史上流传下来的书本知识或口头知识。"情"所涉及的"意"，包括对他人的意向、学问中的意思和文艺欣赏中的意境的体验。由"知"到"情"再到"意"，是一个完整的直观体验过程，而"意"是对"知"和"情"的引导，也是"知"和"情"的最终结果。知情意在未分化状态下整合起来，实际上是对世间各层次的"象"的全方位了解，是在少有先入之见干扰的情况下对外部世界的充分而深入的反映。在把握生活世界里宏观的认识对象和复杂的人际关系方面，知情意相贯通的认知模式显然有难得的优势。然而这种认知模式也有其弱点，不够精确、细致、严格。在需要进行逻辑分析的场合或需要协调与逻辑分析思维活动关系时，这种弱点就会显现出来。在农耕文化环境中，这个问题并不突出，但在现代化的社会生活中则会产生很大影响。

根据现代社会生活的新变化，特别是考虑到与"动脑"的知识体系的关系，现代对知情意相贯通的认知模式的理解和运用需要注意一些方法论上的新要求。

其一，"心"的认知活动中知情意相贯通的认知过程，适用于对人与各种

---

① 参见罗伯特·索科拉夫斯基. 现象学导论. 高秉江, 张建华译. 武汉：武汉大学出版社, 2009: 181.

事物的整体性的直观体验，获得的是一种不完全的、不断发展完善的、有助于调整社会生活中各种有机联系的知识，与通过"动脑"获得的各类科学、技术与工程活动知识并不冲突，不能相互取代，但可以相互补充、相互渗透、相互促进。

其二，中国传统文化中知情意相贯通的认知活动是卓有成效的，同时也存在一些弱点。情感因素如果失去理性约束，就可能导致个人的一些非理性行为，社会生活秩序也会受到干扰。意会知识在提高人们处理社会关系和工程技术问题的能力方面有难得的优势，但不便于交流传播。在现代社会生活中，需要通过制度化建设和理性自觉控制情感因素，促进意会知识和明言知识的相互转化，才能够有效发挥知情意相贯通的认知模式的作用。

其三，在高科技时代，知情意相贯通的认知模式也需要不断完善和发展。在"知"的方面，要面对网络信息技术带来的知识"碎片化"的挑战，培养人们整体上的直观体验能力。在"情"的方面，要面对网络信息技术带来的情感"在线迅速激化"的挑战，培养人们对情感反应的理性管控能力。在"意"的方面，要面对明言知识"数据化"和工具理性的广泛影响对意会知识应用的冲击，培养人们追求和掌握意会知识的能力。知情意相贯通的认知模式需要在完善和发展中不断调整知、情、意之间的关系，发挥三者相贯通带来的认知优势和实际效能。

第三节 "心"的认知方法："格物"如何"致知"？

在很多人看来，"用心"并没有什么特别的方法，只要全神贯注就好。西方传统认识论的认知环节包括概念、判断、推理，要运用归纳、演绎、分析、综合、类比等逻辑方法，还有联想、想象、直觉、创造等非逻辑思维的方法，"心"的认知方法还能包括与上述方法不同的特殊方法吗？中国传统文化中经常提到"格物致知"，"格物"如何能够"致知"？当西方近现代科学知识刚传入中国时，"科学"一词最初就是被翻译为"格致"的①，所以现在很多人一看

---

① 参见樊洪业. 从"格致"到"科学". 自然辩证法通讯，1988，（3）：39-50.

到"格致"，就往往理解为对"科学"的一种典雅的表述。其实"格致"和"科学"是有不同适用范围的，"格物致知"适用于那些科学思维方法尚不能完全覆盖的领域。作为"心"的认知方法的"格物致知"，与科学方法有一些重要区别，主要表现在以下几点。

第一，亲身体验的思维背景。

"心"的认知活动是在人们长期的亲身体验基础上展开的，这种亲身体验包括尚未形成明晰知识形态之前的各种相对零散的感受，比如没经过仔细反思的生活经验、人际交往的印象和对各种事物初步的观察了解，也包括对已经学过并付诸实践的各类知识的切身体会，这是一个庞杂的、按照体验差别分类整理的认知素材的集合，随着生活经历的积累而逐渐丰富，人们常称为"阅历"。它构成了"心"的认知的思维背景，也可能给"心"的认知提供待解决的问题和思维动力。如果将"心"的认知过程比作电脑的运行，那么亲身体验的积累和整理相当于建构电脑的"数据库"或"资料库"，这里的"数据"或"资料"单元以立体的甚至多维的网状结构相联系，可能与大脑神经网络有着某种同构关系。现象学的"意向性"活动需要一种超验的思维框架，需要有"前述谓""前判断""前对象化"这些潜在的预备性的东西，这种思维框架其实是对认识背景中"象"的网络结构的一种体验。但这种思维框架的形成和体验的积累过程往往被忽略，这就增加了理解的难度。从"心"的认知的亲身体验出发，所谓"前述谓""前判断""前对象化"就有了合理的解释。

亲身体验具有整体性、动态性、隐蔽性。在亲身体验的过程中，由于认识环节或角度可能有缺失，受到认知能力和获取信息条件的限制，人们最初对某一事物的零散的、局部的体验可能相互冲突，可能有空白，也可能名实不符，这些缺陷都需要修补，由此造成思维上的各种张力。这意味着人们的主观认识与现实的"象"的关系网络存在差异，还没有把握对象事物的本质特征。能够意识到这一点，对于避免认识的绝对化和极端倾向也是有好处的。人们在确切了解到一个人的本质和一件事情的真相之前，在还没有做出最后判断的时候，会有某些事情没有完全想通想透，有些行动需要在思想上没有完全弄清楚的状况下就开始的情况，这时候就可能出现一些心里没底、不知问题出在何处的心态。如果这种心态长时间得不到调节，人们始终不能在理性层面协调好认识主体与外部生活世界的关系，就会出现类似海德格尔所讲的"烦忙""烦神"心态。①当然，这种状况也可能转化为进一步深入思考的动力，引导思考的方向，然而这需要"心"的认知的自觉调节。各个国家、民族的人们都会有不同文化背景的亲身体验，但是中国人的基于"心"的认知框架的亲身体验，由于以"象"为认知对象，注重知情意相贯通，所以能够成为认知活动整个过程的坚实思想基础。

第二，"取象比类"的特殊作用。

由于"心"的认知活动不同于"动脑"的逻辑分析过程，所以对"心"的认知对象的各种"象"，也不能采用下定义的方法。中国传统思维对"象"的界说有其特定方法，就是"取象比类"，即以"象"说"象"，通过比喻来说明"象"的本质特征，比如古人所谓的"上善若水""兵形象水""练拳如练兵""治大国如烹小鲜"，等等。有些人认为"取象比类"就是逻辑学上讲的"类比"，因为其中含有比喻词。然而类比是指根据两个对象某些属性的相同，推出它们其他属性也可能相同的逻辑推理，是由特殊到特殊的推理。而"取象比类"的目的则是通过适当的比喻表达对事物的某种"象"的本质属性的体验和理解，它是全称判断，实际上展现了一种抽象过程，但却是不同于西方逻辑思维的特殊的抽象过程。它不是通过下定义的方式表达事物的抽象本质，而是通过比喻使事物的抽象本质在人们的体验中显现出来，或者说通过体验的变化提高思维的抽象层次。比如"上善若水"，作为比喻本体的"上善"和喻体的"水"就不在一个抽象层次上，前者比后者更抽象。而"原子内部结构好比一个小太阳系"则属于类比，因为本体和喻体的空间结构特点相似，两者处于同一个抽象层次上。概言之，"心"的认知中的"取象比类"是围绕认知活动中的概念界定展开的，是一种不下定义的概念阐释。

一般说来，"取象比类"的关键在于如何恰当选择比喻的"本体"和"喻体"。本体和喻体应该看起来反差较大，但具有通过直观体验可以把握的某种

---

① 参见刘放桐等. 新编现代西方哲学. 北京：人民出版社，2000：343-344.

属性、结构或功能上的共性（因而可以被视为同类事物加以比较）。当人们把本体和喻体相比时，可以敏锐意识到两者差异，从而将两者共性清晰地凸显出来。显然两者差异越大，其共性越小，越难辨认，但这个"共性"就是"取象比类"要揭示的比喻本体的本质特征。这样就可以将对喻体的体验自然地转移到对本体的认识之中，用来领会本体的本质特征，同时建立具体的"象"与抽象的"象"（"共性"）的直接联系，把两种"象"原来涉及的体验世界也连接起来，拓展了人们的视域。以中医号脉的体验为例。《黄帝内经》上讲"春脉如弦，夏脉如钩，秋脉如浮，冬脉如营"。①"春脉"怎么能"如弦"呢？初习号脉者应该事先对"春脉"和"弦"分别有初步体验。当学到"春脉如弦"的知识后，就会仔细琢磨"春脉"和"弦"之间有哪些差异、有什么共性，去掉两者差异所留下来的共性恰好就是春脉的本质属性。但它不必用下定义的方式表达出来，因为它本来就存在于人们以往对"春脉"和"弦"的初步体验当中，可以通过"取象比类"凸显出来，被明确地领会到，进入自觉理解的层次。最初能概括出"春脉如弦"的古代医学家要通过长期思考，比较"春脉"的本质属性与什么事物的何种特性相同或相似。经过多次选择，才可能把"春脉"和"弦"这两种表面形态相距甚远的事物联系起来，通过比喻来揭示两者的共性即春脉的本质属性。而当他准确把握了这一点后，只要将"春脉如弦"讲给别人听，使别人受到启示和引导，他的体验就会转化为别人的体验。这就是直观体验的传播。

对本体和喻体在属性、结构和功能上的共性选择，需要跨越简单的逻辑分类，着眼于事物内部和外部的动态有机联系，因为简单的逻辑分类关注的都是事物固定不变的特征及其相互关系，难以充分揭示各类事物充满有机联系的实际演变过程。特别是从形态功能上寻找"象"与"象"的共性，可以发现更为丰富的思想素材，形象生动地说明对象事物的本质特征，这对于提高思维效率是极为必要的。评价"取象比类"的标准是比喻得巧妙、准确、深刻、生动。"比喻"在古文中称"譬"，亦作"辟"。"精辟"就是精巧的比喻。孔子讲"能

---

① 山东省中医研究所研究班. 黄帝内经素问白话解. 北京：人民卫生出版社，1963：108-111.

近取譬，可谓仁之方也已"①，可见对精巧的比喻的重视。中国古代对"理"的传授主要靠"取象比类"，这就是"理喻"。有些时候，"取象比类"不用"如""犹""若"等明显的喻词，而是以隐喻方式体现其功能，这可以从上下文关系或语境中明确加以判定。成语典故中"纸上谈兵""掩耳盗铃""隔岸观火"等作为"意象"，也是"取象比类"，其寓意都在于说明现实生活中的某些深刻哲理。

当然，并非所有比喻都是"取象比类"。作为一种修辞手法，比喻可以有夸张、渲染的成分，可以说"如诗如画""如诉如泣"，其目的在于表达某种情感，并不包含一般意义上说明某种"象"的本质属性或特征的功能，这就不是"取象比类"。"取象比类"需要精准、真实和深刻。例如东汉学者王符所说："夫譬喻也者，生于直告之不明，故假物之然否以彰之。物之有然否也，非以其文也，必以其真也。"②其意是说，"譬喻"（即取象比类）的价值就在于，当对某一事物直接解释讲不清楚的时候，借助他物打比方才能够真切地说明其性质和意义。

"取象比类"的思维优势在于，其一，由于用不着给"象"下定义，绕开了逻辑分析可能遇到的困难。现实生活有很多适合直观体验的事物，对其从逻辑角度下定义几乎是很困难的，也是不必要的。一个"如"字，或一种特殊语境，就可以使人们在头脑中自觉地从以往体验中分辨出事物的本质属性，却无须将其同其他事物、其他属性割裂开来进行研究，这恰恰是逻辑分析思维方法无法做到的。

其二，充分调动了直观体验的资源，用人们熟悉的体验说明当下比较陌生的体验。从不自觉进行体验，对感性认知素材进行积累和整理，到自觉地"取象比类"，是思维层次上的突破。各层次的"象"之间本来就有纵横交错、纷繁复杂的网络联系，但这个网络不是概念框架式的网络，而是依形态功能上相似或相同而贯通起来的网络。这个网络不是静态的、刻板的、封闭的，而是动态的、灵活的、开放的。"取象比类"的过程，实际上是逐步识别各层次的"象"

---

① 论语·孟子·孝经·尔雅. 黄永年，焦杰，张艳云，等校点. 沈阳：辽宁教育出版社，1997：25.

② 转引自冯广艺. 汉语比喻研究史. 武汉：湖北教育出版社，2002：70-71.

的网络关系的过程。对"象的网络"的每一条通道的识别，都引起体验初期知情意尚未分化的基本认知单元的相应变化。在"知"的方面增加了新的内容，原来隐蔽的"象"的关系被揭示出来，引起了认识深度和广度的相应变化。在"情"的方面做了相应调整，使人们的情感变得更深沉、更平稳。由此过渡到对"意"的更全面、更深刻的理解和把握，使直观体验得以进入一个更高层次。

其三，便于传授直观体验。"取象比类"的结果是可以用言语表达的，而直观体验的更高层次则表现为对言语的超越，体现为言中之意、言外之意，在无言的体验中把握事物的本质属性和规律性。正如钱钟书先生所说："譬喻为致知之具，穷理之阶。"①

"取象比类"的具体过程，大体上可以划分为酝酿、形成、选择和开悟这四个阶段，它们各有其不同特征。

在酝酿阶段，人们可能感觉某些事物之间在属性、结构、功能上有某些类似之处，但还没有形成明晰的认识，这个时候人们会有意识地进一步收集和思考相关素材。"取象比类"以亲身体验为基础，这是人们对丰富多彩的现实生活的直观接触，是对世间各层次的"象"的全方位了解，是在少有先入之见干扰的情况下对外部世界的充分而深入的反映。在这个过程中，能够唤起人们相同体验的事物逐渐被联系起来，由较具体的层次逐渐扩展到较抽象的层次，由较狭窄的领域逐渐扩展到较宽广的领域。人们认识到的各种"象"有了越来越多的关联，而人们往往并未自觉意识到这一点。在"取象比类"的酝酿阶段中，情感和意向因素发挥着潜在的作用。有相同体验的事物往往通过共同的情感被联系起来，而意向会引导在有相同体验的事物之间进行深入思考。

在形成阶段，当人们受认知能力和获取信息条件的限制，对某一事物的本质特征感到"看不准"甚至疑惑不解的时候，需要一种跨越简单的逻辑分类，将各种属性、结构和功能相同或相似的"象"整合起来加以思考的能力，这就是迅速将眼前之"象"同人们以往了解的外部世界之"象"进行比对，从长期体验的"关系"素材库中挑选合适的"象"及其关系，将其纳入已知的"象"

---

① 转引自冯广艺. 汉语比喻研究史. 武汉：湖北教育出版社，2002．131.

的关系网络之中去，提出"取象比类"的可能方案，看其能否消除认识过程中的矛盾、冲突、困惑。选择合适的"取象比类"是追求思维成果"合理性"的初始阶段，这是一个不断选择、试错、调整的过程，"用心"思维中内隐的逻辑思维在此时需要发挥作用，避免判断失误、环节缺失、证据不足。正是由于这种隐蔽的作用，"取象比类"的形成阶段才不会流于随意、肤浅、含混等。"取象比类"总体上是在直观体验框架中进行的，看起来属于非逻辑思维，但不应该出现反逻辑的结果。

在"取象比类"的选择阶段，人们需要对初步形成的"取象比类"加以审视、修改和补充。怀疑、好奇、孜孜以求追寻真相的心态和百折不挠的精神，都是支持"取象比类"选择阶段的精神动力。以中国哲学史上的"形神关系"为例，曾经有过很多种"取象比类"。南北朝时范缜曾指出："神之于质，犹利之于刃；刑之于用，犹刃之于利。利之名非刃也，刃之名非利也；然而舍利无刃，舍刃无利。未闻刃没而利存，岂容刑亡而神在？"①范缜的这个"取象比类"是相当精辟的。而在此之前，许多相关的"取象比类"都失之粗糙。例如东汉桓谭的比喻是"精神居形体，犹火之燃烛矣"；王充的比喻是"人之精神，藏于形体之内，犹粟米在囊橐之中也"；三国时嵇康的比喻是"精神之于形骸，犹国之有君也"。②这些"取象比类"都不如范缜讲得精辟。精辟的论断之所以受人欢迎，是因为能够更形象、更精准地揭示事物的本质属性和特征，带来理解上的深刻启示。

"取象比类"的最后一个阶段是"开悟"。当一个恰如其分的"取象比类"突然被人们捕捉到时，一种能够看透人的本质或事情真相的灵感突然出现，相应的情感反应是"豁然开朗"，有一种"澄明"的体验，能够对眼前事物的"象"的关系网络有一种透彻的理解。所谓"山重水复疑无路，柳暗花明又一村"，说的就是这种感受。"开悟"这种思维状态是很多人都曾经历过的。这种思维状态在西方文化语境中也存在，这就是 insight（洞察力）、inspiration（产生灵感）。比如要判断一个人的本性或内在意向，必须反复体验其表现出来的各种

---

① 转引自方立天. 中国古代哲学问题发展史（上）. 北京：中华书局，1990：296.
② 转引自方立天. 中国古代哲学问题发展史（上）. 北京：中华书局，1990：270-277.

属性及其相互关系。所谓"识破伪装""了解真心"，一般都要经过逐渐消除困惑的过程，积累到一定程度"豁然开朗"。针对某些比较复杂的人或事的本质特征，最早能够提出某种原创而又精辟的"取象比类"很有难度，需要较强的洞察力和创造能力。而听到别人的"取象比类"获得启发产生灵感，相对来说难度较小，收获可能很大。在教学、演讲、思想交流中善于"取象比类"，常常会使听众"茅塞顿开"。老子《道德经》中有大量非常精彩的"取象比类"，在人们"悟道"的过程中发挥着关键作用。"意象"和"道象"中都有"可意会而不可言传"的东西，体验这些东西需要以物态之象和属性之象为基础，在此基础上不断进行更高层次的"取象比类"。

"取象比类"的过程与现代西方的隐喻理论研究有很多相通之处。"取象比类"侧重明喻，因为中国传统哲学中直观体验占据主导地位，很多场合要靠明喻发挥作用。西方传统文化中逻辑思维一直占据主导地位，往往靠隐喻作为其必要补充。美国学者莱考夫和约翰逊提出隐喻的思维基础是"经验完形"[①]，这与中国传统的"象"有类似之处。但"象"的层次性和不同层次的"象"之间的转化机制是"经验完形"不具备的。莱考夫和约翰逊提出隐喻可以发现或创造新的意义，勾勒出整个突显的经验范围与其他经验范围之间的相似性[②]，他们还提出隐喻的真实有效标准是基于经验的连贯性[③]，"取象比类"则强调发现这种相似性要经历一系列试错和调整的过程，而"取象比类"的关键在于能否揭示对象事物的本质特征，在已有的经验积累和知识的关系网络上能否"讲得透彻"，产生一种"澄明"感，这是比经验的连贯性更高的要求。

第三，融会贯通的机制。

在"心"的认知方法中，"融会贯通"处于一个更高的理性层次上。"取象比类"是"心"的认知在概念层次上的特殊方法，而"融会贯通"则是通过判断、推理、分析、综合获得整体性认知结果的特殊机制。"心"的认知活动中

---

① 参见苏以文. 隐喻与认知. 台北：台湾大学出版中心，2005：41.
② 参见乔治·莱考夫，马克·约翰逊. 我们赖以生存的隐喻. 何文忠译. 杭州：浙江大学出版社，2015：116.
③ 参见乔治·莱考夫，马克·约翰逊. 我们赖以生存的隐喻. 何文忠译. 杭州：浙江大学出版社，2015：118-141.

直观体验的主导作用和内隐逻辑的支撑作用在这个更高的思维层次上得到进一步体现。所谓把一个人或一件事情看得"通透"，不仅指明白了其中的道理，对相关的各种"象"及其关系有充分合理的解释，而且要揭示那些隐蔽的、不在场的、预示某种趋势的事物细节，才能获得"心"的认知所要求的整体性的、有机的、合理的认识成果。西方传统的注重逻辑分析的认知过程强调逻辑上的严谨性、准确性和无矛盾性，对"融会贯通"并没有特别的要求，因为"融会贯通"是就整体性的直观体验而言的，是指整个知识体系中各部分之间要讲得彻底通透。

"融会贯通"的机制特别针对人们在现实生活中涉及人际关系、个人命运、社会发展趋势方面各种"想不通"的问题。比如人们想谋得一个职位、追求某个意中人、实现某种夙愿，总要不断评估自己行动的正确性和有效性。这时其对外界各种相关人物和事件会有不同心态。一般说来，人们习惯于更多考虑对自己有利的条件，寻找有利于自己的理由，希望事情朝自己希望的方向发展。可很多时候偏偏事与愿违，想不通的事情经常发生：为什么命运对我如此不公平？为什么好心得不到应有回报？为什么可恶的人却得不到应有惩罚？……人们对许多事情想不通，是因为按照自己认为成立且觉得别人也应遵循的道理，事情就不该这样。直观体验的思维伴随情感体验，想不通的时候百感交集，因为各种局部的解释相互矛盾，各种心态相互冲突。按照中医的说法"不通则痛"，想不通也是很难受的。实际上，有些隐蔽的心理倾向通过情感体验引导思维，决定了看问题的角度、观察材料的取舍、理由的选择和行动的目标。如果人们逐渐意识到自己主张的道理受情感因素引导，其实并不全面，还有许多道理、许多因素、许多关系未考虑周全，而且别人遵循的道理和自己遵循的道理并不完全相同，事情就很容易想通。在由"不通"到"通"的过程中，需要"往开了想"，需要使有些新情况、新问题、新见解能够进入人们的视野之中，这就是通过"融会"以实现"贯通"，相当于现代西方解释学讲的"视域融合"，于是引起人们心态的变化，情感上的冲突也逐渐趋于平和。人们说服自己的过程，其实也是彼此冲突的情感体验在影响力上此消彼长的过程。看起来是心态和情感上的变化，其实是在知情意相贯通的认知框架里使主观认识逐渐适应客观现实的过程。

在由"不通"到"通"的过程中，内隐逻辑在协调各种局部认知成果之间关系的过程中产生影响，这是追求思维成果"合理性"的高级阶段。在直观体验过程中感受到的"不通"其实是逻辑前提的局限性导致推理的结果与事实不符，而本人并未意识到。如果思考问题的视域狭隘、偏执、片面，在来不及搞清楚事情所有细节的情况下，以直观体验"不通"的方式呈现这种思维方式上的毛病，逐渐调整视域和心态，追求由"不通"到"通"的转化，是一种效率很高的认知途径。单纯的逻辑推理的冲突，大概只有把事情推到极端才有最后结果；而发现"不通"之后的调整，可能更接近于把握处理问题的适度途径。直观体验的这种优势只有在客观、冷静的心态下才能充分发挥出来，而心态最易受情感左右，所以由"不通"到"通"必须在心性修养方面下更多的功夫。

由此可见，"融会贯通"的关键在于适当"变通"，需要转变成见，摆脱桎梏。在"象"的关系网络中揭示事物的本质特征，不同于在逻辑分析框架中揭示事物的本质特征，它不是在科学原理基础上找到某种可以严格定义和测量的事物基本属性，而是要找到一种能使对象事物的所有现象得到合理解释的整体性认识。它的出现应该能化解以往认识活动中的矛盾、冲突、困惑，使得人们对眼前事物之"象"的认识与自身长期积累的对外部世界之"象"的整体认识完全相容。按照现象学的说法，"本质直观"是超出经验的共相达到本质的共相。在这个过程中，人们需要尝试想象对象事物在想象的变更过程中所发生的诸种变化。看哪些元素可以从那个事物中消除掉，而不至于使它"粉碎"或"爆炸"。当发现某些情况不可能存在时，就成功地达到了本质直观，明见到本质，获得了比在经验的共相中更为必然的认定。[①]获得本质直观需要在直观过程中进行一些思维上的"操作"，包括比较、区别、连接、进行联系、分割为部分、去除一些因素等，通过一些"变项"使本质浮现出来。[②]丰富的想象力导致洞见，预示事物的必然性。这样一种思维过程，与"融会贯通"的机制是完全一

---

① 参见罗伯特·索科拉夫斯基. 现象学导论. 高秉江，张建华译. 武汉：武汉大学出版社，2009：177.

② 参见张祥龙. 现象学导论·七讲——从原著阐发原意. 北京：中国人民大学出版社，2011．73.

致的。

由此看来，所谓"生活的智慧"就是养成一种心态，能够在现实生活中保持敏锐的观察力、丰富的想象力和旺盛的创造力，喜欢体验生活中各种细节、关系、迹象，从容地将对象事物的各种有机联系组合起来，思考其与以往熟悉的事物之间是否存在本质联系。直到有一天，相关知识已经组合成一个充分合理的整体性认识，达到充分融会贯通的程度，就达到了真理。按照现象学的说法，事物在我们的言说中被显露。我们提供了一道光亮，事物在这道光亮之中能够显明它们自己；我们开除了一块澄明之地，事物在那里得到聚集（collected）和回忆（recollected）。①回忆本身提供了相互交织在一起的对象形式和被给予形式。②所有这些环节都是瞬间完成的，这就是直观体验（直觉）思维的根本特征，因为这里没有明显的逻辑推埋过程，所有违背逻辑的地方都是通过调整各环节的选择（以符合融贯感）的方式消除的。所谓"用心"的以直观体验为主导、以内隐逻辑为支撑的认知机制，如果要给出一个简要表述的话，那就是经过长期亲身体验的积累，通过"取象比类"和"融会贯通"的途径，最终在瞬间完成了"取象—嵌入—贯通"的认知过程。

直观体验（直觉）思维的瞬间"豁然开朗"的特征似乎很具神秘性，实际上这是长期积累的结果。直观体验认知上的飞跃虽然是瞬间完成的，但实际上既涉及过去，又涉及未来。"取象比类"来源于以往积累的体验"数据库"，这意味着人们对当下认知对象的理解实际上以过去的体验为基础。当人们形成对眼前对象的整体理解时，其中很多成分实际上是过去的理解，包括从过去的印象、经验、经历中获得的认知材料，在这个意义上人们还生活在"过去"。另外，人们的认识活动的目的又指向"未来"，要从未来的境遇考虑眼前对象和行动可能产生的意义和价值。人们在判断和决定一件事情是否重要、是否值得去做的时候，要从可能带来的机遇和希望着眼，考虑利弊得失，在这个意义上人们生活在"未来"。直观体验的思维活动是"当下"、"过去"与"未来"的

---

① 参见罗伯特·索科拉夫斯基. 现象学导论. 高秉江，张建华译. 武汉：武汉大学出版社，2009：159.

② 参见张祥龙. 现象学导论七讲——从原著阐发原意. 北京：中国人民大学出版社，2011：81.

有机统一，相互应和，这就是现象学所谓的"内时间意识"，即对"当下"的考虑会自动延伸到"过去"与"未来"，从"在场"延伸到"不在场"。胡塞尔将其称为"停滞而又流动的当下"。①这显然是对注重逻辑分析的"动脑"思维方式的超越。"心"的认知活动中"融会贯通"的机制，与现象学对直观体验的分析是完全一致的。

从"融会贯通"的机制出发，可以对直观体验思维活动的整体特征有一个更深入的理解。在西方传统的认识论框架内，直观体验过程很难具体分析，因为直观体验或者说直觉本身就被定义为非逻辑思维，不能用逻辑分析的方法处理。前面说过，"直觉"是源自西方传统哲学的术语，西方哲学史上很多学者从不同角度、在不同场合使用"直觉"这一范畴，但都是作为"自明的"或"不加定义的"范畴来使用，至多做一些描述性规定。笛卡儿强调"直觉"是"由纯粹和专一的心灵产生的概念"，其特征是简单、清楚，无须怀疑。斯宾诺莎认为"直觉"是"具有某种不可怀疑的自明性"的直接推理。他们所说的"直觉"是一种"形式直觉"。莱布尼茨的"直觉"概念注重"实质直觉"，认为存在着有关原始的事实真理的直觉知识，"作为内心的直接经验"，属于一种"感受的直接性"。② 按照现象学的界说，所谓"直观"，就是"让对象实际地对我们在场"③，或是"把握本源的东西的意识行为"④，这种界说描述了直观体验的特征，但是并没有深入说明其认知机制。造成这种状况的一个重要原因是西方逻辑分析的框架里，不可能容纳"象"的认知网络和"取象比类"这样的体验型认知活动，也不可能对直观体验过程进行细致观察。这些认知活动会在逻辑分析"定格"的环节被遮蔽，因而直观体验难免始终被笼罩在神秘的氛围之中。现象学的"生活直观"、"范畴直观"和"本质直观"是基于逻辑思维又超越逻辑思维的产物，对意识活动中的细节有着准确观察和深入思考，包括对表

---

① 参见罗伯特·索科拉夫斯基. 现象学导论. 高秉江，张建华译. 武汉：武汉大学出版社，2009：139.

② 参见桑靖宇. 莱布尼茨与现象学——莱布尼茨直觉理论研究. 北京：中国社会科学出版社，2009：8-28.

③ 转引自罗伯特·索科拉夫斯基. 现象学导论. 高秉江，张建华译. 武汉：武汉大学出版社，2009：35.

④ 转引自张祥龙. 现象学导论七讲　从原著阐发原意. 北京：中国人民大学出版社，2011：52.

述与指号、意指与含义等的细致区别。①但是，现象学的解读还没有体现知情意相结合的特征，还没有达到"融会贯通"的效果。

第四，格物穷理的途径。

"取象比类"和"融会贯通"都是格物致知的必经阶段，这两个阶段使得直观体验过程中的局部认知成果逐渐被整合起来，向"穷理"的方向发展，但其整体结构还没有生成，需要再经历一个整体上"格物"的阶段，才能充分实现"致知"的目的。自"西学东渐"以来，"格物致知"作为中国传统的认知方式，其社会影响逐渐下降。尽管中国近代学者最初将西方近代科学译为"格致之学"，但后来"科学"取代了"格致"的称谓之后，"格物致知"也仅仅被作为中国传统哲学的思想遗产加以对待。至于历史上王阳明的"格竹子"事例，则往往被视为荒唐之举而受到嘲讽。如果只是从逻辑分析和实证研究角度思考问题，这种看法是难免的，但它忽略了"格物致知"在揭示直观体验的本质特征和内在机制方面的特殊价值。近年来认知科学和认知哲学研究对直觉思维的关注，使得这个问题开始显现出来。"格物穷理"作为"心"的认知的一个总结性的重要方法，需要在新的时代背景下加以解读。

中国古代哲学范畴的一个特点是缺少严格的普适定义，历代学者可以从不同角度和语境出发对其进行解读，因而彼此理解差异很大，"格物"也是如此。例如，二程训"格"为"至"，认为"格物"就是"穷理"，朱熹也视"格物"为"即物而穷其理"；王阳明训"格"为"正"，认为"格物"即"正心"；王夫之认为"格物"是"博取之象数，远证之古今，以求近乎理"，"致知"是"虚以生其明，思以穷其隐"。而张岱年先生认为"格"的本义为"量度"，"格物"就是衡量事物的本末先后。②虽然这些解读差异很大，但其中总有某种共性的东西，能够反映"格物致知"更为抽象的本质。"格物致知"作为中国传统文化中一种普遍存在的思维方法，其本质应该体现为一种贯穿于各种语境之间的一般特征，这样才可能符合其历史上的本意和实际影响。因此，综合"格物致

---

① 转引自张祥龙. 现象学导论七讲——从原著阐发原意. 北京：中国人民大学出版社，2011：115-119.

② 张岱年. 中国古典哲学概念范畴要论. 北京：中国社会科学出版社，1989：238-242.

知"在各种语境下的用法，大致推断其更为一般的本义，不仅是必要的，而且是合理的。

按照《说文解字》的解读，"格"的最初含义是"木长貌"，即树高枝长之貌，后来用于指称能将器物分置的木制用具，如书架上的格子、窗格、战格（栅栏），引申为法式、标准（规格）、品位（品格、人格、资格）、词汇的恰当位置（主格、宾格、所有格）等。①如果概括这些用法，可以大致认为"格"的本义应该是：使某种事物处于适当的位置上。这里"格"既可以做名词，体现为某种器物的功能；又可以做动词，表示为了实现这种功能付出的努力。而如果将"格物"与"致知"连用，则"格物致知"的本义应该表述为：通过使某种事物处于适当的位置上，以获得有关事物的本质和规律性的知识。

那么，"格物"为什么会"致知"？"使某种事物处于适当的位置上"对于"致知"有何意义？在"象"的关系网络中，"格物"的主要功能是使其中每个节点上的人或事各得其位，保持合理的秩序。前面讨论的"融会贯通"机制还带有局域性，是针对特定的人物或事件的认知在一定范围内的"融会贯通"。而"格物穷理"要追求在认知主体所有可能的认知范围内获得整体性的根本的认知成果，要使所有的局部认知结果之间建立有机的相互联系，各得其位，这样才能把握有关事物的本质和规律性的知识。

"格物穷理"并不简单等同于人们通常所说的整体思维或系统思维。中国传统思维强调个别事物在事物内部和外部各种有机联系中的相对位置，认为"位"决定了个别事物的存在方式、性质、状态和发展趋势，这才是最具特色的。中国科学史家李约瑟对此有过深刻论述。在他看来，中国传统思维是一种"相互联系的思维"。他指出："象征的相互联系或对应都组成了一个巨大模式的一部分。事物以特定的方式而运行，并不必然是由于其他事物的居先作用或者推动，而是由于它们在永恒运动着的循环的宇宙之中的地位使得它们被赋予了内在的本性，这就使得那种运行对于它们成为不可避免的。如果事物不以那些特定的方式而运行，它们就会丧失它们在整体之中相对关系的地位（这种地

① 广东、广西、湖南、河南辞源修订组，商务印书馆编辑部. 辞源（合订本）. 北京：商务印书馆，1998：847-848.

位使得它们成其为它们），而变成为与自己不同的某种东西。因此，它们是有赖于整个世界有机体而存在的一部分。"①李约瑟的这种观点在中国古代经典中可以找到大量例证。《中庸》讲"致中和，天地位焉，万物育焉"。公孙龙《名实论》讲"物以物其所物而不过焉，实也。实以实其所实而不旷焉，位也。出其所位非位，位其所位焉，正也"。②所谓"不在其位，不谋其政"，"君子以思不出其位"，讲的都是这个意思。

寻求恰当的"位"，是在"心"的认知范围内建立整体认知的内部结构，使部分与整体相互作用发挥功能的重要机制。例如中国古代"五行说"将四时与五方相配，水、火、木、金、土在四时五行的时空结构中发挥各自的生克作用，万物皆有其合宜之"位"。《易经》中也体现了同样的思想特征。由八卦推出的六十四卦蕴含古人各种典型生活情境与律则，每一事物皆与其所在之"位"密切相关。③无论是空间结构之位、观念是非之位，还是官场进退之位、人伦有序之位，在认知、表达、实践上都需要名实相符、恰如其分。"格物"的"格"，就是为了推动事物进入其适当的位置，理顺与周围事物之间的关系，因而使其得以持续存在与作用。无论是在"知至故意诚，意诚故心正"的道德修养的意义上，还是向外物穷理的求知意义上④，"格物"都要通过"位"来体现事物的内在本性，这就是一个追求恰当"定位"的过程。由此看来，"格物"的价值在于使人们了解到事物能保持其内在本性的适当位置，这样才便于揭示事物之间相互关系的本质特征和规律性，才能够"致知"。

在直观体验的认知框架内，"格物"如何进行呢？中国古代关于"心"的认知机能的论述中并没有给出明确的方法论指引。前面谈到朱熹对"格物致知"的解读时提到，他认为格物的过程"是以大学始教，必使学者即凡天下之物，莫不因其已知之理而益穷之，以求至乎其极，至于用力之久，而一旦豁然贯通

---

① 李约瑟. 中国科学技术史（第二卷 科学思想史）. 何兆武，李天生，胡国强，等译. 北京：科学出版社；上海：上海古籍出版社，1990：305.

② 转引自庞朴. 公孙龙子译注. 上海：上海人民出版社，1974：41.

③ 参见刘长林. 中国系统思维的三种模式//杨儒宾，黄俊杰. 中国古代思维方式探索. 台北：正中书局，1996：343.

④ 参见王绪琴. 格物致知论的源流及其现代转型. 自然辩证法通讯，2012，（1）：94-99.

焉，则众物之表里精粗无不到，而吾心之全体大用无不明矣"[1]。朱熹谈到的这个思维过程，从逻辑分析角度是难以理解的。"因其已知之理而益穷之"尚可理解为思索和推理，但"至乎其极""至于用力之久"，居然能够"一旦豁然贯通"，达到"众物之表里精粗无不到，而吾心之全体大用无不明矣"的效果，则是不可思议的。朱熹主张"格物"不可能穷尽天下之理，"但积累多后，自当脱然有悟处"。这不是靠准确的归纳，而是一种推测性的直观体验，那么，怎样才能保证"格物致知"思维的可靠性？前面说过，"心"的认知对象是对外界的人和事物整体性的认知，这种认知的特点是带有很大程度的不确定性。在"心"的认知活动中，如果人们发现对某一事物性质的理解和判断可能出错，可能招致危险，往往不是通过实验，也不是等到后果最终出现，而是在实践活动中途就发现"不对头"的迹象，因而及时调整，这就是所谓"适可而止"或老子所说的"知止不殆"。前面提到的"取象比类"和"融会贯通"环节，都具有这种发现"不对头"的迹象及时调整的功能。如果经过这两个环节之后仍未能从根本上解决问题，就需要进一步考虑思考的出发点和观察问题的根本立场是否存在偏差，通过调整"定位"来消除认知上的矛盾冲突，获得对事物之间关系的合理解释。这个"定位"可能是人对自身的合理"定位"，包括"正心"；也可能是对思考出发点的合理"定位"，包括选择正确的视角或"立场"；或者是实践活动方式的合理"定位"，包括考虑到行动的社会后果，用适当的规范加以约束，如修改不合适的规章制度，调整生产、生活与生态环境的关系，重新定位人文与科技的关系。这种定位的前提在于对事物整体的把握、整体中各部分关系的把握、整体与部分在变化中的把握。通过这种互动，"格物致知"才能够在实践活动中途就发挥审时度势的作用。

关于如何进行"格物致知"，可以从王阳明"格竹子"的事例入手进一步分析。据王阳明《年谱》记载，王阳明21岁时随做官的父亲王华在京师，遍求考亭遗书读之。"一日，思先儒谓'众物必有表里精粗，一草一木，皆涵至理'。官署中多竹，即取竹格之；沉思其理不得，遂偶疾。"[2]今天人们当无法

---

① 朱熹. 四书章句集注. 济南：齐鲁书社，1992：6.
② 王阳明. 王阳明全集（卷三十三）. 上海：上海古籍出版社，1992：1223.

准确再现王阳明那时的思路和状态，但"格物致知"的思维特征表明，王阳明"格竹子"时想到的或许是这样一些事情和问题，比如把"竹子"放到天地万物相互联系的大背景下，"竹子"的特征应该具有何种意义和价值？"竹子"的"理"与其他事物的"理"如何贯通？如何由"竹子"的"理"出发，领会天地万物的共通之"理"？竹子作为"岁寒三友"之一，坚韧挺拔，不惧严寒，象征着人的高尚品格。竹子有节而且中空，喻示人们处世为人应该节制而虚心。竹子是群生的植物，每棵竹子的生长都与整个竹林息息相关，象征着人类的群居和相互关爱的特点。如果竹子的这些特性对为人处世都有所启示，那么竹子的其他特性又能够给人们带来哪些启示？"人"与"物"之间在精神层面的沟通有哪些规律性？"格物致知"如何能促进人的心灵的净化和升华？如何浮想联翩，可以由"格竹子"发展成"格万物"以至"格心"，这个发展空间显然极其广阔。问题在于，如果将"格竹子"作为思考的起点，或者说是整个推理的出发点，最大的困难是无法将"心"与"物"彻底统一起来，因为"竹子"毕竟是外在世界的对象，作为思考的起点势必带来许多矛盾。王阳明可能由此心生困惑，后来彻底转向"心学"。由此看来，"格竹子"的失败只是他思想发展的一个转折点，而且是一个思想层次很高的转折点，绝非荒唐之举。①王阳明的"格竹子"反映了直观体验（直觉）思维的本质特征，就是由小到大、由近到远、由具体到抽象，不断揭示事物之间的本质联系，这是一个视域逐渐开阔的过程。与直观体验形成对比的是自然科学常用的逻辑分析方法。这种方法将研究对象从周围环境中孤立出来，将对象事物的整体分解为部分，不断发现细节，并用细节之间的逻辑联系说明事物的整体性质，这是一个视域不断收缩的过程。直观体验与逻辑思维各有其功能而交互作用，但不可互相取代，原因就在于两者适用范围不同。

"格物致知"的由小到大、由近到远、由具体到抽象，不断揭示事物之间的本质联系的思路，在经济和社会发展日益全球化的时代，具有特殊的意义。近代以来注重逻辑分析的思维方式，一方面带来科学技术的巨大进步和生产力

---

① 林乐昌. 王阳明"格竹"经历的深层阐释. 浙江学刊, 1998，（6）：70-74.

的迅速提高，另一方面造成环境污染、生态危机和人们精神世界的"碎片化"倾向。为了解决全球化时代的问题，人们需要在从事具体的生产和生活实践活动时，有一种全局意识、整体意识、和谐意识，自觉找好自己的"定位"，规范自己的行动。运用"格物致知"的方法，从眼前事物之"理"推及周围事物之"理"以及天下万物之"理"，使合理性的思考有更加开阔的视域，这对于提高个人的精神修养和加强社会的精神文明建设，也是极有意义的事情。"格物致知"可以提高人们对隐性知识作用的敏感性，充分发挥直观体验和隐喻的创造性功能，促进认知科学和认知哲学研究紧密结合社会生活实践，获得更大发展。

第四节　"心"的认知结果：知识与践行

"心"的认知结果是各种类型的知识，包括对人、事、物的判断，对自身和他人的欲望、意向和情感的识别，对自身经验和知识体系的反思与总结，也包括能够将所学知识应用于实践。这些知识中一部分是前面提到的"明言知识"和"意会知识"，也可以称为"标准知识"。还有很多是并没有得到充分整理和反思的"非标准知识"，包括对各种人、事、物的尚未成形的体验，一些没有充分证据的猜测、推断和联想，一些在实践活动中行之有效的做法、技能和准则。这类"非标准知识"在"心"的认知结果中占有很大比重，而明确意识到的"标准知识"只是以此为基础整理出来的很少一部分知识。

西方传统的主要依赖逻辑分析和实证研究获得的知识体系，逐渐发展成为现在人们熟悉的科学、技术与工程知识体系。通过"心"的认知获得的知识体系具有与之不同的另一种形态。其中一部分是理论类型的知识体系，另一部分是具有程序性、应用性和可操作性的实用类型的知识体系。理论类型的知识体系包括人们关于宇宙观、人生观、价值观以及对应于现在的自然科学、社会科学、人文科学不同学科的知识体系，但并不是按照逻辑分类和推演方式整理出来的，而是根据不同主题，按照直观体验循序渐进、不断深化的方式汇编成卷，整理成书。其中有些可以作为经典历代延续，成为中华优秀传统文化的思想根基。

作为经典的理论类型的知识体系，在中国古代大都明确以"经"的形式流传下来，如儒家的"五经"、道家的《道德经》、墨家的《墨经》等。为什么这些典籍被称为各种"经"？因为其思想内涵体现了对每个人都普遍适用的思想基础、价值观念和行为规范，需要世代传承、努力培育，这和纺织中经线的特征是一致的。从词源上看，"经"的本义就是织布时的纵线，"纬"是从纵线中穿插而过的横线。用织机使经纬线紧密交错就织出布来。①经线先于纬线设定，各条线彼此独立、方向一致、间距相等，由此决定织物长度、幅度、密度等特征。而纬线把相邻经线连接起来，这是横向联系的展开，决定织物的均匀、紧致、抗拉强度等指标。在社会生活中，"经"的因素体现为制度化的管理，包括典章、法律、规则、标准，原则上适用于所有人。而"纬"的因素主要就体现在横向的人际关系上，如人际的亲情、友情、利益结盟、相互制约。"经"是决定和引导"纬"的，传统文化中经典知识的作用也是如此。把各种重要典籍称为"经"，使之通过制度、舆论、教育和风俗习惯等途径影响那些属于"纬"的社会活动和人们的精神层面，引导人们采用适当行动规则、评价标准和具体方法，不断规约人们的生活方式和相互关系，这种模式可以说是"以经带纬"。思想文化经典特别是儒家经典不仅是经世致用和处世为人的准则，也是培育人才的指南，对国家治理政策和典章制度有深刻影响，得到社会各界特别重视。"以德治国""德主刑辅"等要求要落实到"儒术"即行动层面上。在人们的思想交流中，"引经据典"成为辩论和取得共识的基础，以保证"纬"的因素的作用不发生偏离，如刘勰所说"经正而后纬成"（《文心雕龙·情采》）。明清之际提倡"礼教下移"，作为蒙学读物的《三字经》几乎家喻户晓②，体现了"以经带纬"的细致入微。"经""纬"之间这种关系模式保证了"大一统"意识深入人心和社会结构坚实稳定，对于中国传统文化整体性特征的形成起到关键作用。

被称为各种"经"的历史文献并非一开始就被认定为"经"，而是有一个

---

① 许慎. 说文解字. 北京：中华书局，1963：271.

② 参见徐梓.《三字经》的流传. 历史月刊，2008，251：126-129.

社会选择和建构的过程。儒家"五经"刚出现时都不叫"经"。到汉武帝时独尊儒术，设"五经博士"官职，才有"五经"的正式称谓。①老子的著述被称为《道德经》是从西汉河上公著《道德经章句》才开始的，唐代时这个称谓才普遍流行。②《周髀算经》的称谓也是唐代李淳风编《算经十书》时出现的。③其他类似经典都经过长期历史积淀，才作为"经"正式确定下来，这是社会需求不断强化的结果。历史上也有不少经典文献并非以"经"冠名，但也发挥了类似作用。

在中国古代，与各种"经书"相对应的还有各种"纬书"，如与《易经》相对应的《易纬》④。上海古籍出版社还曾汇编过《纬书集成》，收集了很多历史上的"纬书"文献。⑤"纬书"的主要内容是通过类比推理建立依据直观体验分类的同类事物之间的横向联系，作为判断事物性质和可能发展趋势的"依据"，这难免有很多牵强附会的成分。董仲舒的"天人感应"学说提出后，各类"纬书"纷纷出现，其主要内容是在各种自然现象和社会现象之间建立神秘联系，通过某些征兆"预测"国运兴衰和个人吉凶祸福，如根据异常天象判断帝王将相的命运，根据卦象判断普通百姓的命运。按照"天人感应"观念的解释，有些天象是吉祥的征兆（如福星高照），有些天象是人间将有新君王出现的征兆（如五星聚合），而一些被认为不吉祥的天象则预示着人间将出现兵荒马乱、将军阵亡、帝王驾崩，等等。例如，日食意味着臣子可能要犯上作乱，太阳黑子意味着帝王政令不当，将出内乱。而行星运行反常，则被看作天灾人祸将起的象征。中国古代对当时认为不吉祥的天象十分敏感，观测得也极为细致，由此导致很多重要发现。⑥

---

① 参见栗洪武，郭向宁. 五经博士的设置和儒家尊崇地位的形成. 教育研究，2006，（10）：86.

② 参见葛荣晋. 道家文化与现代文明. 北京：中国人民大学出版社，1992：261-262.

③ 参见曲安京. 中国古代科学技术史纲（数学卷）. 沈阳：辽宁教育出版社，2000：2.

④ 参见连劭名. 考古发现与《易纬》. 周易研究，1991，（3）：6-12.

⑤ 参见上海古籍出版社. 纬书集成. 上海：上海古籍出版社，1994.

⑥ 中国古代有世界上最早的太阳黑子观测记录。《春秋》一书中，有当时世界上最详尽的日食记录。此外，还有世界上最早的天琴座流行雨记录。北宋时对超新星爆发的一次记录，成为现代天体演化理论的重要证据。参见江晓原，钮卫星，卢仙文. 地位独尊的古代天学. 沈阳：辽宁古籍出版社，1995：104；V. F. 韦斯柯夫. 二十世纪物理学. 杨福家，汤家镛，施士元，等译. 北京：科学出版社，1999：21-22.

"天人感应"学说引发的"纬书"广泛流传并未持续下去，隋炀帝之后则受到官方禁止，与"纬"相关的文献只能流传于民间宗教和风俗活动之中。为什么"纬书"不能占据"经书"的位置呢？因为这样会使属于"纬"的横向联系脱离"经"的整体引导和约束，整个社会就会变得结构失衡。[①]"经"的传承并不局限于学堂或藏经阁，其对与"纬"相关的社会活动的引导要体现在从国家治理到民众日常生活的各层次上。在当代现实生活中，仍然可以看到某些"纬书"类"知识"的痕迹，如禁忌、生辰八字、属相相克等，现在都被视为封建迷信的残余。这类"知识"没有经过科学检验，也没有经过内隐逻辑的反思与推理，只在某些信奉这些"知识"的人群中流传，并无显著影响。在现实生活中，这类"知识"甚至可能以"伪科学"的形式出现，造成不同程度的负面影响。

除了可以明确判定为"经书"和"纬书"的文献之外，还有很多涉及历史、社会、文化、宗教、人生体验等方面的理论类型的知识成果，都是通过"心"的认知获得的。其中既有类似"经书"的那种谈古论今的纵向思维成果，也有类似"纬书"的那种类比联想的横向思维成果，以及纵横交错的学者个人心得体会汇编。从形式上看，这些文献都是直观体验的认知成果，但其中也存在内隐逻辑的作用，因为这些文献的各部分内容在逻辑上并未出现很多相互矛盾的情况。

作为实用类型的知识体系，"心"的认知造就了各种被称为"心术"的知识形态。现在人们一提到"心术"，往往同"心术不正""玩弄心术"联系在一起，实际上"心术"一词古已有之，而其本义并不是负面的。管子称"实也、诚也、厚也、施也、度也、恕也，谓之心术"。[②]荀子认为"蔽于一曲"为"心术之公患"。[③]这里的"心术"指的是内心态度和思想方法。后人讲"心术"，多强调"术"的方面，指的是心计、谋略、招法等，这是一种比较狭隘的理解。中国古代的各种知识成果多冠以"术"的名称，如智术、权术、战术、算术、

---

① 参见肖巍. 谶纬及其思想效应. 云梦学刊, 1997, (1): 31.
② 管子. 梁运华校点. 沈阳: 辽宁教育出版社, 1997: 17.
③ 孙安邦. 白话荀子. 西安: 三秦出版社, 1998: 364-365.

方术、数术等。它们的共同特征是要靠"心"来把握，"术"的水平高低取决于"心"的悟性。自古以来技艺以师徒传承，主要靠的是启发悟性。"术"的作用对象和成果被称为"器"。"器"中也凝结着"心意"和"心思"。由"心"来支配"术"，用"心"来创造"术"，是"心"的认知活动的一个显著特色。世界其他民族在不同历史时期都有各自的巫术、医术、星占术、算术和艺术，但它们并非自觉的"心术"，因为这些"术"缺少一个充分发展了的"心"的认知系统的支持。

作为"心"的认知结果的心术，其基本思想特征主要体现为以下几个方面。

其一，心术是通过直观体验获得的程序化知识。

作为知识形态存在的"术"，包括显性和隐性两大部分。显性的"术"是可用文字记载和语言表述的"术"。古代流传下来的许多典籍都是用文字记载的"术"的汇集，如《九章算术》《齐民要术》《农政全书》《天工开物》《梦溪笔谈》等。有些"术"也被称为"法"，如书法、画法、兵法。像医学典籍《医学心法》、炼丹著作《三十六水法》、工程建筑中的《营造法式》《工程做法》等，都是"术"的汇集。历史上"术"的汇集也可能以"经"的形式出现，如《黄帝内经》《木经》《茶经》等。所有这些"术"都是借助语言文字传播的。

与显性的"术"相对应的，是隐性的"术"，即前面提到的"隐性知识"，即在人们实践活动中直接起作用的程序化知识，这是需要靠悟性把握的，直接融入人们的操作技能的"术"。文字记载和语言表述的"术"是了解和掌握隐性的"术"的入门和向导，它们是帮助人们领会和掌握隐性的"术"的工具。人们在操作过程中掌握的"术"，有一个由浅入深不断发展的过程。在最初缺乏实践经验的阶段，只能按照书本上记载的要点和"术"的传授者的指点，简单模仿，反复训练，逐渐熟悉操作过程和各种指令性规定。等到操作比较自如、动作已经熟练时，就可以逐渐减轻对书本知识和传授者的依赖，并且自己可以体会到应如何调整自己的精神状态和动作，使操作更为自然灵活，不断提高效率。等到心术纯熟时，就可以达到"天人合一"的境界，这就是"由技至道"的境界。从古至今很多"术"练到纯熟之际都有类似的表现，如古代工匠的"绝活"、古代将士的"绝世武功"、古代艺人的"绝艺"等。现代人熟悉的高超的杂技、娴熟的驾驶技术乃至熟练的操作电脑键盘的技能，都能体现出这种特征。当"技"或"术"达到"道"的境界时，就达到了极致状态，即人为的程序完全合乎自然的程序，实现最优化，可以发挥身心最大效能变化外物。这种境界是必须靠"心"来把握的。显性的"术"必须转化为隐性的"术"，才能真正发挥其作为知识成果的作用。现代西方技术体系中也有显性知识和隐性知识的分别，但并不如中国传统心术体系中分化得这样明显。尤其是现代许多机器，严格按照说明书操作即可使其正常运转，这种技术与中国传统的心术形成鲜明的对比。

中国古代的心术教育除了个人自学和领悟之外，主要靠师徒相传，在实践活动中言传身教。徒弟要用心记住师傅讲的要领，更要在实践中用心体会，领悟其中的奥妙和诀窍。师傅的言传身教本身就是为了启发徒弟的悟性，加深其体会程度。学习工艺技能采用这种方式，学习文、史、哲、经方面的知识大体上也用这种方式。对心术的领悟还要不断深化，活到老，学到老，不同时期、不同场合会有不同的理解。

其二，心术具有较重的文化负载。

所谓"文化负载"，即具有较多的文化内涵，其价值受传统文化较多制约。中国传统的心术并非单纯的相对独立的技术，它本身是传统文化有机体系的组成部分，与传统文化许多因素有着密不可分的联系，这和西方传统文化中相对独立的知识体系也有明显差别。

中国古代认为"道"与"术"不可分，这里的"道"除了自然的程序的含义外，还有"道德"之意。"道德"最初的含义是"循道而有所得"，即在实践中遵循一定的原则，体现为一定的品行、操守。儒家在技术发展上注重"六府三事"，"六府"为"水、火、金、木、土、谷"，即当时社会生活所必需的基本技术活动，如沟洫、烧荒、冶铸、井田、贵粟之类。"三事"为"正德、利用、厚生"，指的是技术发展目标既要对国计民生有利，又有道德教化功能。[①]儒家学说贬斥"奇技淫巧"，都是指这些经世致用的"正经"技术之外的东西。

---

① 参见孙宏安. 中国古代科学教育史略. 沈阳：辽宁教育出版社，1996：291-292.

中国古代各种心术的文化负载，还体现为具有西方技术很难想到的功能。例如音乐不仅能带来美的享受，而且可用于省风、养性、治世。中医也有着明显的伦理意识。传统的"术"在很多领域是相通相近的。像武术、医术、艺术、方术、数术等，其思想基础都可以追溯到阴阳五行学说。这种思想方法的相互贯通造就了古代很多通晓许多领域的"术"的"通才"。例如，宋代的沈括通晓算术、技术、医术、艺术、方术，他的《梦溪笔谈》实际上是一部"术"的"百科全书"。孔子、墨子、诸葛亮、岳飞、王阳明等人也都是多才多艺、文武兼备的。这些人之所以能通晓各种"术"，除了天性聪慧、勤奋好学之外，主要原因是"术"与"术"相通，可以一通百通。

其三，心术是以人为中心的。

所谓心术"以人为中心"，实际上包含三层含义，一为心术功能在于满足人的实际生活需要，二为心术传承适合人的身心特点，三为心术水平高低取决于人的天赋和经验。

中国古代等级层次分明的社会结构中，"术"的应用也分层次。百姓为生存而发展"术"，王侯为奢侈而发展"术"。这同样可以说是"以人为中心"，但其中的内涵却反差极大。流传下来的许多精美工艺品虽然凝聚着古代劳动人民的聪明才智，但这些东西并非劳动人民的生活必需品，而是为了满足王侯将相的奢侈生活享受而生产的。其中蕴含的高超技术往往是"绝艺"，一般不外传，更不能普遍推广。而与平民百姓生活需要直接相关的技术，却得不到足够的推动，进步速度很慢。像弯把犁、水车、粗瓷碗、家织布等，经历了许多个世纪仍无大的改观。中国古代技术产品中过分浪费的东西不多，自然经济条件下总的社会风尚崇尚简朴。

作为显性知识形态记录的心术在内容上往往是指令化、口诀化的，便于记忆和背诵，其传承过程便于发挥人的生理和智力潜能，使人通过反复训练不断得到提高。例如武术一招一式都有富于诗意的名称，背起来朗朗上口，练起来形神兼备，通过勤学苦练就可以达到精通。类似还有算术中的"九归歌诀"（即"小九九"），医术中的"汤头歌诀""病机十九条""病症歌"，炼丹术中的"三花聚顶""五气朝元"，古代技术典籍《考工记》中的"金有六齐""弓有六材"

"轴有三理"等。中国古代的一些蒙学读物也有此类特点，如《千字文》《女儿经》《增广贤文》等。这些读物便于知识普及，使妇孺皆知，深入人心，绵延不绝。古代的《剑经》《拳经》《木经》《茶经》等都具有此类特征。

中国古代评价心术水平的高低，主要不是看所使用的工具、器械是否先进，而是看使用者的技艺和经验是否高超。比如武艺高低不是看兵器，医术高低不是看医疗设备，书法水平高低不是看笔墨纸砚。尽管孔子说过："工欲善其事，必先利其器"，民间也有"人巧不如家什妙"的说法，但历史上记载的"能工巧匠"主要是由于他们的精湛技艺为人们称道，难得见到对他们使用的工具性能如何优良的记载。使用的工具越是简陋，制造的产品越精美，越能反映出工匠水平和技艺的高超，越受到人们的称颂。古人讲"家财万贯不如薄技在身"，"身怀绝技"总是被人们羡慕不已的。当代武侠小说之所以受到读者喜爱，在一定程度上是其中武林高手的"绝技"调动了读者思想深处崇拜"绝技"的集体无意识。

对心术评价注重技艺的典型事例之一，是中国人在发明了火药和火器之后，仍然注重战场上冷兵器的较量。唐朝末年已经出现火药箭和原始的火枪。宋太祖赵匡胤灭南唐的战争中就已使用火器。南宋时火药经印度和阿拉伯，于13世纪后传到欧洲，14世纪欧洲开始制造火枪火炮。然而从宋朝到清朝的八九百年间，中国战场上起主要作用的仍然是战术和武术，强调治军能力和布阵水平，很少考虑火枪火炮的质量和数量。直到英法联军进攻北京时，僧格林沁还在指挥骑兵向洋枪洋炮猛冲，结果几乎全军覆没，这暴露了注重技术操作者本人天赋和经验的技术评价的致命弱点。

在"心"的认知结果和实际践行的关系上，有一个基本要求，就是知行合一。现在人们提到"知行合一"，一般都将其归结为理论与实践的关系问题。"知行合一"是王阳明的学术主张，他的"知行合一"具有特定含义，主要强调伦理意识和道德行为的统一。这里"知"特指伦理意识，即"良知"；而"行"特指道德行为，即在实践中体现伦理意识。①伦理意识一定要落实在道德行为

---

① 参见方克立. 中国哲学大辞典. 北京：中国社会科学出版社，1994：448.

上，才是真正的"知"；而行为一定要体现道德的要求，才是真正的"行"。显然，"知行合一"的"合一"指的是"知"与"行"融为一体，要提高伦理意识必须通过道德实践（"致良知"中的"致"就是"行"），因此道德教育必须通过道德实践，增强道德体验，培养道德情感，提升道德境界，最终达到"良知"，即"直觉的知识"（不假思索就直接实施道德行为）。①比如，在抢险救人的时候、在发现重大事故隐患的时候、在见义勇为的时候，都可能来不及仔细思索，必须马上实施道德行为，这时"良知"就发挥了重要作用。真正"用心"一定要使思想观念特别是道德意识落实在行动上，在"行"中深化"知"，以"知"来引导"行"。关于"知行合一"的伦理价值，本书第四章还要进一步展开讨论。"心"的认知能够实现从本体论、认识论到价值观、伦理学的有机统一。在这个意义上，"心"的认知具有强大的文化功能和更为广泛的应用价值。

"知行合一"还可以做广义的理解，即"心"的认知所获得的所有知识都需要与实际应用紧密结合，产生实际效用。中国传统哲学中有很多关于"知""行"关系的讨论，就是在广义层次上展开的。荀子说："不闻不若闻之，闻之不若见之，见之不若知之，知之不若行之。学至于行而止矣。行之，明也，明之为圣人。"②宋代至清代有不少学者提出关于"知""行"关系的不同主张，如程朱学派认为知先于行，王阳明认为知行不分先后，王夫之认为行先于知。这些不同观点都是基于直观体验提出的，强调的是知行关系的不同侧面。针对古代一些学者"两耳不闻窗外事，一心只读圣贤书"的毛病，强调"知行合一"是非常必要的，隋唐以后的科举制选拔官员的模式，很容易造成一些读书人"知""行"脱节，空谈圣贤之学，缺乏解决实际问题的能力。明清之际倡导"经世致用"的"实学"的出现，正是解决这一社会问题的切实努力。

"知行合一"的要求在现代化的社会生活中具有特别重要的价值。由于各行业专业化分工日益细化，从知识的最初产出、传播到最终的应用，要经历一系列中间环节，每个环节都有不同的评价标准。如果要求每个环节都同实际的

---

① 参见王前，刘文字. 现代技术伦理的"知行合一"问题. 东北大学学报（社会科学版），2006，（1）：5-9.

② 孙安邦. 白话荀子. 西安：二秦出版社，1998：112-113.

经济效益挂钩，认为这样才能够符合"知行合一"的要求，是不现实的、不合理的。"知行合一"中的"行"包含知识链条中每个环节在下一个环节中得到实际应用，即使这种应用在相对抽象的理论层次上，比如用某种专业知识解决了相关领域的具体问题，推动了认识的深化和知识生产的发展，也属于"行"的范围。

还应注意，"知行合一"是"心"的认知框架中的特殊要求，这和从逻辑分析角度讲的理论与实践相结合有一定区别。"知行合一"中的"知"主要是通过"用心"的直观体验活动获得的知识，这种知识并不只是用文字记录下来的形态，更主要的是文字背后的意会知识和技能，是对"理"和"道"的不同层次的领悟和把握，而真正要掌握这种知识的思想内涵是必须通过"行"的，是需要实际操练的。一个人拿到了一本"武林秘籍"，绝不意味着他按照书上的示意图比画，就可以成为武林高手。"纸上谈兵"成为笑谈，是因为光是熟读兵书是不能保证打胜仗的。"理"在认知活动中的作用，最终要落实到指导行动上，这就是要理性地决策、理性地生活、理性地参加社会活动，这不仅需要有理性的知识基础和思想方法，还需要理性地控制自己的情感和意念，避免非理性行为的发生。宋明理学强调"理学"在"修身""齐家""治国""平天下"中的作用，主要就是在这个意义上阐释的，所以理学家才会把"天理"和"人欲"对立起来。

然而在现实生活中，"知行脱节"的事情是经常发生的。有些人可以通过阅读和考试掌握很多书本知识，也可能用这些知识达到使用的目的，包括为自己的行为辩护，但不会用这些知识来约束自己、反思自己、调整自己。这就造成了很多奇怪的现象，比如有的人言行之间有巨大反差，嘴上讲得冠冕堂皇，实际上却品行低劣。王阳明在贵州的"龙场大悟"，就是意识到有些饱读诗书的官僚在道德水准上远远不如当地朴实淳厚的山民，所以才主张用"知行合一"来衡量人的道德水准。还有一些人习惯于用道德准则、规章制度、管理条文约束别人特别是陌生人，但不愿意约束自己或有利益关系的熟人；有些人给别人讲辩证思维的知识，而自己却坚持形而上学的僵化思维方式；有些人研究网络社会出现的"碎片化"思维方式，而自己的思维方式却在很大程度上就是"碎片化"的。这些情况的出现，表明"知行合一"的要求在现代社会生活中仍然是有实际意义的，需要从"心"的认知角度加以积极引导，使其发挥应有作用。

　　将"心"的认知同西方现象学、隐喻研究和认知哲学进行比较，可以看出"用心"思维在揭示直观体验的机制和过程方面有其明显优势，这就是知、情、意相贯通，心灵感受和全身体验融为一体，所以才有"发自内心""全心全意""心领神会"之类的说法。同时也应看到，"心"的认知在精细辨别直观体验过程的细节特征方面还存在不足之处，需要学习和借鉴当代西方哲学的相关研究成果，实现优势互补。

第四章 "心"的道德教化功能：从传统到现代

"心"的道德教化功能的社会影响力非常巨大，仅次于"心"的认知功能。中国自古以来被称为"礼仪之邦"，伦理道德在社会生活中发挥着核心作用，这在很人程度上与"心"的道德教化功能有关。"心"的德行分为道德意识、道德情感和道德抉择三个主要部分，它们之间相互贯通、相互促进又相互制约。

第一节 "心"的道德意识：良心的养成

"心"的道德教化功能是一种超出人的生理和心理机能的社会功能，能够带来人们道德意识的差异，因而有"良心""诚心""野心""黑心"等表述。为什么"心"可以成为道德主体？人的道德觉悟水平如何提高？中国人谈到道德意识，经常说的话是"人要有良心"。中国传统伦理学的主题之一是讨论人的"良心"从何而来，那么"良心"如何养成？这些问题都需要从"心"的道德教化功能角度深入探究。

"心"的道德意识是以直观体验为主导的产物，在理解和实践过程中也有内隐逻辑的支撑作用。在中国传统文化的思想资源中，有非常丰富的涉及伦理道德的内容，但大都是以格言、警句、问答、故事、短论的形式记录下来，并没有出现运用逻辑思维系统整理的伦理学知识体系。人们的道德意识的形成，需要对一些经典论述反复体验，结合自身特点和生活实践不断调整思想认识，提高道德修养水平。特别是儒家学派认为道德意识并非从书本上学来的一成不变的知识，而是需要通过"正心""修身"的"功夫"才能掌握的道德观念和思想境界。这和西方伦理学注重道德原理，强调理性思维特别是逻辑分析作用的特征形成了明显反差。西方伦理学分成很多学派，如理性主义、经验主义、直觉主义、情感主义、美德论、契约论等，都是从不同的逻辑起点出发构思其伦理学思想体系，这和中国传统的通过不断领会古代伦理道德经典语录强化道德修养的路径大不相同。

从"心"的思维特点角度来看中国传统伦理学的思想资源，可以对其理论内涵、作用方式和养成途径有更深入的理解。下面先来看中国传统道德观念的基本理论内涵。

中国传统伦理学以儒家伦理为发展主流。儒家伦理的原则和道德修养途径由孔子创始，孟子、荀子以及后来各朝代的儒家学者都在此基础上有新的发展。传统的儒家伦理的核心内容是"三纲"（君为臣纲、父为子纲、夫为妻纲）、"五常"（仁、义、礼、智、信），主要是为以封建等级制度和家族血缘关系为基础建构起来的社会秩序提供伦理准则和道德行为规范。孔子强调"仁"和"义"，特别是"仁"，主张"己所不欲，勿施于人"；而孟子给出了道德诸范畴的三个序列，即作为初步道德的"孝悌忠信"，作为人与人基本关系的"五伦"（父子有亲、君臣有义、夫妇有别、长幼有序、朋友有信）和作为主要道德原则的"仁、义、礼、智"（恻隐之心，仁也；羞恶之心，义也；恭敬之心，礼也；是非之心，智也）。①荀子强调道德教化中"礼"和"乐"的作用，主张要"化性起伪"。儒家仁爱学说的特点是由己推人，由近及远。仁是亲亲的扩大，义是敬长的扩大，孝悌是基本的道德。②这些人们比较熟悉的儒家道德观念，总的说来都是为了保证一个整体的、有机的人际关系网络能够合理有序，使每个人在其中各得其位，人际和群体之间相互促进，履行责任，保持和激发社会有机整体的生机和活力。

除了儒家伦理之外，道家、墨家、管子学派等也都对传统伦理的发展做出

---

① 参见张岱年. 中国伦理思想研究. 南京：江苏教育出版社，2005：23.
② 参见张岱年. 中国伦理思想研究. 南京：江苏教育出版社，2005：84.

了自己的贡献。道家认为"顺应自然""无为而治"就是最高的德行，"爱人利物之谓仁"①。墨家提出"兼爱"和"非攻"的观点，在工匠伦理方面也提出了有特色的主张。②管子学派从有利于国计民生角度理解"德政"，并且以"诚工""良工"来称谓有道德的工匠。③法家虽然推崇法治，但对伦理道德的作用也没有忽视。韩非子说："义者，君臣上下之事，父子贵贱之差也，知交朋友之接也，亲疏内外之分也。"④所有这些道德观念和行为准则都要靠"用心"的直观体验把握，都是与作为"心"的认知对象的"象"的关系结构特征相一致的。值得注意的是，道德的"德"字在甲骨文中原形为"值"，到西周的时候加了一个"心"，才变成了"德"字，所以其"从心从直"。⑤孔子讲"仁者爱人"，"爱"字的繁体字"愛"中间也有一个"心"。"仁、义、礼、智"都同"心"相联系，需要通过"用心"体悟和践行才能够体现出来。

中国传统的道德观念是一个多方位、多层次的整体结构。"仁"强调的是对他人主动的关爱，"义"强调的是对他人、对事业、对国家应尽的责任，"礼"强调的是体现尊重他人时应有的举止，"智"强调的是明辨是非的能力，"信"强调的是忠实践行对他人的承诺。明清之际学者黄宗羲就主张仁、义、礼、智缺任何一项都不足为善，而且"善"要有持续性，不能时善时不善。⑥这里有一个值得琢磨的问题：为什么儒家伦理的"五常"中要有一个"智"的要求？这和一般意义上的智慧是什么关系？人们也可以将问题反过来思考：如果"五常"中缺了"智"会如何？换言之，如果一个人在道德修养方面很认真，对自己的品行要求很严格，处处按照"君子"的标准要求自己，可就是在知识和智慧上比较欠缺，用通俗的话来讲，有些"愚"，有点"缺心眼儿"，这样的人在道德修养上会达到很高的境界吗？

中国历史上有过不少"愚忠""愚孝"现象，如某个臣子无条件地忠于一

① 李回. 庄子译析. 沈阳：辽宁教育出版社，1993：244.
② 参见王前. 中国科技伦理史纲. 北京：人民出版社，2006：22-23.
③ 参见王前. 中国科技伦理史纲. 北京：人民出版社，2006：53.
④ 韩非. 韩非子. 秦惠彬校点. 沈阳：辽宁教育出版社，1997：47.
⑤ 参见高兆明. 伦理学理论与方法. 北京：人民出版社，2013：14-15.
⑥ 参见张怀承，岑贤安，徐荪铭，等. 心. 北京：中国人民大学出版社，1993：283.

个昏庸无道的君王，或者某个晚辈无条件地满足一个品行恶劣或提出无理要求的长辈，人们就会说这种"忠""孝"是狭隘的，不符合人类社会整体上的道德要求，不符合大仁大义，因而不是真正的"忠""孝"。孔子说："言必信，行必果，硁硁然小人哉。"①其意是说过于简单固执的人不懂得必要的变通，说了就必定要做，承诺了就必定兑现，这种太"死心眼儿"的人其实并不符合君子的要求，小人才会这样做。这样的人的道德品行没毛病，但在现实生活中过于迂腐，他们缺少的也是"智"。所以孟子才说："大人者，言不必信，行不必果，惟义所在。"②

"仁、义、礼、智、信"是一个有机整体，一旦割裂开来就会失去其本真的含义，在现实生活中就会出麻烦，影响伦理道德作用的正常发挥。在个人的道德修养和社会的道德教化中，"智"的作用是将伦理准则同现实生活有机地联系在一起，能够对具体情况做具体分析，善于灵活变通，克服各种阻力和困难，真正发挥伦理道德的有效作用。"仁、义、礼、信"如果缺了"智"，在现实生活中不仅会变得很笨拙，很古板，很难应对纷繁复杂的社会变化，也很难识别那些"假仁""假义""虚礼""伪信"。当然，"智"如果脱离了"仁、义、礼、信"的约束，也会带来麻烦。不讲道德的"智"可能是不择手段，玩弄心机，给社会生活带来动荡。将"智"纳入"五常"之中，是中国古代先哲的精心设计，是以德治国、以德育人的重要保障，也是促进社会生活稳定和不断进步的实践智慧的体现。还应注意，"仁、义、礼、智、信"的要求都是关系范畴，人际关系中道德主体和道德对象在道德行为的要求上是相对的，即互为主体和对象，双方都做出相应的道德行为，彼此的道德实践关系才能够存续下去。如果仅靠其中一方实施道德行为而另一方恣意妄为，也许一时可以维系相互关系，但时间长了肯定会出问题，或者双方发生冲突，或者其中一方不堪重负而垮掉。《礼记》中讲："何谓人义？父慈，子孝，兄良，弟悌，夫义，妇听，长

---

① 论语·孟子·孝经·尔雅. 黄永年，焦杰，张艳云，等校点. 沈阳：辽宁教育出版社，1997：54.

② 论语·孟子·孝经·尔雅. 黄永年，焦杰，张艳云，等校点. 沈阳：辽宁教育出版社，1997：51.

惠，幼顺，君仁，臣忠。"①这些要求都是相对的，不能单方面提出这样的要求：即使为父不慈，子女也必须孝；或者虽然子女不孝，但父辈也必须慈，以此类推。如果无条件地要求对方实施道德行为而自己不受任何约束，那就是"道德绑架"。然而在现实生活中，这种事情却是经常发生的。有些时候双方利益关系相对不平衡，然而利益受损的一方尚可忍受，只是心里有怨气难以发泄。有些时候由于感情用事，很难理智地协调相互关系，其中一方无条件地约束自己但难以约束对方，久而久之造成关系失衡，比如有些长辈溺爱孩子容易造成孩子过度任性，有些妻子逆来顺受却可能带来丈夫胡作非为，这些场合都需要发挥道德关系中"智"的作用，避免失去理智而成为"道德绑架"的牺牲品。从古至今很多文学作品都描述了在相互道德关系不对称约束下忍辱负重、苦闷彷徨、心态哀怨的悲剧人物，令人同情。鲁迅先生在《狂人日记》中说封建伦理道德"吃人"，指的是封建伦理道德在摧残人性方面的极端情况，这种情况在近代中国社会转型时期表现得尤为突出。孔子早就说过"以德报德，以直报怨"，并非主张无条件地"以德报怨"，因为这样难以使那些道德品行低下的人幡然悔悟。"心"的道德意识具有的直观体验特征，需要在把握现实的道德关系时具有足够的实践智慧，缺少"智"的感情用事难免造成各种人际关系的紧张和失衡。

　　一个人如果通过道德教育和自觉的道德修养，对中国传统道德观念有了深入理解和准确把握，并能付诸实践，就具有了"良心"或"良知"。在传统文化环境熏陶下成长起来的中国人，绝大多数在心灵深处都有不同程度的"良心"或"良知"的思想基础。然而要保持和发扬"良心"或"良知"的作用，还需要不断地"正心"和"修身"，不断提高道德修养水平。人们经常讲"人心是会变的"，一个原来品行很好的人后来可能逐渐变坏了，而一个原来品行很差的人也可能通过特定途径改造好了，这都可以归结为"心"的变化，前者常被称为心灵的"腐化变质"，后者则被称为"洗心革面"。为什么会出现这种情况呢？因为人的一生中会出现社会地位、生活环境、人际关系、交往能力等方面

---

① 吴哲楣. 十三经（上册）. 北京：国际文化出版公司，1993：475.

的跌宕起伏，原来养成的道德水准可能适应不了新的环境变化，就可能出现道德观念与现实生活不相匹配的情况。一个人在饥寒交迫的情况下要坚持很高的道德水准并不容易，往往需要以前就有很高的道德修养，因而社会上存在不少人"衣食足而后知荣辱"的现象。而一个人在多年平淡生活之后突然面临财富、权力、声色犬马之类的诱惑，原来能够严格自律的思想堤防也可能出现"决口"，在道德水准上明显滑坡。所以道德修养需要针对新情况、新变化不断深化，需要经过一系列考验，才能使一个人真正成为一个名副其实的有道德的人，一个大写的"人"，这就是儒家道德追求的"君子人格"。

中国传统的道德观念在现代化的进程中面临很多新的挑战。传统的儒家伦理以封建等级制度和家族血缘关系为基础，很多内容已经不适合现代社会生活。历史上儒家的"三纲""五常""八纲目"等伦理道德要求，是为了协调封建时代的社会有机整体内部和外部关系而被提出的。正因为如此，历代封建王朝都将儒家伦理作为正统意识形态加以推崇。从现代社会需求角度看，封建时代愚忠愚孝、假仁假义、培养奴性的礼法已经过时，但是培育具有强大活力的社会群体的很多一般性方法，协调社会群体内部矛盾的很多伦理原则和道德规范，如仁爱、诚信、同情心、责任感、孝敬长辈、重视友情等方面的要求，对于建设今天的和谐社会秩序仍然很有价值。儒家伦理还强调"天地之大德曰生""生生之谓易"①，主张"共生原则"，就是促成各类生物、人群、社会组织在生存和发展上相互依赖，相互渗透，共同生长。如果将"共生原则"用于解释生态系统，可以导出关爱生命、保护环境的生态伦理原则。如果将"共生原则"用于解释社会生活中个人和群体之间的关系，可以导出以人为本、公平正义的社会伦理原则。儒家伦理强调"大我"意识，指的是个人超越对自身利益的狭隘理解，从整个社会和国家的需求出发考虑自己的理想、追求和价值判断标准，以天下兴亡为己任。这就是张载所说的"为天地立心"，以及范仲淹所说的"先天下之忧而忧，后天下之乐而乐"。"大我"超越了"小我"，又不同于出世的"无我"，是具有操作意义的伦理选择。在"心"的认知网络中，"我"并不是

---

① 参见张岱年. 中国古典哲学概念范畴要论. 北京：中国社会科学出版社，1989：146-147.

一个孤立的存在，而是一个在社会关系网络中具有多重角色的存在，这样才可能由"小我"推演出"大我"。"小我"和"大我"的区别在于认知背景和视域的不同，相应地导出不同的社会责任和理想追求。从现代社会需求角度出发，应当提倡在保障个人合法权益的基础上，个人为了群体利益，不同地区和国家为了人类的共同利益，自觉做出必要的奉献，通过限制局部利益以顾全整体利益，将个人的伦理自觉同社会有机体的整体发展结合起来。

在讨论了"心"的道德意识思想内涵的基础上，下面对"心"的道德意识的作用方式和养成途径做一些专门讨论。"心"的道德意识的养成要通过不断体验深化认识，提升思想境界。儒家学者提倡"吾日三省吾身"，不断反思和自我批评，孔子称为"内自讼"。①如杜维明先生所说，儒家的伦理道德养成之学是体验之学，不仅带来内在知识，而且能够发挥长期彻底的转化功能，强调变化气质的修养工夫。②道德意识影响人们的道德情感和道德抉择，而道德情感的涵养和道德抉择的实践反过来会深化人们对道德观念的理解和道德意识的完善。儒家在道德修养上的"工夫论"是很有特色的。所谓"工夫"，按照彭战果教授的说法，即"运用一定的身心行为，将理论学说转化为内证体验，从而获得对整体性、普遍性的把握"。③儒家道德修养强调"未发""已发"的区别，"未发"是"思虑未萌，事物未至"的状态，需要通过自觉地学习、反思、省察，体验心、性、情的发动，达到"已发"的觉悟状态。学的本义是觉，习则是不间断的行。人的生命存在及其展开，就是觉悟与行动的展现与绵延。学习时要"虚壹而静"，接纳新知，择善固执，"专心一志"，不受外界干扰，而"敬贯通已发未发"。这一套"工夫论"是将儒家经典学说转化为个人直观体验的必由之路。在道德修养的过程中要不断发现自身问题，及时改过。要时刻保持"本心常明"状态，通过"慎独""改过"的修养才可明心见性、去弊成人。

朱熹特别指出"慎独"不仅要在一个人独处闲居的时候加强道德修养，而

---

① 参见张岱年. 中国伦理思想研究. 南京：江苏教育出版社，2005：166-167.
② 参见杜维明. 从身心灵神四层次看儒家的人学//中国哲学范畴集. 北京：人民出版社，1985：213.
③ 参见曾燚. "论道稷下：儒家工夫论"工作坊会议综述. 管子学刊，2020，（4）：80-83.

且要在只有自己知晓而他人不知，容易滋长人欲或恶念的时候，戒谨已发和未发之间的人心之"几"，即"思想苗头"，这种"慎独"是"工夫论"的更高境界。①王阳明在"工夫论"上强调"简易"，不是向外事外物求理，而是在内心世界追求直悟本体、人欲日减、至精至微，用相对比较简单易行的方法进行道德修养，将重点放在道德实践上。②刘宗周认为本体与工夫、认识与修养是一致的，诚意和慎独是最根本的方法。③黄宗羲认为通过自觉的道德修养，"人人皆可取圣脉……真觉人人去圣不远"。④方以智提出"公心""独心"概念，前者是客观、普遍之心，后者是主观、个人之心。他的"心法"为道德修养的本体论、生存论和人生观价值做了进一步论证。⑤"慎独"和"改过"的修养途径在现代社会生活中也具有重要价值，但实践起来更为困难。现代社会生活环境使个人有了更大的相对独立空间，很多人独往独来并不影响其工作和生活，网上的社交使得个人独处和自由表达有了更多机会。如何能够做到"慎独"，是对以直观体验为主导的道德修养效果更大的挑战。

第二节 "心"的道德情感：同情心的演化

"心"的道德情感是道德意识养成的必要条件，这是由"心"的知情意相贯通的认知机制决定的。前面说过，"心"的认知中的"情"不只是情绪、感情，也包括心态和心境，道德情感也是如此。这种情感不同于喜怒哀乐等情绪表达，也不同于亲疏爱憎等感情表达，而是具有道德属性的特定情感状态，包括恻隐之心、羞耻之心、辞让之心、是非之心的相应情感，也包括责任心、事业心、公益心的相应情感，以及"正气"或者说"浩然之气"的相应心态。前面说过，"气"是人们可以直观体验到的动态属性之"象"。作为道德情感的"正

① 参见李涛，马斗成. 谨人心之"几"：诚意视角下的朱子慎独工夫论. 孔子研究，2019，（5）：126-133.
② 参见钟纯. 王阳明"简易"工夫论发微. 周易研究，2021，（2）：105-109.
③ 参见张怀承，岑贤安，徐荪铭，等. 心. 北京：中国人民大学出版社，1993：277.
④ 参见张怀承，岑贤安，徐荪铭，等. 心. 北京：中国人民大学出版社，1993：287.
⑤ 参见张怀承，岑贤安，徐荪铭，等. 心. 北京：中国人民大学出版社，1993：291.

气"或者说"浩然之气"，与自然界物质形态的气体有本质区别，但古人往往将二者混同起来。孟子讲"我善养吾浩然之气……其为气也；至大至刚；以直养而无害；则塞于天地之间。其为气也；配义与道；无是；馁也"①。"浩然之气"指的是有道义之人正大刚直的心态。人的道德情感始于同情心，从理解身边的人出发，能够设身处地理解他人的处境、感受、心情，将他人的疾苦视为自己的疾苦。看到别人受苦受难有不忍之心，而后经过不断的道德修养，逐渐演化出对特定群体的道德情感、对一般人群的道德情感，以至于对天下万物的道德情感，能够做到一身正气，光明磊落，这是需要长期的道德修养才能够形成的。

发自内心的道德情感能够激发出一种置身于高尚道德境界的心态，从实施道德行为中感到愉悦、充实、幸福，使自己的生活更有意义和价值。人的纯粹自然的状态可能只想到个人的生理和心理需求，形成一个以自我为中心的评价体系，关注的是私利，这就是"自私"。这就和动物本能区别不大了。所以孟子才说"人之所以异于禽兽者几希，庶民去之，君子存之。舜明于庶物，察于人伦，由仁义行，非行仁义也"②。在超越了这个以自我为中心的评价体系之后，才会体验到什么是道德情感。比如把别人的事情真正当成自己的事情，把关爱的人视为自己身体的一部分，能够同甘共苦，这就明显提升了自己的道德境界。如果能够在一个群体中大公无私，处处关心别人，严格要求自己，进而把自己的命运同集体的事业乃至国家和民族的命运联系在一起，感到自己的价值已经自觉融入集体、国家、民族的大业之中，就能够成为道德高尚的人，真正成就"大我"，以至于"忘我"或者说"我将无我"。

在"心"的道德教化功能中，道德情感具有在道德意识和道德行为之间承上启下的特殊作用。如果一个人仅仅有关于道德的知识，但没有形成道德情感，是很难影响到道德行为的。现在有些高校开设伦理道德类课程，特别是科技伦理和工程伦理课程，往往偏重讲授教材上的知识点，要求学生按照标准答案应

---

① 论语·孟子·孝经·尔雅. 黄永年，焦杰，张艳云，等校点. 沈阳：辽宁教育出版社，1997：20.

② 论语·孟子·孝经·尔雅. 黄永年，焦杰，张艳云，等校点. 沈阳：辽宁教育出版社，1997：53.

对考试，这样的教育模式可以说是"入脑"但没有"入心"。因为人在选择和实施道德行为的时候，并不是像科学研究或工程技术活动那样从原理和标准出发进行推理，而是具有道德敏感性，马上就有明辨是非的能力，及时采取符合道德准则的行动。当然，在复杂的情况下，人们也会进行道德推理，但这是对各种道德标准之间关系的权衡，而且此时也需要道德情感作为思考的背景和动力。那些缺乏道德情感的人，如极端自私、冷酷无情、口是心非的人，并非缺乏有关道德的知识，而是不愿用道德标准来约束和改变自己。这些人可能伪装出具有道德情感的样子，要识别这种情况也需要有对道德情感的深刻的直观体验。

"心"的道德情感的内容和程度都是可以通过直观体验把握的，具体表现为五个方面的差别。

其一，道德情感的真假之别。人们经常讲有的人待人"真心实意"，而有人"虚情假意"，其实判别道德情感的"真"与"假"并没有客观的严格实证途径，只能通过考验和长时间相处来判别，不能仅靠口头表达。真心要通过实意体现出来，要反复甄别。真与诚相关联。"诚"的本义是"信"，即符合事实，引申为一定的规律性。荀子讲："君子养心莫善于诚。致诚则无它事矣，唯仁之为守，唯义之为行。"①待人真诚是一种美德，但人们在日常交流中也会有一些相互掩饰的成分，真诚并不意味着毫无保留，期待别人真心也不意味着无条件，这里有一些分寸感需要通过直观体验加以把握。

其二，道德情感的热冷之别。道德情感上的"热"指的是具有道德意蕴的"热心"而不是一般意义上的"热情"。这种"热"包括人际关系中乐于助人、与人为善甚至不计个人得失，也包括对工作岗位、事业以至国家和民族的热爱；而道德情感的"冷"体现为冷漠看待他人的困难和痛苦，缺乏同情心，对集体利益、事业发展和国家的命运漠不关心。道德情感的"热"和"冷"的评价具有一定程度的相对性。人们在人际关系密切、相互依赖程度较高的环境中对道德情感上的"热"和"冷"十分敏感，但在个人生活相对独立性较强、制度化程度较高的环境中相对差一些。在现实生活中，有些人在道德情感上外"热"

---

① 荀子. 廖明春，邹新明校点. 沈阳：辽宁教育出版社，1997：8.

而内"冷"，或者外"冷"而内"热"，都可以通过"心"的直观体验加以把握。

其三，道德情感的强弱之别。道德情感上的"强"主要体现为强烈的责任感和事业心，甚至有为公众利益而牺牲个人利益的精神。古人所谓"义薄云天""舍生取义""大公无私"，都是在讲这种强烈的道德情感。强烈的责任感和事业心要通过具体的实践活动体现出来，特别是通过一些关键环节体现出来。由于现代社会专业分工的不断细化，以及人才评价中注重量化指标的工具理性的影响，要准确体验一个人道德情感的"强""弱"并不容易。有些人道德观念弱化，不负责任、缺乏进取心，但很难被及时发觉，因而容易造成技术和管理上的隐患和风险。

其四，道德情感的深浅之别。道德情感的"深"主要体现为对待他人和事业情感深厚，关心体贴入微，能够深入到从外观上很难察觉的层次，如老师关心学生深入到解决内心深处的思想问题、官员关心百姓疾苦深入民间基层、医生关心患者如同自己家人一般，这就同有些人在道德情感上浅尝辄止、流于形式，做"表面文章"形成明显反差。道德情感的"深"和"浅"在现实生活中很容易体验到，但评价起来很难有明确的指标。

其五，道德情感的单纯与复杂之别。有些人道德情感单纯，很容易看透。而有些人的道德情感是各种不同要素的复合体，表现为情感复杂、暧昧、多重人格。当需要在各种利益关系的矛盾冲突中加以权衡的时候，很难做出"非此即彼"的选择，道德情感出现纠结在所难免。理解人们的道德情感的复杂性需要开拓视域，考虑到多种社会角色所对应的不同道德标准，准确判断并加以引导。有些人在做了不少错事之后"良心发现"，就是在复杂的道德权衡之后出现幡然悔悟的道德情感。谈到人的天性即"心"的本然状态，孟子主张"性善"而荀子主张"性恶"，实际上很难对一个人的道德情感简单做出"善""恶"判断。人们很希望与一个天性善良的人打交道，也希望找出足够证据支持自己的判断，但有时容易忽略道德情感的复杂性问题。

"心"的道德教化功能还具有真善美相统一的特征，即认知、德行和审美也是相互贯通、相互影响的。知情意如何与真善美相衔接？这里有一个关键的中间环节就是道德情感。"情"的因素连接着"知"与"意"。道德情感以道德意识为基础，既包括道德知识，也包括道德意向性，直接影响道德行为。道德情感包含"真"的成分，真诚的"真"与真实的"真"是相通的。道德情感也包含"美"的成分，对"心灵美"的感受与自然美景和人物形象的美貌的欣赏也是相通的。道德情感丰富而全面的人在认知活动中能够有效地将知情意相关因素融会贯通，在社会实践中能够将真善美相关因素融会贯通，有助于养成健康完美的心态。

近些年来，西方伦理学界兴起情感主义伦理学研究的思潮，与"心"的道德情感有异曲同工之妙，可以相互借鉴、相互补充。在西方情感主义伦理学中，道德情感是对伦理原则和道德律令的一种敬重情感，是自觉的伦理意识的深化。从情感主义伦理学角度看，所有的道德判断都是偏好、态度和情感的表达。表达态度或情感的道德判断既无真也无假。万俊人教授指出情感主义伦理学的理论宗旨在于把伦理学作为一种非事实描述的情感、态度或信念的表达，以为它不具备逻辑与科学那样的普遍确定性和逻辑必然性，所以伦理学不具备科学性、知识性和规范性特征，反自然主义、非认识主义和反规范性是情感主义伦理学的基本特点。他所说的情感主义伦理学主要指新情感主义伦理学，代表人物有罗素、艾耶尔、卡尔纳普、赖辛巴赫、史蒂文森等。他们在探讨基本伦理概念"善""义务""正当"的意义时，认为这些伦理概念与自然属性和非自然属性均无联系，根本不能定义。无论道德评价还是道德规范判断，都只是表达说话者的道德激情、意愿、态度和立场。麦金太尔指出，不能把情感主义当作普遍真理来接受，而只能作为一种在特定历史条件下发展起来的理论进行考察。[1]西方情感主义伦理学在区分道德情感与自然科学知识特征方面，与"心"的道德情感特征整体上是一致的；其对道德情感因素与道德行为的关系的认识，与"心"的道德情感作用机制也有类似之处。但是情感主义伦理学对直观体验的作用，以及真善美相统一的问题，并没有足够的重视。

道德情感的来源既包括内在的道德意志和道德理性的驱动，也包括外在的道德情境的培育。[2]儒家伦理学将道德情感的培养称为"涵养"或者"涵泳"，

---

① 参见万俊人. 现代西方伦理学史. 北京：社会科学文献出版社，2023：331-450.
② 参见康德. 实践理性批判. 关文运译. 北京：商务印书馆，1960：76-77.

这是一种能控制自己情绪的修养功夫。陆九渊在讲"涵泳"功夫时说："将已保吾心之良，必有以去吾心之害"，这种持续不断的努力被称为"胜心"。①道德情感的形成和发挥作用与情境有密切关系，在一个激励道德行为的情绪场内，人们的道德情感很容易相互诱发，相互影响，相互促进。比如在战场上，当战友们都舍生忘死冲锋陷阵的时候，有些原本懦弱的士兵也可能变成勇士。在抗洪抢险、抗击疫情等重大事件来临时，同心同德的道德情感很容易被激发出来。道德情感还来自社会道德风气的熏陶，社会集体的道德氛围有益于个人道德情感的养成，没有集体的道德情感熏陶，就很难形成普遍的道德良知。中国传统文化中同心同德的道德情感更容易被激发，与传统文化对"心"的重视有直接的关系。

与道德情感相关联的是道德想象力的培养问题。道德想象力是一种心理状态，需要道德意识和道德情感的支持。道德意识是道德想象力的形成和发展基础，而道德情感会引导道德想象力的发展方向和想象空间。如果一个人道德情感不充沛，不会设身处地为他人着想，没有同情心，就不可能有丰富的道德想象力，也就不会站在他人的角度预见可能出现的道德风险，对这些风险很难及时加以防范。现代社会生活中的道德情感培养面临着一系列新的挑战。在传统的人际关系非常密切的社会环境中，道德情感容易相互激发，道德楷模的影响力和号召力都非常显著。但是在专业化分工高度发达的社会环境中，并不总是具备群体的道德情感相互感染的氛围。道德情感往往通过互帮互助的实践培养起来，对于个人生活相对独立的人们来说，培育对他人和集体的道德情感可能有更多困难。在传统的农耕文化环境中，道德情感往往通过邻里和亲友之间在物质上互通有无、相互帮助体现出来。而在现代物质生活高度商业化的环境中，这种物质往来所起的作用逐渐在弱化。因而在精神、心理和思想资源上的互通有无、相互帮助可能会变得越来越重要。

道德情感培育在工程设计、产品质量监管、风险防控等社会生活领域具有特别重要的意义，因为这些领域中关键岗位上的技术人员和管理人员的道德情

---

① 参见宋志明，向世陵，姜日天. 中国古代哲学研究. 北京：中国人民大学出版社，1998：235-236.

感往往发挥着决定性的作用。美国华盛顿大学教授巴特亚·弗里德曼提出的"价值敏感性设计"（value sensitive design，VSD），就提到了道德教育需要道德情感的支撑。[1]比如在工程伦理教育中的道德情感培育，要体现为使学生具备强烈的社会责任感、正义感和道德良知，对违背工程伦理的不良倾向极为反感，这样才可能及时制止身边发生的违背工程伦理的行为或事件。从"知行合一"角度培育学生道德情感，需要使学生学会设身处地地思考和感受具体的道德情境，从内心深处领会道德情感的力量。通过了解品德高尚的工程技术人员的先进事迹，借助音像资料和现场教学的方式使学生切身感受到道德的作用，有助于发挥道德情感的教化作用。国内外有不少大学在培养学生在工程技术领域中的道德情感和道德想象力的时候，采用"角色扮演""情景模拟"等方式，这种方式有一定效果，但是很难持久。道德情感的培育一定要触动内心，进入知情意相贯通的认知网络之中。在工程伦理教学活动中，如果能够引进本身就具有强烈道德情感的科技工作者现身说法，能够产生更为显著的示范效果。可以想象，当一位讲化工科技伦理的教师自己亲身进入事故现场参与处置危险化工产品之后，再来讲工程伦理；当新冠疫情暴发后那些驰援武汉的医护人员结合亲身经历再来讲医学伦理；当青藏高原科考人员在恶劣环境下一点一滴收集原始数据后，再来讲科研伦理和学术道德，肯定会对学生们产生强烈的感染力和震撼力，他们的道德情感就会自然生成，不断加深。

第三节 "心"与道德行为：如何"致良知"？

"心"对道德行为的影响取决于恰当的道德抉择。王阳明强调要"致良知"，这个"致"包含了深入把握道德观念的思想修养过程，也包括将伦理原则和道德准则付诸实践，让良知发挥作用的过程。后者涉及在具体问题上的道德抉择，

---

[1] Friedman B，Kahn P，Borning A. Value sensitive design and information systems. //Zhang P，Galletta D. Human-Computer Interaction in Management Information Systems: Foundations. New York: M. E. Sharpe，2006：348-372.

即如何处理道德要求与人的自然欲望、意向和感情的关系问题，即义利之辨问题；如何处理不同道德准则之间的矛盾关系问题，即道德抉择的排序问题；如何在复杂的情形中进行道德推理的问题，即实践智慧的问题。"致良知"最后要落实到采取行动，而且是瞬时做出反应，因而"致良知"的过程对于"心"的道德功能是否能够发挥实际作用有着决定性影响。亚里士多德的"实践智慧"强调的是审时度势，即能够在具体的道德情境中提出相应的道德对策，对于一些道德难题，能够基于"实践智慧"提出创造性的解决方案。这个过程与"致良知"有相似之处。

"义利之辨"是"心"的道德抉择的首要问题。儒家伦理强调"重义轻利"，孔子说："君子喻于义，小人喻于利。"孟子认为："何必曰利，亦有仁义而已矣。"朱熹对此解释说："仁义根于人心之固有，天理之公也；利心生于物我之相形，人欲之私也。循天理，则不求利而自无不利；徇人欲，则求利未得而害已随之。"[①]按照这个说法，如果能"循天理"，则个人没必要求利；如果"徇人欲"，则求利没有任何好处，因而"道德至上"的社会环境是完全排斥个人求利行为的。受这种观念影响，很多人常把"义"同伦理道德相联系，把"利"同个人私利甚至商品经济相联系，于是造成"义""利"之间的截然对立，甚至产生"重农抑商"的倾向，这对于个人乃至社会的和谐发展是很不利的。在以农耕文化为主导的自然经济时代，"心"的道德抉择将道义上的要求置于个人私利之上，对于维护人际关系和社会秩序的稳定有显著作用，但可能造成对个人合理合法权益的忽视，也有可能带来对正常的商业流通秩序的冲击。有些封建官僚可能以无条件地实施道义要求为理由，打压工商业活动的正常发展，这在中国近代工商活动刚刚兴起时表现得尤为突出。"心"的道德抉择的直观体验性质往往被一些封建士大夫利用，影响对"义""利"关系合理尺度的把握，因而需要发挥法治化、制度化因素弥补这一缺陷。在自然经济向现代市场经济转型的过程中，也有些学者将"义""利"关系统一起来，日本思想家涩泽荣一还提出"论语+算盘"的经营哲学，明清以来也曾出现过一些成功的"儒

---

① 朱熹. 四书章句集注. 济南：齐鲁书社，1992：孟子集注 2.

商"，表明儒家哲学和现代市场经济是可以相互融合、相互促进的，但是这方面还有很多问题需要通过深入研究加以解决。毕竟中国古代思想家关于"义利之辨"的很多主张是在以自然经济为主的社会环境中提出来的。要将其合理思想成分移植到现代市场经济的社会环境中，必须进行创造性转化。这就需要确定"义""利"之间合理的相互关系，确定伦理原则和道德规范发挥作用的合理范围，使道德教化成为现代市场经济良性发展的有力促进因素。

"心"的道德抉择有些时候会面临"两难"问题，因为不同道德准则之间可能存在矛盾关系。儒家、道家、墨家、法家和管子学派的道德准则不尽相同，儒家学派的道德准则之间也可能有矛盾。古人经常讲"忠孝不能两全"，一个人不同的社会角色承担的责任和义务之间也可能发生冲突。前面提到过"亲亲相隐"的问题，还有"言必信，行必果"的问题，以及人们时常提到的如果母亲和妻子都掉到河里应该先救谁的问题、善举是否可能带来意外麻烦的问题、临终老人被病痛折磨应该如何救治的问题，等等，都可能面临道德抉择的"两难"。人们通常的道德抉择标准是"两利相权取其重，两害相权取其轻"，这其实还是从功利角度出发的。按照"心"的道德意识的"共生"和"大我"原则，道德抉择要考虑到利益相关各方在整体上的"共生"，要有出于"公心"的"大我"视角，既不能单纯为了实施某一道德要求而忽视利益相关方的应有权益和发展空间，也不能为了利益相关方的局部权益和发展空间而架空道义上的基本要求。

如何在复杂的情形中进行道德推理，是"心"的道德抉择中更为困难的问题。

"心"的道德抉择整体上是在直观体验的认知框架中展开的。然而在现实生活中可能出现很多社会矛盾交织在一起的情形，其中的伦理道德问题隐含在其中，需要通过仔细地进行道德推理才能够识别并采取相应对策，此时就需要发挥直观体验与内隐逻辑的互动作用，消除道德识别中的困惑。道德推理有助于揭示看似与伦理价值无涉的科学研究、技术开发、社会管理等活动中隐蔽的道德因素，揭示其中关键岗位上相关人员的职业伦理责任，揭示开展伦理治理的必要性。比如，当一位患者的疾病症状没有现成的标准疗法可以应对的时候，如果医生准备尝试一种未经充分验证的创新性疗法，这种做法是否可以得到伦理辩护呢？患者家属可能认为这样做类似"死马当活马医"，完全应当尝试，但谁能保证医生这样做不包含拿患者做实验的心态呢？现在医学界在治疗环节强调"知情同意"，但是当治疗的复杂程度和专业性远远超出患者及家属的理解范围时，"知情同意"是否就能保证这种创新性治疗的正当性？可是如果坚持认为创新性疗法必须通过严格的检验和批准，很有可能使患者失去了救治的最后机会，这种要求是否符合医学伦理呢？类似这些复杂的道德推理问题都需要运用实践智慧，而"心"的道德抉择不仅仅是逻辑推理问题，还要充分发挥道德想象力的作用，充分体验利益相关者各方的切身利益诉求、心理状态和认知能力，才能做出稳妥、周全的道德决策。

"心"的道德抉择能否有效发挥作用，还受到一些社会制约因素的影响，包括如何处理自律与他律的关系、公德与私德的关系，以及如何避免道德的"术"化。儒家伦理的道德修养过程特别是"慎独"的要求，给道德自律提供了坚实的思想基础。在中国古代读书人的社会生活环境相对稳定悠闲的情形下，道德自律在相对清净、追求"用敬"的氛围中很容易形成，而道德他律的作用途径通过人际关系的复杂网络更容易做到。人际关系越密切，相互监督和制约越容易。可是在现代社会生活和市场经济条件下，"他律"和"自律"关系发生了明显变化。市场经济条件下生产者、销售者和消费者的关系经常处于变动之中，人们的日常生活越来越具有相对独立性，很多人际关系问题可以通过制度化渠道加以解决，因而人们依赖日常情感互动和舆论监督发挥作用的场合逐渐减少，要实现强大而稳定的道德他律机制很困难，这时起主要作用的应该是道德自律机制。可是中国古代社会有着"重农抑商"传统，以往缺乏适应市场经济条件下社会活动的道德自律机制。当市场经济体制和相关法律法规尚不完善之时，很多人特别是企业经营者面临着"义""利"难以兼顾的抉择。因为遵守道德规范未必有直接的利益回报，而不遵守道德规范也未必有人发现。在技术和生产活动足够复杂、外行难以了解内情时，这个问题尤为突出。当他律的约束机制失效，而自律机制又不能充分发挥作用时，就出现了道德制约作用的"空档"状态。道德"自律"机制的形成是多年道德教化的结果。由以"他律"为主转向以"自律"为主，涉及文化观念的转型，涉及经济、技术与社会思想意识的深层相互作用，是一个循序渐进的过程。这就给"心"的道德抉择提出了新的挑战，即如何在新形势下建构道德自律和他律的有效机制。培育道德自律能力需要伦理教育进一步"入脑""入心"，需要有激励道德自律作用的相应社会机制。培育道德他律能力需要适应社会主义市场经济的新变化，适应人工智能带来的人际交往方式的新变化，由相关管理和教育部门积极探索道德他律的新途径、新方式、新举措。在本书后面涉及"心"与人际关系方面的问题时，还将就此展开进一步讨论。

现代社会生活还带来"公德"与"私德"关系的变化。中国传统道德体系包含提倡公德的内容，墨子的"兼利天下"就是典型的公德意识。明代王阳明说"古者四民异业而同道，其尽心焉，一也。士以修治，农以具养，工以利器，商以通货，各就其资之所近，力之所及者而业焉，以其尽其心。其归要在于有益于生人之道，则一而已"①。这里讲的"有益于生人之道"，也是指面向全体百姓的公德。中国传统文化的思想教育包含对社会公德的培养。在舆论监督的巨大影响下，无视社会公德的行为会受到人们普遍谴责。不过，在民众的思想观念中，与公德意识并存的还有很强的私德意识。在现实生活中，私人关系中的伦理道德问题往往得到更多重视。古来君臣、父子、师徒之间的伦理关系，现代邻里、同事、亲友之间的伦理关系，都涉及"用心"可以直接体验的或有直接利害关系的"私德"。当"私德"与"公德"发生矛盾时，"私德"有时会冲击或架空"公德"。在现代市场经济条件下，当人们生产出某种产品后，很难知道这种产品卖出去以后为谁所用、效果如何。因而生产和商贸活动中遵循的公德应该面向所有相关的、绝大部分可能完全陌生的群体。有些人对熟悉的人可以讲"私德"，但并不想对素不相识的人讲"公德"，特别是在缺乏监管的情况下表现更为明显。媒体上经常披露一些制造假冒伪劣产品或造成恶性技术事故的案例，这些事件显然都是违背公德的，但当事者之间可能通过互相忠诚、信任、同舟共济等私德联系起来，共同追求小集团的私利。在很多重大工程事

---

① 转引自吴米苏，安云凤. 中国传统伦理思想评价. 北京：首都师范大学出版社，2002：219-222.

故中，从原材料生产、采购，到施工、监理等各环节，可能都存在有意造假行为。每个环节上的造假者都未必预料到最终的严重事件，但生产和商贸活动会把这些环节上的造假行为联结起来，导致不可逆转的恶性事故。“心”的道德抉择如何避免“私德”对“公德”的冲击，如何建构有助于发挥“公德”作用的相应社会机制，也是值得深入研究的问题。

在现代社会生活中，还要注意防止道德行为和道德评价的“术化”。在中国传统文化中，“道”与“术”本来是相互独立的范畴，即伦理道德本身不应包含“术”的成分，因为“术”是面向实用需要的程序化知识，要受“道”的约束，即“以道驭术”。如果使道德行为和对道德行为的评价本身也变成某种“术”，那就容易染上功利色彩，实际上摆脱了“道”的控制。中国传统伦理观念体系本身当然并不是“术化”的，然而自明清以来“礼教下移”，深入民间的道德教化活动有着明显的“术化”特征。在传统道德教化中有很大影响的《三字经》《弟子规》《女儿经》等蒙学读物，都对人的言行举止从道德角度详加规定。而且读起来朗朗上口，易学易记。这种道德教化的指令化和程式化特征很强，与“术”的操作有许多相通之处，很容易使人感到只要如此作为就体现了道德水准。作为一种道德教育的启蒙手段，这种做法有一定成效，但较为肤浅。如果长久停留在这种水平上，容易出现有意表现的“道德”行为，实际上是在“做戏”，未必反映一个人的真实品行。

从中国传统的道德教化模式上看，人们最初是通过规范人们的具体行为来培育道德情感和道德意识的，这就是细致规定不同社会角色在各种仪式和交际活动中应操持的礼节，在隆重的礼仪氛围中涵养人们的道德境界，因而对“礼”的重视成为先秦儒家的核心观念，后来“理”才逐渐取代“礼”成为核心观念。最初的各种礼仪相当繁杂，后来逐渐简化，并根据社会发展衍生出一些新的礼节，而道德教化不再局限于具体的礼节上。然而，在自然经济条件下，人际关系相对稳定，彼此有很强的制约性。这时道德抉择很容易趋同，逐渐形成较普遍的程式。加上中国历史上有过将道德政治化、法律化的时期，使道德行为的表现具有某种功利价值（所谓“道德政治化”，即在选拔官员时突出道德标准，甚至作为决定性标准，相应地降低了业绩标准；而“道德法律化”则是指“德主刑辅"的法律制裁模式）^①，这就增加了通过有意表现某种道德行为以达到功利目的的机会。如果以某些程式化的道德行为作为考核标准，难免进入"术化"误区。任何道德观念和情感当然最终都要通过行为来体现，但道德行为要发自内心，硬"做"出来的"道德"行为时常有虚假成分，是失去真实本性和活力的"道德"。道德行为一旦沾染了功利色彩，就难免带来腐败现象。

类似情况在现代社会生活中也有反映，比如某些单位在职业道德考核评比中，某些学校在学生的行为考核评比中，往往把有关的道德规范分解成许多指标，对照着一条一条考核，只要"做"好了就能表明一个人有很好的道德修养，这其实就是一种"术化"。如果仅仅靠用这种办法进行道德教育，很难避免弄虚作假，搞"花架子"，使道德教化流于形式。在一些参与制造假冒伪劣产品的单位里，在一些对假冒伪劣产品查处不力甚至包庇纵容的单位里，办公室里未必没有详尽细致的职业道德规范写在墙上。用"术"的办法来处理与各类社会活动相关的伦理道德问题，是社会治理中过度发挥工具理性作用的一种体现，而且往往是人们的一种不自觉的行为。这种办法推行起来省事，检查起来省力，但效果往往适得其反。

要防止道德行为和道德评价的"术化"，必须纯化伦理道德的功能，不使其沾染功利色彩，这就需要加强现代化的制度建设，完善职业道德和社会道德教育。仅靠培养企业员工言谈举止中的循规蹈矩，解决不了经济和技术活动是否符合道义要求的重大问题。对企业经营者、管理者和科技人员的伦理考核，需要看重社会实效，看是否避免了假冒伪劣产品的出现，是否切实履行了产品质量承诺。对技术人员的伦理考核很难做定量分析，但却可以明显体验到其真实程度。技术活动中的道德行为要发自内心，时时拂去"术化"的尘埃，才能保持其纯洁的本色。

"心"的道德抉择面临的社会问题是复杂的、多样化的，人们实施道德行为有可能面临各种风险，包括个人可能受到打击报复、处理一些违背企业伦理和工程伦理的现象会遇到各种社会阻力、由于涉及某些利益相关者而受到排斥

---

① 参见赵林. 协调与超越——中国思维方式探讨. 西安：陕西人民出版社，1992：169-181.

和孤立，等等。"心"的道德抉择需要随着社会生活的变化不断丰富新的思想内涵和实践智慧。现代城市化的社会生活、市场经济条件下的用人机制、人才评价的量化模式，都使传统的道德抉择模式面临新的挑战。特别是在人工智能技术迅速发展的今天，如何"致良知"将会遇到更多新问题，"心"的德行从传统到现代的发展还将延续下去，在人类社会的健康发展中产生日益深远的影响。

第五章 "心"的审美功能：从传统到现代

"心"的审美功能具有在其他文化形态中很难见到的特殊性，而且从传统到现代一直在延续并且不断发展。本书前面谈到，中国传统文化的一个基本特征是真善美相统一，这一特征在先秦时期已经显现。真善美相统一是"心"的审美标准，而"心"的审美在情趣上追求形似与神似的有机统一，在审美意境上追求"境生象外"，这都是非常具有特色的。下面分别从这三个层次展开从传统到现代的讨论。

第一节 "心"的审美标准：真善美相统一

所谓"真善美相统一"，是说在"心"的统摄下，对"美"的判别标准从来都不是孤立的，而是与"真""善"有着或隐或显的联系。用"心"去审美，能够从审美对象中观察和领悟到从其他视角很难注意的情节与意义，这样才能使美的形象、景观、声音及其他感受不仅具有文化内涵，而且具有道德教化功能，真正实现真善美的统一。具体说来，"心"的审美标准体现在以下几个方面。

其一，对人们生理特征上美丑的判断。判断一个人长得美丑，"用心"的视角与其他的视角相比有何不同？一个人的身体形态特别是相貌，能够反映出其健康水平、情感状况、聪慧程度等特征，美丽的容貌和悦耳的声音能够引起人们感官的积极反应，这对世界各地的人来说几乎都是一样的。"用心"的审美在这种共性标准的基础上，更强调从整体的、有机的、体验的视角观察和判断，关注其长相蕴含的精神气质和文化内涵。一个人的言谈举止和神态可能反映出其内在的修养和品行，也能体现其社会交往的能力，因而"用心"的审美就有了端庄、刚毅、优雅、柔媚、温婉等标准。对美的这种判断是围绕"美好生活"展开的，涉及幸福、祥和、愉悦、舒畅等要素，要充满生机和活力，所以对美的判断要在特定的生活背景下展开。一个长相凶恶、轻浮、阴沉的人，即使身体某些特征单独看起来很美，也不会被视为"美人"。

"用心"的审美有一种包容心态，能够理解和欣赏古今中外不同审美标准，既不会简单套用，也不会相互排斥。中国人能够欣赏达·芬奇的"蒙娜丽莎的微笑"，但不会去模仿。封建社会"大家闺秀"和"小家碧玉"的美，与当今社会追求开放、时尚甚至有些性感的美有着明显不同。封建时代要求人的表现适度深沉内敛，温文尔雅就是一种美。而现代市场经济环境下需要人的开放灵活，更注重个人的魅力与气质。"用心"的审美会使这些标准的变化保持历史感和连续性。今天的人们会欣赏有关历史人物各种美貌的传说，但不会将古代的标准简单照搬到现实生活中来。

其二，对自然景观审美的判断。对自然景观的欣赏可能与人类对大自然的生活体验密切相关，比如对植被、动物、气候、地貌与人类生活关系的感受，也有一些是对自然界"鬼斧神工"的宏伟景观的赞叹和敬畏。"用心"去判断自然景观，更关注从"取象比类"体会其寓意，即其中蕴含的"天人合一""万物和谐共生"的思想内涵。庄子说："天地有大美而不言。"王夫之说："天地之生，莫贵于人矣；人之生也，莫贵于神矣。神者何也？天之所致美者也……天致美于百物而为精，致美于人而为神，一而已矣。"①在他看来，"百物之精"和"人之神明"都是"天致美"的结果，从这个角度才能真正领略"天地之美"。古代学者强调"天地之大美"，认为"天籁"之声是最美的音乐。庄子将风声理解为"大地的箫声"。这种审美标准只能是"用心"体验的结果。《乐记》中讲："乐者，天地之和也；礼者，天地之序也……明于天地，然后能兴礼乐也"，因而对自然景观的审美与人间的礼乐教化可以交融为一体。②

---

① 转引自陈望衡. 中国古典美学史（上卷）. 南京：江苏人民出版社，2019：18.
② 转引自陈望衡. 中国古典美学史（上卷）. 南京：江苏人民出版社，2019：160.

其三，对人工制品的"美"的判断。人工制品大到建筑，小到生活器物，人们在判断其美丑上也是有共性又有个性。对设计造型美丑的判断反映了人与物之间关系是否和谐，也反映了制造者的心思和技艺是否精湛。从"用心"的角度看，精美的设计被称为"匠心独运"。通过"用心"制造出的器物，应该是真材实料、品质优良、造型优美的。通过"用心"实施的社会活动，应该无浮夸虚假之风，有益于国计民生。对人工制品的美的判断不仅涉及质地、工艺、灵巧程度，在不同程度上也包含了社会和精神上的审美因素，特别是在建筑物、园林、工艺品的外观设计方面，会渗透很多文化和时代的审美取向。在自然经济时代，建筑物的气势宏大、装饰精巧是一种美；而在现代社会生活中，体现新奇创意的建筑物可能更具有审美价值。

其四，对艺术表现形式的"美"的判断。艺术表现形式包括绘画、书法、雕塑、音乐、舞蹈、戏曲、诗歌、小说等。从"用心"的角度看，艺术表现形式的美的判断是围绕能否打动人心展开的，不仅涉及风格、韵律、意境，更涉及人们共同的道德情感和精神追求。礼乐既有审美价值，赏心悦目，又有道德教化功能，两者之间的联系渠道就是心灵的感受。和谐的声音来自人心又能感化人心，使人们在欣赏礼乐的过程中提升道德境界。《乐记》中提到礼乐的社会功能，如"通伦理""善民心""移风易俗""大乐与天地同和"等①，审美视野非常开阔。怀特海认为"美就是一个经验事态中若干要素的相互适应"，"美的完善被规定为就是和谐的完善，而和谐的完善又是根据主观形式在细节和最后综合方面的完善加以规定的"。②这和"用心"对艺术作品之"美"的直观体验是一致的。

其五，"心"既可以作为审美主体，判断人物、景观、艺术作品的美丑，本身又可以成为审美对象，做出一个人是否具有心灵美的判断。心灵美就是至善，中国传统文化将美好的心灵称为"蕙质兰心"。心灵美总是通过具体行动体现出来，特别是在一些帮助别人解危济困的场合，如见义勇为、舍己救人、公而忘私、善待弱势群体等。心灵美还会体现在文明行为、优雅举止、善解人

---

① 参见陈望衡. 中国古典美学史（上卷）. 南京：江苏人民出版社，2019：159.
② 参见菲利浦·罗斯. 怀特海. 李超杰译. 北京：中华书局，2012：115.

意等方面，使人们在交往中感到舒适、亲切、具有文化内涵。荀子说"相形不如论心，论心不如择术"①，人的美首先在于品格的美。

总的看来，人类对于各种类型的"美"的判断，实际上源于长期自然选择和社会发展中对各种人与事物在形态上有益于人类的特征的选择、爱好和理想化追求，以至于感受到这些特征时有愉悦、兴奋、欣赏的反应。这种反应又会进一步促使人类去创造美的事物，塑造美的心灵。在"动脑"的思维框架里，审美意识偏重分析、写实、个人的激情。而在"用心"的思维框架里，审美意识偏重整体、写意、心灵的交流与共鸣，强调真善美的有机统一。

在理解"心"的审美标准的特色时，有必要具体分析一下"美"与"真"的关系、"美"与"善"的关系，以及"美"对"真"与"善"统一的作用。

首先来看"美"与"真"的关系。本书前面谈到"心"的认知功能时，曾谈到"心"与"道""理"之间的关系，但没有专门来讨论"心"与"真"的关系。现代哲学认识论关注的"真"是主客二分的结果，是"动脑"思维的产物。而从"用心"的角度体验事物的"真"，不同于靠科学实验和逻辑推理完全判定的"真命题"，也不是科学研究中揭示事物客观规律的"真理"，而是对事物自身状况和相互关系状况的真实性的判断。这是一种宏观视角的判断，很难追求绝对的确证性和可靠性。很多判断是在动态过程中进行的。庄子说："真者，精诚之至也。不精不诚，不能动人。故强哭者虽悲不哀，强怒者虽严不威，强亲者虽笑不和。"②"真"强调的是状况，而不是规律。很多涉及人际关系和人们思想状况的认识成果，比如关于人们的内心思想活动、人际关系的微妙变化、文化基因的表现方式、某些社会事件的历史影响等方面的判断，很难保证其毋庸置疑的真实性和可靠性。判断这些认识成果的"真"，需要参照前面提到"用心"认知的要求，这就是"通透""融贯""深刻"，以此为基础判定有关认识成果的真实性和可靠性。"心"的认知活动所追求的"真"总是与"美"和"善"交织在一起，"真"在特定场合可以被视为"美"，也可以被视为"善"，这种特征从逻辑分析思维角度是难以理解的，但在"心"的以直观

① 荀子. 廖明春，邹新明校点. 沈阳：辽宁教育出版社，1997：15.
② 李回. 庄子译析. 沈阳：辽宁教育出版社，1993：742.

体验为主导、以内隐逻辑为支撑的思维活动中，不仅是理所当然的，而且有深刻寓意。

当"真"被视为"美"的时候，对"美"的追求就不会脱离真实生活，能够有效避免"真而不美"或"美而不真"的现象。在现实生活中，存在着很多真实的事情达不到美的标准，如真实而丑陋的面容、景物、服饰等，因此人们会想出各种办法加以粉饰，追求"美而不真"。美容或整容是最典型的"美而不真"，但其效果是增强自信心和对他人的吸引力，可能有助于个人的发展和满足社会生活的需求，这也是美容业和整容手术经久不衰的原因所在。然而美容或整容过度，也可能造成脱离真实生活的需要，造成真实的生理机能的紊乱甚至毁容，这就是得不偿失了。还有其他一些类型的"美而不真"，如美丽的谎言、美丽的伪装、美丽的文学构思，包括美得让年轻人激动不已的极度理想化的恋爱故事。这一类对美的追求局限在一定范围内是可以接受的，过度追求就可能造成欺骗、迷恋甚至陷入文艺作品构造的虚幻世界不能自拔。老子讲"信言不美，美言不信"，正是"真而不美"或"美而不真"在人际交流中的体现。

在现代工程技术活动中，"美"与"真"的矛盾更为突出。现代很多技术成果"真"而不"美"，如一些风格单调沉闷的建筑、造型简单生硬的器具、乏味的操作程序、刺耳的噪声等。也有一些技术成果"美"而不"真"。除了制造赝品之外，还有不实用的"样子货"、华而不实的过度装饰等。现代工程技术活动中"真"与"美"相背离的现象，除了功利因素之外，还受到工程技术教育与审美教育脱节的影响。一些工程技术工作者以为"美"并不是技术活动必须考虑的因素，刻板机械的思维方式排斥了对"技术美"的理解和领悟能力，这样的产品虽然在功能上真的管用，但缺乏美感，很难赢得使用者发自内心的喜爱。

再来看"美"与"善"的关系。当"善"被视为"美"的时候，对"美"的追求就不会违背人们的善良愿望、公序良俗和道德规范，能够有效避免"善而不美"或"美而不善"的现象。人们常说的"心灵美"说的是"善"。人们经常将"美""好"连用，似乎"善"的东西都应该是"美"的，但实际上"善而不美"的事情是存在的，如一些很善良的人外貌很丑陋（像《巴黎圣母院》

中的卡西莫多），有些工作场所的设计不能使人产生愉悦感觉，机器的重复使用带来审美疲劳，产品造型缺乏美的内涵，等等。现实生活中还有很多"美而不善"的现象，如用美丽的外表进行欺骗和利诱，用艳丽的广告宣传片和产品包装引诱消费者。最典型的"美"而不"善"就是使人上瘾的毒品，以及具有生理刺激作用的食品添加剂等等。把"美"的外表用于掩饰不"善"的目的，往往给消费者造成更大的伤害。现代市场经济活动中"善"与"美"的矛盾，实际上是功利价值和审美价值的关系问题。"善"与"美"相背离的现象一定程度上源于技术产品的设计者、制造者和消费者之间思维方式与信息的不对称。消费者看重的"美"往往是感性的、外表的，而是否符合"善"的目的则受制于设计者和制造者通过冷静思考后的抉择。这种抉择可能并不外露，且往往为内在的功利目的所左右。

最后来看"美"对"真"与"善"统一的作用。在现实生活中存在着"真而不善"或"善而不真"的现象。如果说真话导致不善的结果，这种"真"就是迂腐。在现实生活中，有些善意的假话是不可避免的。对于身患绝症而且心理脆弱的人，如果简单生硬地讲真话，很可能是残酷的。凡事都直来直去讲真话，不考虑对方情感反应的人，在中国传统文化环境中常常被认为"不通情理"。适当地讲一些不违背原则的、可能使对方更高兴的假话，作为人们交流情感的一种策略，在一定条件下可能是必要的。但是这类话讲多了，讲得过分了，就是逢迎，就是谄媚，就可能产生消极影响。事情的真假当然有客观标准，但真假有时难辨，这里有"情"和"意"在起作用。"情"的作用有时使人们愿将一件事信以为真或信以为假，"意"的作用则有时要掩盖真相。因此。对待"真"与"善"的关系需要根据事物之间的有机联系"用心"灵活处理，避免僵硬模式。

在急功近利的目标驱动下，技术应用和生产活动中的"真"可能带来不善的后果，如环境污染、生态失衡、能源危机、重大事故等弊端。伦理对技术的约束往往具有滞后效应，社会责任的追究随着技术系统复杂性程度的提高而变得日益困难。现代技术的高度专业分工可能降低技术工作者的道德敏感性和想象力，很多人认为技术本身是"中性"的，并未充分意识到现代技术应用同时存在"为善"和"为恶"的可能性。要消除现实生活中存在的"真而不善"或

"善而不真"的现象，除了发挥社会治理和道德教化的作用之外，还需要发挥审美意识对"真"与"善"统一的作用。"用心"去审美，有助于提高道德敏感性和道德想象力，消除单纯从功利角度对"真"的追求。"用心"追求的"真"应该符合事物的自然本性和客观规律，不能倒行逆施、竭泽而渔、破坏社会生活的和谐和生态平衡。它本身就应该同时具有"善"和"美"的特征。"用心"去审美，也有助于更真切地了解现实生活，增强产品设计和社会活动表现方式的文化内涵，消除对"善"的单纯形式化的追求。"善"应该实现人类实践活动相关要素关系的完美和谐，其核心是人与人的和谐。它本身就应该同时具有"真"和"美"的特征。"真""善""美"应该融为一体，同时实现。企望单独或分别实现其中任何一个要素，都可能导致"真""善""美"相割裂，破坏社会生活的稳定和健康发展。

第二节 "心"的审美情趣：形似与神似

"心"的审美标准既关注"形似"，也关注"神似"，但强调"神似"重于"形似"。西方传统文化的审美标准注重将艺术品创作得非常逼真，古希腊的人体雕塑与真实的人体在形态结构上就相当接近了，文艺复兴以后发展起来的透视画法使得西洋绘画的逼真度越来越高，这种"形似"发展到极端就是摄影或电影。西方现代艺术反其道而行之，开始注重感觉、印象、意识流等新的审美元素，但仍追求局部或侧面的真实，把人的光色视觉分解为某些片段、角度，然后重新组装起来，以体现某种真实情感，如毕加索的画风，在方法上仍然不离逻辑分析的框架。中国传统艺术在追求"形似"上往往适可而止，达到"会意"效果就尽情发挥，意在"传神"。将一幅中国传统绘画即国画和一幅西洋画放在一起，它们的画风有着明显差别。国画用水墨丹青表现山水花草人物，重线条勾勒，追求"神似"，即捕捉对象的精神、意境，体现画家自身的生命体验，给人以清新自然、寓意绵长之感。而传统西洋画用浓墨重彩表现神、人、静物、风景，重色彩明暗，给人以活灵活现、激情外露之感。西洋画表现对象的真实程度远远超过国画，但国画注重气韵生动，力求传神，从画中要体验出一种气势，一种生命的脉动和激情的喷涌。董其昌在《画旨》中说："随手写出，皆为山水传神。"画家用心如此，欣赏者也当心领神会。①国画中的山水风景花鸟鱼虫看来与人的精神生活无关，其实里面往往有深刻寓意。画家通过画面寄托心思心绪，在画中渗透自己的生活体验。看画就是画家与欣赏者心灵的沟通。

唐代画家张璪主张"外师造化，中得心源"，"外师造化"需要"形似"，但"中得心源"才能够体现"神似"。白居易评论张璪的画"张氏子得天之和、心之术，积为行，发为艺……然后知学在骨髓者自心术得，工侔造化者由天和来"②。石涛主张一味追求"似"会徒有其形而缺乏韵味，而片面追求"不似"会流于荒怪狂乱，缺乏法度。③齐白石也说过："不似是欺世，太似是媚俗，丹青之妙，在似与不似之间。"④艺术表现中的象征手法有时要超越现实的量的规定性，将对不同层次的"象"的体验贯通起来，如"月印万川""一即一切""一月普现一切月，一切水月一月摄"⑤。

如何理解"神似"？"神"的本义是对自然界中力量巨大又难以琢磨的现象的崇拜，其左边的"示"表示祭祀的神台，右边的"申"最初是描绘闪电的形状。由这种崇拜心理衍生出对人的精神和意识活动的崇敬，即"阴阳不测之谓神"。从"用心"思维的角度看，"传神"应该发生在由"情"到"意"的转化过程中，此时由物态之象和属性之象能看出本原之象和规律之象，但这个过程可能不循常规，发生飞跃，出现灵感，即艺术创作中的"神来之笔"。这时美感就出现了，其效果是引起人的全身心的反应。如果审美对象是人的外貌，就会出现"一见倾心"的感觉。如果审美对象是自然景观，就会出现"心旷神怡"的感觉。如果审美对象是人工制品，其就会被当作"心爱之物"；如果审美对象是艺术作品，人们就会感到"赏心悦目"。如果审美对象是人的品行，

① 参见张胜春. 董其昌《画旨》艺术思想刍议. 艺术百家，2001，（2）：86-89.
② 转引自韩林德. 境生象外. 北京：生活·读书·新知三联书店，1995：73.
③ 转引自朱良志. 中国美学十五讲. 北京：北京大学出版社，2006：368-369.
④ 转引自沈亚丹. 传神写意的中国绘画. 沈阳：辽宁古籍出版社，1995：150.
⑤ 参见朱良志. 中国美学十五讲. 北京：北京大学出版社，2006：240.

最好的赞誉就是"美好心灵"。对美的人或事物的判断之所以会"传神"，是因为审美活动会使审美对象以一种类似计算机运行的"快捷方式"的机制，迅速联通审美主体的亲身体验和生活积累，使"意象"和"道象"以异乎寻常的方式呈现出来，让人们感受到前所未有的愉悦。"传神"以"心统性情"为基础，注重以艺术形式体现情、理、景、物的融会贯通，需要发挥"心悟"机制，追求心灵感应、共鸣和灵感的迸发。

中国传统艺术作品中的"形似"和"神似"的关系，实际上是以艺术表现手法展现"取象比类"的过程，即"形似"不追求逼真，而是要突出审美对象的某种特征，置于特定背景之下，使之展现某种精神层面的象征意义，这就是寓意。比如国画中的山水花草人物并不完全像真的，但体现真实的人或物的一些根本特征，人们一眼看上去就可以识别出画的是什么，同时又可以领会其寓意是什么。这样观画就有了陶冶性情、体悟哲理、净化心灵的功能。沈括在《梦溪笔谈》中记载家中所藏王维画的《袁安卧雪图》，其中有雪中芭蕉，他评论说："此乃得心应手，故照理入神，迥得天意，此难与俗人论也。"[1] "雪中芭蕉"就是对人的生命顽强和心情坚定的隐喻。与此类似，"岁寒三友"松竹梅象征着人的高尚气节，因为松竹梅在严寒季节仍挺拔不屈；荷花象征着洁身自好的品行，因为有"出污泥而不染，濯清涟而不妖"的特性。这些在语言表述中作为"取象比类"的喻体如果用艺术方式表现出来，就是国画能够"传神"的关键所在。吴昌硕的《松菊图》题字"老松长寿，黄花耐久，石头通神"[2]，最后一句很难理解。画中的石头有何禅意？因为它坚固而无为，这一点需要仔细琢磨。如果从逻辑分析视角看，那么国画中的花鸟鱼虫只是自然界的生物，孤立看待哪有这些寓意？但从"用心"审美的角度看，抓住其某些特征，与人的品行、情怀、际遇建立"取象比类"的关系，"形似"就转化成"神似"。

在追求"形似"的过程中，还存在物我相分离的对象化成分；而在追求"神似"的过程中，物我开始交融，这种体验境界被庄子称为"物化"，也就是"神

---

① 沈括. 梦溪笔谈. 阎嘉，周晓风译. 成都：巴蜀书社，1995：122.
② 参见沈亚舟. 传神写意的中国绘画. 沈阳：辽宁古籍出版社，1995：172.

与物游"，比如体会梦化蝴蝶、体会鱼之乐、体会逍遥游，即"与物有宜"。①南禅的青原惟信禅师有关"见山是山，见水是水"的感悟，说的也是由主客二分到物我交融的过程。最高层次的"见山""见水"都不是直接用眼睛看，而是用心灵去体验、去发现。②宋代画家曾云巢善画草虫，从小就取虫草笼而观之，穷昼夜不厌；又恐其神之不完也，复就草地之间观之，于是始得其天；待落笔之际，"不知我之为草虫耶？草虫之为我也"③？这种"身与虫化"的境界显然是需要持续用"心"才能达到的。

　　"形似"与"神似"的关系还体现在中国传统艺术的其他领域。学习书法需要临帖，写得像帖上的字是"形似"，而领悟其中的情趣、意境、风韵之后才能够逐渐写得"神似"。柳体字的特点是端正、挺拔、一丝不苟。颜体字的特点是雄浑、饱满、气势庄严。这些字体实际上"字如其人"，反映了书法家的品行和性格特点。临帖者只有领悟到其中的思想内涵，才能够越学越像。在舞蹈和表演领域，也存在"形似"与"神似"的问题。人们欣赏舞蹈和表演，可能有像与不像的判断。演员表演某个人物，演得好就是要"传神"，俗语说"演活了"，其实是觉得演员创造的形象正是人们心目中觉得应该有的形象，是可以产生心灵交流的形象。舞蹈的某些动作可能是现实生活中动作的艺术夸张，但总要保留现实生活中动作的基本特征，同时又能够"传神"，才能使人们看上去赏心悦目。

　　"心"的审美情趣基于直观体验，由此造就了中国传统美学一些特殊的范畴，如"感兴""妙悟""会意""传神""体味"，等等，都是在"神似"的基础上衍生出来的。这里"兴"是有感而发，强调"情之起"，如南北朝时期钟嵘《诗品·序》所说："气之动物，物之感人，故摇荡性情，形诸舞咏。"④《论语·阳货》中说："诗，可以兴，可以观，可以群，可以怨：迩之事父，远之事君．多识于鸟兽草木之名。"⑤这里体现了审美情趣与社会功能的统一。"妙

---

①　参见朱良志. 中国美学十五讲. 北京：北京大学出版社，2006：7.

②　参见朱良志. 中国美学十五讲. 北京：北京大学出版社，2006：39.

③　转引自魏明德，沈清松，邵大箴. 天心与人心——中西艺术体验与诠释. 北京：商务印书馆，2002：151-152.

④　参见张楚楚. 钟嵘《诗品》中的直觉阐释及其思想渊源. 中国文学批评，2023，（2）：152-159.

⑤　论语·孟子·孝经·尔雅. 黄永年，焦杰，张艳云，等校点. 沈阳：辽宁教育出版社，1997：73.

悟"作为直观体验（直觉）原是佛教参禅的方法，"悟"与"觉"相通，可以启迪智慧。引申到诗歌创作之中，有"诗道亦在妙悟"一说。[1]在中国传统美学中，较高层次的审美情趣注重理性，强调"妙""神""逸""清"，而较低层次的审美情趣注重感性，强调"美""丽""巧""工"。追求"会意""传神""体味"其实都是"心"的认知过程中涉及的环节，在审美活动中又被赋予专门意义。刘勰说："文之思也，其神远矣。故寂然凝虑，思接千载；悄焉动容，视通万里。吟咏之间，吐纳珠玉之声；眉睫之间，卷舒风云之色。其思理之致乎！故思理为妙，神与物游。神居胸臆，而志气统其关键；物沿耳目，而辞令管其枢机。枢机方通，则物无隐貌；关键将塞，则神有遁心。"[2]刘勰的这段议论突出强调"传神"的重要性，集中体现了"心"的审美情趣的本质特征。

第三节　"心"的审美意境：境生象外

中国传统美学注重"境生象外"。陈望衡教授指出，在中国古典美学中处于本体地位的是"象""境"以及由它们构成的"意象""意境""境界"等。[3]"意境"即蕴含在文学艺术形象之中的思维境界或内在哲理。中国古代诗歌、音乐、绘画等描绘的景象，都需要蕴含某种可领会又超然物外的意境，才有韵味和价值。柳宗元的诗："千山鸟飞绝，万径人踪灭。孤舟蓑笠翁，独钓寒江雪。"（《江雪》）这里的意境不是描绘钓鱼翁的孤独凄苦，而是表达诗人自己孤高的人格和超然的思想境界。梁启超说："境者，心造也。一切物境皆虚幻，惟心所造之境为真实。"[4]宋代梅尧臣认为诗有气韵应该"状难写之景如在目前，含不尽之意见于言外"[5]。

欣赏国画需要从有限的画面看出无限的境界。画中景色只是自然风光的一

---

① 参见陈望衡. 中国古典美学史（上卷）. 南京：江苏人民出版社，2019：7.
② 转引自陈望衡. 中国古典美学史（上卷）. 南京：江苏人民出版社，2019：48.
③ 参见陈望衡. 中国古典美学史（上卷）. 南京：江苏人民出版社，2019：1.
④ 转引自陈望衡. 中国古典美学史（上卷）. 南京：江苏人民出版社，2019：2.
⑤ 转引自陈望衡. 中国古典美学史（上卷）. 南京：江苏人民出版社，2019：36.

角，是想象画外天地的"引子"。画中画外的世界加在一起，才构成一个完美的艺术境界。南宋时流行折枝画，画面上只有花出一朵，叶出几枝，从画面一角探出，作为领略满园春色的"引子"。苏东坡评价鄢陵王的折枝画说："谁言一点红，解寄无边春？"①宋徽宗赵佶曾以"深山藏古寺"为题选拔画师，他认为最好的一幅画画的是崇山峻岭中有个小和尚到溪边挑水。画面上不见古寺，但小和尚挑水意味着附近肯定有寺庙，这就巧妙体现出"藏"的意境，而且这种意境是在画面之外的。类似的是画烟江叠嶂，画远山秋林，都是延绵不断，看上去使人浮想联翩，在画面之外发挥充分的想象力，创造出"境生象外"的整体意境。清代画家笪重光的《画筌·杂论》说"山外有山，虽断而不断；树外有树，似连而非连"，说的就是这种意境。"境生象外"还包括对画面中空白处的想象，这就是"虚实相生"。比如画山间的云雾缭绕，完全可以不着笔墨，而是在山林实景的衬托下显示云水烟霞的实境，这样就可以在空白处体悟灵性，这就是"空灵"。

欣赏国画还需要讲究"气韵生动"，就是要在静止的画面上体会出一种气势，一种生命的脉动和激情的喷涌。前面谈过，作为"属性之象"的"气"，表示事物在相互作用中体现出来的动态特征，这种"象"具有与自然界各种气体类似的性质，可感知但看不见，流动多变且有一定力度，同时又具备人的某种品性和社会特征，这是两种或多种"物象"的结合。画面中的各种具体细节的"象"是物态之象，但各种"象"按照一定方式整合起来，就能够使观画者想象画家在创作时一定有一种气势在发挥作用，而且与平静放逸的背景相映成趣，这种平静放逸的背景就是"韵"。"气"体现阳刚之美，"韵"体现阴柔之美。两者结合起来才是"气韵生动"。"气韵生动"也是一种"境生象外"，是以艺术手法在"物象"之中直接体味到"气象"和"意象"。这样人们就可以在松竹梅中体验到骨气，在花鸟鱼虫中体验到生气，在长天阔野中体验到浩然之气。唐玄宗李隆基听闻四川嘉陵江一带山水奇秀，风光绝胜，便命吴道子和李思训两名画家分别前往蜀中，将途中所见景物描绘带回长安。回到长安后，

---

① 转引自朱良志. 中国美学十五讲. 北京：北京大学出版社，2006：231.

李思训呈上花费三个月时间所作的嘉陵风光图。而吴道子对皇帝说：嘉陵江的景色太过迷人，我虽然没有事先完成画作，但要画的景色早已装在心中。当着皇帝和文武大臣的面，吴道子胸有成竹，磨墨濡毫，以宫墙当纸，不到一天的时间，就完成了《嘉陵江三百里风光图》的绘制。唐玄宗亲眼看过吴道子的创作过程后，认同吴道子画技高超，并赐名吴道子为道玄，一天画就嘉陵江三百里旖旎风光也成为中国绘画史上的传奇。吴道子的画突出体现了"用心"构思和创作的特点，其中贯穿一股豪气。如果说李思训的画更注重"形似"，那么吴道子的画更注重"神似"，而这种"神似"是画家与欣赏者用心灵沟通的结果。宋代邓椿《画继》中说"世徒知人之有神，而不知物之有神……故画法以气韵生动为第一"①。"物"本无神，但成为"气韵生动"的载体之后，"境生象外"的功能就体现出来了。

书法也讲究"气韵生动"和"境生象外"。写字的过程是动的，写成的字是静的。要在静的字中体现动态，需要细心体会，选择最能引起心灵共鸣的表现形式。书写时要考虑整幅作品平衡匀称，自然和谐，但必须在运笔中用心把握，一气呵成，笔势不断，前后呼应。有时虽有间断，但笔断气连、迹断势连、形断意连，通篇形成一个有机整体。用墨也能体现象征的含义，如浓墨体现雄浑、淡墨体现清雅、焦墨体现苍茫、宿墨体现厚重，当然这些含义需要"用心"去领悟。大书法家之所以能留下千古楷模之作，根本原因在于对书法有独特的心悟，于笔墨中体现自己的风骨精神。

在中国传统文化中，诗与书、画密不可分。一首好诗并不在于读起来朗朗上口，描写景物生动形象，而在于能用最简洁优美的方式激发读者的想象与体验，唤起心灵的共鸣。诗的意境并不局限于诗内，通过它们体悟到的诗外意境更为可贵。比如李白的《月下独酌》和张若虚的《春江花月夜》，展现的都是对命运与造化之间关系的深刻体验。不能把好诗的意境仅仅局限在诗句所直接描述的景物范围内，这些景物亦是一种"导引"，通过它们体悟到的诗外意境才是诗人内心世界的真情流露。朱熹的诗《观书有感·其一》写道："半亩方

---

① 参见刘世军. 万物传神：邓椿绘画美学观管窥. 中华文化论坛，2015，（3）：132-137

塘一鉴开，天光云影共徘徊。问渠那得清如许，为有源头活水来。"描绘的是景物，寓意是人的精神境界，这是一种由"物象"直接跳跃到"意境"的"取象比类"，是一种心灵的共鸣。意境本身不是认知活动循规蹈矩把握的世界，而是用心体验创造出来的世界，超出"物象"是很自然的事情。①古人讲作诗"功夫在诗外"，读诗也需要"境生象外"。中国传统艺术之所以至今还有旺盛的生命力，正是由于这种艺术具有"外师造化，中得心源"的思想特征。

在音乐领域，"境生象外"体现为对音乐中蕴含的思想内涵和意境的理解。音乐的"象"只是优美的旋律，而各种旋律都具有某种象征意义，从中可以体会到作曲家和演奏者的心性、志趣及内心体验。西洋音乐自古希腊开始就被认为是自然界和谐与有规律的体现，西洋乐理有严格的量化特征，注重规则严谨的和弦与交响。中国古典音乐也注重乐理和演奏技术，但更强调"心"的充分参与和协调。《乐记》中讲："诗，言其志也；歌，咏其声也；舞，动其容也。三者本于心，然后乐器从之。是故情深而文明，气盛而化神，和顺积中，而英华发外。唯乐不可以为伪。"②

在园林艺术领域，"境生象外"体现为由亭台楼阁、山石流水、古树花草构成的园林景物之象隐喻一种心态和精神之象，使人们在游览中经受精神的洗礼。园林本身是有限的，但由此衍生出来的意境是无限的。苏州的西园宏伟壮观、气势恢宏、建筑精美，看上去就感受到一种大气派。而苏州留园入口看似平淡无奇，进园后越走越开阔，景物越来越精美，感到别有洞天，直到园中的山水景观区豁然开朗。这种设计恰如中国传统文化倡导的一种为人做事风格，初看起来朴实无华，很低调，越了解越觉得有内涵，直到最后才发现超凡脱俗之处。西方园林强调"人是自然的主人"，重人工。培根说西方园林"对称、修剪树木和死水池子"，缺少想象。而中国传统园林强调"人是自然的一部分"，重天然。境与象密不可分，境是诗人的体验世界里由象形成的特殊心灵境界，也就是"真境"，是对象的超越，以境显理。西方哲学中有诗与思之别。中国

---

① 参见朱良志. 中国美学十五讲. 北京：北京大学出版社，2006：281.
② 吴哲楣. 十三经（上册）. 北京：国际文化出版公司，1993：517.

传统美学以境的言说方式去超越知识的言说。①

　　"境生象外"与"境由心造"是相辅相成的，由"心"来领悟和营造出来的意境是对眼前的对象事物的感知形态的超越，而这种审美视角使得相对静止的艺术作品在"心"的视野中变得灵动，使情节相对有限、固定的艺术作品在"心"的视野中激发出人的无尽的联想，这是"心"的审美功能的独具特色之处，至今仍有其无穷魅力。

---

① 参见朱良志. 中国美学十五讲. 北京：北京大学出版社，2006：267，289，297

第六章 "心"的抉择功能：从传统到现代

"心"作为中国传统文化中各类社会活动的行动主体，具有决策、执行和调整能力。在决策方面。"心"能够从直观体验出发进行谋划和优选，这就是所谓"用心策划，心想事成"。在执行方面，"心"具有持之以恒的信心和抵抗各种干扰因素的能力。在调整方面，"心"体现出反思和变通的能力。下面从这三个方面展开从传统到现代的讨论。

第一节 "心"的决策能力：谋划与优选

现代社会生活中的决策大都被视为理性的活动，尽可能避免感情用事，避免人情因素的干扰。现代决策科学和决策方法论主要基于"动脑"思维，强调逻辑分析和推理。尽管其中也包含一定的直观体验成分，但直观体验总体上被视为是不可靠的因素。在谋划和优选方面，基于"动脑"的决策注重定量分析和模型化，如企业运营和军事谋划中的"沙盘推演"。然而很多场合的具体决策活动很难达到定量分析和模型化的程度，特别是在面对瞬息万变的市场形势、战场形势和社会舆论形势的时候，相关领域的管理者需要当机立断，这时必须发挥直观体验的作用，基于"用心"思维的决策能力这时就会发挥关键作用。

在中国传统的"心"的观念中，谋划和优选是体现其实际功能的重要方面。人们要"用心"去谋划，形成和调整各种行动方案，努力争取采用最佳策略。"用心"去谋划和优选需要对各种可能策略和方案进行合理性论证。在现实生活中，当事人特别是决策者有时会感到自己以往了解的知识、积累的经验和对外界信息的把握存在局限性，面对各种复杂的社会难题很难拿主意下决心，这时就需要周围的人帮助出谋划策。古代帝王身边出主意的人被称为"谋士"，智慧高超的人被说成"足智多谋"。谋划和优选的思想资源来自对古往今来典型案例的领悟，像《资治通鉴》这样的典籍实际上起到了"案例教学资料库"的作用。

中国古代在"心"的谋划和优选方面有两个极具特色的范畴，一是"道"，二是"机"。"心"的决策能力主要体现追求"技"和"术"背后的"道"，注意抓住事物发展的"机"。

本书前面在讨论"规律之象"时曾对"道"这个范畴做了初步介绍，下面就"道"在"心"的决策中的作用做进一步讨论。中国传统哲学中的"道"是一个深奥的很难把握的范畴。老子讲"道可道，非常道"。"道"的内涵用言语很难说清楚，只能靠直观体验加以理解。"道"被视为万物的本原，但这不是从逻辑的或发生论的意义上理解的，而是从实践的或过程论的意义上理解的。"道"的最初含义是"道路"，引申为途径、方法。作为哲学范畴的抽象的"道"，指的是事物演变过程中符合其自然本性的、最合理的、最优的途径，它的衡量标准是相关各种要素之间的和谐。这种理解主要来自《庄子》中"庖丁解牛"的寓言对"道"的解读（庖丁解牛时用刀出神入化，技艺高超，其动作顺应工具、对象和自身生理心理的自然本性，选择了最合理、最优化的途径，他回应梁惠王说这是由于"臣之所好者道也，进乎技矣"）。[1]老子、庄子、管子等很多思想家都从不同角度论述过"道"的这种实践的或过程论的意义上的程序化特征。[2]从广义的角度看，世间万物的生成和演化途径如果具备"道"的特征，就会从无到有，不断顺利发展。自然界的"物竞天择"会使事物的演变趋于合理的、最优的途径，如物体下落的最速降线、蜂房的最佳形状、狮子捕食的最优路径等，这是自然之"道"。人类社会中的各种实践活动也会由于竞争和选择而趋于合理的、最优的途径，如技术操作的最优程序、协调人际关系的最合

---

① 参见王前. "道""技"之间——中国文化背景的技术哲学. 北京：人民出版社，2009：2-3.
② 参见王前. "道""技"之间——中国文化背景的技术哲学. 北京：人民出版社，2009：10-22.

理尺度、审美的最佳标准，等等，这是社会之"道"。概言之，"道"本身是各类实践活动中最合理、最优化的程序。

"道"对实践的引导并不是提供任何具体的技术手段和方法，而是引导人们如何去了解和把握合理的、最优的途径与方法。老子讲"道常无为而无不为"，这里讲的是善于利用自然界的动因和能力，因势利导，在人们难以觉察的状态下引发有为的活动。老子的很多论述可以成为谋划与优选的指导原则。老子认为"相反相成"是事物发展的必然趋势。当"相反相成"的结果对人们有益的时候，就要力促其"反"。然而当"相反相成"的结果对人们不利的时候，就要避免事物向极端方向发展，这就要"守中""知常""知足""知和"。总之，要利用"相反相成"的趋势，留出事物的发展空间和"自化"的余地，使自然事物的变化逐渐趋向人们预期的目的。老子还对如何达到优化效果提出了一些深刻的见解。在他看来，"不争而善胜，不言而善应，不召而自来"[①]，当然是得"道"而行的理想状态。如果做不到这一点，那么从细微处着手也是一种优化，那就是"为之于未有，治之于未乱"[②]。"天下难事，必作于易，天下大事，必作于细。"[③]保证优化选择的根本是遵循事物自然的本性，从细微处入手，以较小的代价控制事物沿着"正道"发展，避免误入歧途。这些论述有助于人们了解和把握合理的、最优的途径和方法。

人们在实践活动中是否领悟了"道"，是可以有客观标准的，这就是看其采取的途径、程序、方法是否达到最合理的、最优化的要求。最合理的要求注重实践主体、工具和对象等相关要素之间的和谐。最优化的要求是从实践活动的社会价值和效益着眼，注重实践主体的需求和感受。最合理的途径和方法决定了最优化的效果，而对最优目标的追求引导了对最合理途径和方法的不断揭示。阴阳五行学说是用于揭示和把握"道"的思维工具，有助于制定实践活动的具体程序，并使之不断趋向"道"所显示的理想境界。阴阳互渗互补、相反相成的观念，有助于防止实践活动程序失控而误入歧途。而五行相生相克的观

---

① 陈鼓应. 老子今注今译. 北京：商务印书馆，2006：326.
② 陈鼓应. 老子今注今译. 北京：商务印书馆，2006：301.
③ 陈鼓应. 老子今注今译. 北京：商务印书馆，2006：298.

念，有助于建立诸要素的制衡和协调关系，并使各种程序化知识在结构上相互借鉴和启发。

老子说："为学日益，为道日损，损之有损，以至于无为。"要想"悟道"，必须通过亲身实践，了解最合理的、最优化的途径和方法如何体现，才能使人为设定的途径和方法近于"道"，合于"道"。老子多次论及"有为"与"无为"的关系，"有为"说的是人为设定的途径和方法，"无为"即合乎事物自然本性的途径和方法。西晋郭象在《庄子注》中讲"夫无为也，则群才万品各任其事而自当其责矣"①。能够用言语讲出来的"道"，实际上是用来指导"有为"向"无为"转化的。它们本身并不是真正的"道"，而是求"道"的入门向导，其中的章法、程式、规则等是"有为"阶段的训练要点，一旦达到运用自如的境界就完全可以忘却。真正的"道"是体现在实际操作活动之中无形的东西，是"无为"即不刻意而为的状态，即海德格尔所说的"上手"状态。人为的技术活动通常很难达到这种状态，但可以通过悉心体悟逐渐接近这种状态。从"有为"向"无为"的转化，意味着使人的知识、能力以及生理心理活动过程逐渐适应对象事物的自然本性，逐步达到"道"的境界。"为学"是知识的积累，所以日益增长。"为道"是向"道"的不断趋近，所以差别日益缩小，以至于没有差别，这就是"无为"。"意象"和"道象"对"物态之象"和"属性之象"层次上的不完全的或偏激的认识有引导与制约作用，避免思维和行动上出现大的差错。这也是一种"优化"，对"意象"和"道象"的深度体验可以为人们生活中和事业发展中的很多具体问题指明方向，矫正偏差。

中国传统哲学的"道"与古希腊亚里士多德的"实践智慧"有某些共同之处，也有根本差别。

近年来，亚里士多德的"实践智慧"重新引起学术界的关注。现代技术应用过程中出现了一些人们事先预料不到的后果，蕴含很大的技术风险。可是，在对技术应用后果没有足够把握的时候，简单地用已有的道德规范约束技术活动，也会限制技术的正常发展。所以一些学者提出要回归亚里士多德的"实践

---

① 转引自陈慧麒. 郭象《庄子注》中顺性论思想. 兰州学刊，2009，(3)：28-32

智慧"，运用"权益伦理"来评价技术发展，实际上是希望根据不同阶段技术发展状况进行反馈和调整。"实践智慧"强调的是一种在具体情境中把握德行的本事。德行是"中道"，是适度的理性选择，既非不足，也不过分，这不能沿袭传统的规则，只能通过实践智慧来达到。①在中国传统文化中，对"道"的追求也强调适可而止，过犹不及。儒家学说主张"中庸之道"，道家学说强调"多言数穷，不如守中"，管子学派认为"天道之数，至则反，盛则衰"，都是主张选择"中道"。然而"道"是一个知情意相贯通的范畴，而"实践智慧"是一种理性选择，与"情""意"关系不大。相比而言，亚里士多德的"实践智慧"包含较多的主观成分，须要根据具体情形随时加以调整，很难趋向于一个客观的目标。一个时期的"实践智慧"与下一个时期的"实践智慧"之间，并没有逻辑上的必然联系，也未必有事实上的承继关系。在亚里士多德的时代，人们已经看到了理性思维未必能解决实践中的所有问题，需要用实践智慧加以补充，但在逻辑思维的框架里，对实践智慧很难做更深入的研究。

下面来讨论"机"在"心"的谋划和决策中的作用。"机"的繁体字"機"来源于"幾"。在前面讨论"象"的象征含义时曾提及"幾"这个范畴，指出其原初含义是预示危险的征兆，引申为相关事物的某种重要特征与趋势，以及事物的内在规律。按照《说文解字》的解读，"幾"的意思是"微也，殆也"。它由两个"幺"字和一个"戍"字合成，"幺"的本义是幼小的儿童，"戍"的本义是"兵守"。用两个小孩子把守城池，显然是非常危险的事情。这种预示危险的征兆就称为"幾"，引申为各种事物变化的萌芽。②对"幾"的探究可以见微而知著，及时防范风险。"幾"带有一定程度的不确定性，但概率很高，不容忽视。《易传·系辞上》说："惟深也，故能通天下之志；惟幾也，故能成天下之务。"③《易传·系辞下》说："君子见幾而作，不俟终日。"④"幾"加上"木"字偏旁，就成了"機"，"機"的最初含义是弩箭上的机关，即"弩牙"（《尚书孔传》中解释说："機，弩牙也"）。一扣扳机，弩箭就会发射出去。所

---

① 参见唐热风. 亚里士多德伦理学中的德性与实践智慧. 哲学研究，2005，（5）：70-79.
② 许慎. 说文解字. 北京：中华书局，1963：84.
③ 陈鼓应，赵建伟. 周易今注今译. 北京：商务印书馆，2005：621.
④ 陈鼓应，赵建伟. 周易今注今译. 北京：商务印书馆，2005：661.

以《说文解字》中说："主发谓之機。"①现代枪炮上的扳机和发射火箭导弹的按钮依据的是同样的原理。"機"意味着对器械运动过程和结果的控制，而且是以很小的投入取得显著的收益，这里体现了"幾"的价值，即抓住事物的苗头就能控制事物的发展。显然，这是一种智慧和巧妙的体现，因而被称为"機巧"。用"心"来把握"机"，一般称为"心机"。这个词汇往往带有贬义。其实对社会生活中各种机会、机遇、机制、机能的把握都是要"用心"的，而且都要达到以很小的投入取得显著的收益的目的。然而对"机"的利用因其功利性的需要往往受到道德教化要求的限制，人们很担心"心机"用于需要以诚相待、不搞阴谋诡计的场合，所以一谈到"心机"往往产生负面联想。

从人类的社会生活角度看，谋划和决策过程中要广泛利用各种"机"的功能。在经济活动中，"机"体现为"做生意的机会"或"商机"，它与"资本运作"是等价物，两者具有相同的属性，即以很小投入取得经济上的显著收益。资本运作需要不断捕捉"商机"，减少成本，增加利润，经济活动才能够不断发展。经济活动中也有对"商机"的直接捕捉和利用，这就是股票和期货交易、买彩票乃至赌博等。在战争中，"机"体现为生死较量中的"战机"。如果抓住了"战机"，能够以较小的人员和装备投入消灭较多的敌人及其装备，贻误战机可能就会导致自身身处险境，甚至一败涂地。在政治舞台上的"机"是对政治活动中生存和发展机会的把握，这里涉及处理国内外事务、制定政策、调整各种政治力量之间的关系，其要义也在于抓住时机，利用好发展机遇，以很小的投入取得政治上的显著收益。社会生活中的"机"与社会组织制度有着密切联系，形成各种"机制"。从个人的发展和人际关系角度看，"生机"就是其生存和生活的各种机会或机遇，生机勃勃是个人和群体兴旺发达的迹象。人们在教育、职业、婚姻、朋友、工作岗位、生活方式、个人爱好等方面都要不断选择和捕捉谋生的机会，关键时刻对机会的每一步选择都可能给后来的生涯带来深远影响。由于很多时候人们偶然走到一起，相遇相知，开头一些简单事件后来可能演绎出很多动人故事，所以最初的相遇就被称为"机缘"。无论机缘还

---

① 许慎. 说文解字. 北京：中华书局，1963：123.

是机会，都是相对于事后甚至很多年的显著后果而言的，把握不住机会就会耽误终生。实际上，人们对人生目标、理想、美好愿望的追求和对人生意义的判断，都包含对"机"的预测和评价。人们的生活之所以要朝着有希望的方向努力，树立人生的目标，活得有意义，憧憬更加美好的明天，都是在致力于追求"机"的展现。而人们之所以为官场、商界、晋级、比赛中的失败与挫折而悔恨懊恼，也正是因为失去"良机"，影响了自身的发展进程。

社会生活中"机"的作用一般说来是与人们的实际利益密切相关的，是"谋生"之"机"。但有些时候也可能与非功利目标相联系，比如娱乐、游戏、个人爱好等。这里"机"的特征和效益往往处于隐蔽状态。娱乐、游戏、个人爱好作为人们的休闲方式，能够起到保养心身健康的作用，使其消除紧张和疲劳，平衡生理需求，保持充沛精力。以比较轻松的方式达到这一目的，也符合"机"的一般特征。很多游戏比赛中存在模拟"机"的博弈，以休闲方式体验捕捉和利用"机"的快感。但是，过度享受娱乐和游戏，出现所谓"娱乐至死"和"网游"成瘾的倾向则是需要避免的。

"机"所带来的未来结果可能是良性的，被称为"良机"；"良机"也可能向恶性转化，被称为"危机"。"危机"就是负面的"机"，它同样具有由起初很小的投入导致后面的显著（负面）后果的特点。为了避免危机而及时采取行动，通过较小投入避免较大损失，也是追求"机"的体现。《易经》中对事物发展趋势的预测，都是围绕社会生活中的良机和危机展开的。凶吉祸福是事物可能出现的结果，而人们采取趋福避祸的行动则是对"机"的利用，用很小投入使事物向着显著收益的方向发展。但是过于看重"机"的作用，为此玩弄心机，或者过度倚重机械的作用，则可能导致社会秩序混乱和人心变坏，所以《庄子·天地》中才认为"有机械者必有机事，有机事者必有机心。机心存于心中，则纯白不备；纯白不备，即神生不定；神生不定者，道之所不载也"①。从古至今，"投机倒把"一直是负面的评价，"机会主义者"在政治上是不可靠的人，"机关算尽太聪明，反误了卿卿性命"。正是由于有这些负面评价，尽管

---

① 李回. 庄子译析. 沈阳：辽宁教育出版社，1993：264.

在生物学中、社会生活中、个人交往中和技术活动中到处都涉及"机"的作用，但"心机"并未成为古代学者专门研究的对象。

在"心"的谋划和优选方面对"机"的把握，开启了发现和利用事物之间有机联系的特定方法论思路，这就是将是否有"机"作为判断事物之间有机联系乃至有机整体的根本标准，使得"心"的认知的整体性、有机性、合理性的思维特征在把握有机整体及其联系方面发挥方法论上的优势。作为对西方注重逻辑分析的认知模式的必要补充，西方哲学中一直存在着机体哲学的研究传统，如莱布尼茨的"单子"论、柏格森的"绵延"论、怀特海的"过程"论等，黑格尔的辩证法体系对事物有机联系也做了深入研究。但这些思想成果对社会活动中的谋划与优选并没有产生明显影响，原因之一在于缺少"机"这样一个方法论视角。如果把是否具有生机和活力作为机体的本质特征，可以发现生命机体的生机与活力在其他事物上也有类似体现，都能够"以很小的投入取得显著的收益"。相应地可以把能够替代人类机能，具有能动性、不断更新和"用很小投入获得显著效益"的技术人工物（如工具、机器、人造器官等）视为"人工机体"，将社会组织、机构、群体（如国家、企业、学校等）视为"社会机体"，将思想体系、语言系统、个人精神世界视为"精神机体"。①通过考察生命机体、人工机体、社会机体、精神机体的生机和活力特征及其相应的现实问题，就会看到，影响人们谋划和优选的一个重要因素是没有把这些类型的机体当作机体来对待，而是单纯强调规则、标准、量化特征，忽视了机体的自然本性、内在活力、有机联系和增值效应。各类机体的"以很小投入取得显著收益"是需要通过"心"的整体性的直观体验才能够发现和把握的，"用心"可以为对各类机体的管理提供新的观察视角、分析路径和解决对策。关于这方面问题，本书后面在讨论自觉"用心"的管理时还将进一步展开。

"用心"去谋划与优选还有很多其他传统文化的思想资源，如老子讲"以正治国，以奇用兵"，孔子讲"过犹不及""小不忍则乱大谋"，管子讲"至则反，盛则衰"，等等，都会为人们谋划与优选带来丰富联想和启示。古代史书

---

① 参见王前. 生机的意蕴　中国文化背景的机体哲学. 北京：人民出版社，2017：63-77.

和文学作品中也有很多古人善于谋划与优选的生动事例。然而这些思想资源需要"用心"领会，并非所有看了这些思想素材的人都会有同样的谋略水平。宋代名将岳飞说："阵而后战，兵法之常；运用之妙，存乎一心。"①掌握高超的战术兵法需要特别"用心"，其他领域的谋划与优选也是如此。这里并没有现成的规则标准可以简单遵循，而是需要人们由"术"至"道"不断提升自己的领悟能力和思想境界。

第二节 "心"的执行能力：恒心与定力

"心"的抉择在谋划和优选方面主要发挥智力因素的作用，而在执行决策的过程中主要发挥非智力因素，即恒心与定力等心理因素的作用。同样是执行某种决策，有些人意志坚定，能够排除各种干扰因素和困难，持之以恒，坚持到底；而有些人左右摇摆，遇到困难和意外情况就动摇意志，往往半途而废甚至功败垂成。当然，恒心和定力的积极作用要以决策正确为前提。如果决策错了也一定要坚持到底，那就是固执和蛮干。具有恒心和定力的人应该对决策本身有着深刻理解和理性自信，这取决于"用心"的整体性的洞察力与内隐逻辑精准性的有机结合。恒心和定力的形成也是长期培养的结果。一个人如果从孩童时期就比较任性、喜新厌旧、缺乏抗挫折能力，长大之后也很难自己独立成事，往往要依赖家庭和身边的人拿主意才能够决策和行动。

中国传统哲学范畴"志"，在理解恒心和定力的作用机制方面有特殊意义。"志"的本义是意念、心情，引申为意向、愿望。《说文解字》说"志，意也，从心之声"②。"意志"表示"人们自觉地确定目的，并根据目的调节支配自身的行动，克服困难，去实现预定目标的心理倾向"。孔子说"三军可夺帅也，匹夫不可夺志也"，他提倡"志于道""志于学""志于仁"。朱熹解释说这里的

① 转引自杨建峰. 中华成语故事. 汕头：汕头大学出版社，2018：555-556.
② 许慎. 说文解字. 北京：中华书局，1963：217.

"志"是"心之所之"，含有动机、决心的意思。①孟子说："夫志，气之帅也；气，体之充也。夫志至焉，气次焉。故曰：持其志，无暴其气。"②其意是说，"志"是人体中"气"的统帅，"志"指向哪里，"气"就追随到哪里。所以要坚守"志"而不要滥用"气"。柳宗元说："刚健之气钟于人也为志。得之者，运行而可大，悠久而不息，拳拳于得善，孜孜于嗜学，则志者其一端耳。"③坚强的意志是成就一番事业的关键因素。

与"志"密切相关的范畴是"决心"。"决心"意味着一旦决定就义无反顾坚决执行，克服各种困难，持之以恒，最终把事情做成。无论怎样努力使事情接近完成，甚至已经到了百分之九十九的地步，如果最后一步没有完成，仍然是没有把事情做成的，历史上"功败垂成"的事情不在少数。韩愈强调要"先决于心，详度本末，事至不惑，然可图功。为统帅者，尽力行之于前；而参谋议者，尽心奉之于后。内外相应，其功乃成……《传》曰：'断而后行，鬼神避之。'迟疑不断，未有能成其事者也"④。当然，下决心时要排除一些非本质因素特别是情感倾向对决策过程的干扰。因为此时人们可能并未把相关事情细节完全搞清楚，决策时可能没有足够充分的证据，往往需要基于以往对相关领域事物发展规律和趋势的整体把握，当机立断。如果优柔寡断，拿不准主意，很可能错失良机。有些时候，一些狭隘的心理因素如刚愎自用、过度自满、轻信谗言等，可能使人们的认知、判断和决策出现了失误，但人们仍然执着地相信。历史上有不少"反间计"成功的事例，善于挑拨离间的人往往会利用人们的执着，此时负面的情感因素可能起到关键的导向作用。

在中国传统文化中，对恒心和定力的论述还体现在对"中庸之道"的解读中，这是一个影响更为深远的文化因素。很多学者对"中庸之道"的解读着眼点大都集中于"中"，关于"中道"的价值笔者在前面与"实践智慧"做比较时已做了讨论。那么，"中庸之道"的"庸"指的是什么？人们经常把"庸"

---

① 参见李似珍. 形神·心性·情志——中国古代心身观述评. 南昌：江西人民出版社，2001：111.
② 转引自张岱年. 中国古典哲学概念范畴要论. 北京：中国社会科学出版社，1989：199.
③ 转引自李似珍. 形神·心性·情志——中国古代心身观述评. 南昌：江西人民出版社，2001：111.
④ 转引自张怀承，岑贤安，徐荪铭，等. 心. 北京：中国人民大学出版社，1993：159.

同"平庸""庸见""庸庸碌碌"等含义联系在一起。为什么儒家要把"中""庸"连用并提升到"道"的层次？这是值得琢磨的。就儒家的"中庸之道"而言，"中"是靠认知和智慧来把握的，涉及一个人的智商；而"庸"是靠恒心和意志来把握的，涉及一个人的情商。"不偏之谓中，不易之谓庸。"张岱年先生考察"中庸"的含义，指出汉宋儒者对"中庸"的理解有二，其一是"中和之为用"，"庸"者用也；其二认为"不偏之谓中，不易之谓庸"，"庸"者常也。①将"庸"理解为"用"，避开了对"中庸"的贬义的理解。可是为什么孔子要强调"中庸"而不是直接讲"中用"呢？为什么"不易之谓庸"的说法得到更多认可？在具体的实践活动中，仅仅找到"中道"是不够的，还要坚持下去，持之以恒，守住"中道"不动摇，这才是"中庸之道"。一个人如果智商高而情商低，很可能找到"中道"却走不到头，即使有实践智慧却未必成功。"中庸之道"所涉及的"庸"主要强调"平常""不易"的含义，主要强调循道不能半途而废，要坚持到底，要笃行，意在说明毅力和恒心的必要性。《中庸》讲："人皆曰予知，择乎中庸，而不能期月守也。""故君子和而不流，强哉矫。中立而不倚，强哉矫。""君子遵道而行，半途而废，吾弗能已矣。""诚之者，择善而固执之者也。"②以上表述说的都是这个意思。人们一时选择"中道"并不难，难的是始终如一，这才是正心和修身的关键，才是"中庸之道"的完整含义。儒家思想强调躬行实践，注重"知行合一"，"中庸之道"在很大程度上是指导实践活动的。如果局限在理性和智力层面理解"中庸"，就会为"庸"是否具有合理性和价值而争论不休，忽略了"中庸"在智力因素和非智力因素关系上的特定意义。按照现代认知心理学的说法，"中"属于智力因素，而"庸"属于非智力因素。非智力因素并不参与认知活动过程，但对认知活动的发展有深刻影响，包括提供认知动力、调控方向、弥补缺陷等。燕国材先生早在20世纪80年代末就指出，中国古代教育思想中有关非智力因素的认识，在现代教育活动中仍具有重要价值。其中谈到的"学贵有恒""锲而不舍""专心致志"，都是"庸"的体现。③

---

① 张岱年. 中国古典哲学概念范畴要论. 北京：中国社会科学出版社，1989：175.

② 吴哲楣. 十三经（上册）. 北京：国际文化出版公司，1993：560-565.

③ 参见燕国材. 略论中国古代教育心理思想发展的特点和成就. 心理学报，1989，（4）：412-418.

在汉语口语中，常用"能耐"表示一个人的技能或本事。"能"，与"耐"是有区别的，但两者又有必然联系。作为"能力"的"能"，其中包含认识主体的自觉意识，即主观能动性，涉及智商，体现为比较明确的技巧、本领、方法，与"中"的要求关系密切。而"耐"则与情商相关，与"庸"的要求关系密切，体现为顽强的毅力、严格的自控能力、忍受艰难困苦的意志力。"能"是主动的，"耐"是被动的。"能"往往是显性的，"耐"往往是隐性的。两者加在一起，才能形成完整的本领。人们大都容易理解和把握"无过无不及"的"中道"，但在"中道"上稳定持续下去并不容易，只有能"耐"才能做到这一点（故而"耐心"很多时候尤为重要）。有"能"而无"耐"，意味着"中"而不"庸"，缺乏韧性和持久精神，这是难以成就什么事业的。有"耐"而无"能"，意味着"庸"而不"中"，缺乏激情和变革意识，那就可能流于平凡庸碌。有些杰出人物能力很高而耐力很低，《三国演义》中的周瑜就是一个典型。周瑜指挥千军万马，英姿勃发，何等威风。可是诸葛亮三气周瑜，活生生把他气出病来，这在很大程度上要归因于周瑜耐力太低。有些杰出人物是靠杰出耐力战胜对手的。1812年俄军统帅库图佐夫击败拿破仑，第二次世界大战期间斯大林战胜希特勒，靠的都是顽强的耐力。《孙子兵法》上讲"兵贵神速，未睹巧久"，强调的是"能"；而毛泽东的《论持久战》，强调的是"耐"。"谁笑到最后，谁笑得最好"，这是"耐"的功劳。"能""耐"并举，才符合"中庸之道"。

在现代社会生活中理解"中庸之道"，对于青少年一代的培养有着特殊的意义。近年来青少年中有一种比较普遍的倾向，是在心态上容易偏激，甚至有极端化倾向，而耐力上也不如长辈。他们从小生活在家庭的过分呵护之中，不少人比较任性，而感情用事的家长几乎从不把心态偏激和耐力不足当成严重的弱点。其结果是，当他们一旦走出家门面对社会上的竞争和挑战时，承受不起挫折，甚至忍受不住寻常的考验，有的能力出众的学生竟然会因为一些并不很严重的挫折而采取极端行为。由此看来，这些人的"中"与"庸"都有欠缺，"能"与"耐"正在分离，而且可能会演化为普遍的社会问题。一代年轻人把握"中庸之道"的能力和耐力下降不仅仅是个人的事情，而且是关系到整个民族素质的事情。如果回过头来看"中庸之道"最初出现的时代背景，倒与现代有某些相似之处。当时正处于社会大变革时期，很多新思想、新事物、新体制都在形成和发展之中，把握处理各种社会矛盾关系的"中庸之道"显得十分必要。儒家哲学具有鲜明的实践哲学特点，"中"与"庸"的有机结合恰好体现了这一特点。近年来西方实践哲学研究的兴起，为重新认识"中庸之道"的现代价值提供了富有启发意义的研究背景。

第三节 "心"的调整能力：反思与变通

从方法论角度看，用"心"思考贵在灵活变通。所谓"心有灵犀一点通"，是智慧的体现。中国人白古以来注重用灵活的心态研究变通的规律。在中国传统文化中有相当大影响的《易经》，就是对事物变通趋势和方法的一般性概括。"易者变也"，《易经》乃"变通之经典"。《易传》上说："穷则变，变则通，通则久。"[①]这种对"变通"的高度重视在中国人的现代社会生活中仍有不同程度的反映。中国古代在社会治理上强调德主刑辅，道德教化与法律规定相比更具灵活性，现实的人际关系中也有较多变数。强调灵活变通的文化形成了根深蒂固的传统，其文化传承绵延几千年从未断绝，这里有"心"的隐蔽作用。

"用心"注重灵活变通，有其深厚的思想基础。在自然经济相对稳定发展的时代，社会结构和人们的日常生活都可能长期保持大体相同模式，周而复始，形成稳定循环。在这种社会环境中，人们需要努力探索自然界和人类社会变动不居的方面，从中获得思想变革和改造世界的动力。正因为这样，中国传统文化在源头上就有着对世界变化和发展的深刻理解。中国古老的《易经》正是从直观体验角度出发的，对世界变化发展总体规律和演化模式的认识成果。《系辞上传》讲"变化者，进退之象也"。"一阖一辟，谓之变，往来不穷谓之通。""变通"可以理解为通过变革而求得持续的发展，这就是所谓"穷变通久"。当然，中国古代也并非单纯强调变通的作用，而是同时看到过度变通可能带来人们不希望的后果，这就是"过犹不及"。变通不应该是无规则的随意变通，不

---

① 转引自陈鼓应，赵建伟. 周易今注今译. 北京：商务印书馆，2005：650.

是圆滑和狡诈，而应该是合乎情理的智慧的体现。

从"心"的抉择角度看，要做到灵活变通，首先需要具备反思能力，从已经发现问题的思维定式中解脱出来。前面说过，直观体验的认知对象是各种层次的"象"。灵活变通的对象正是各种各样的"象"及其相互关系。在不同的环境中，从不同认知背景出发，人们可能会对各种事物的"象"的含义及其相互关系获得不同理解。灵活变通的关键在于适当变换认知角度，调整对各种"象"的含义的理解，进而不断调整"象"与"象"的关系，从中导出协调事物之间矛盾关系的种种方法。根据"象"与"象"之间关系的不同，可以将"心"的灵活变通大体分为三种类型。

第一种类型是对"象"的含义的变通。

前面说过，每一种"象"都处在整个"象"的关系网络的一定位置或一个结点上，与周围的"象"发生各种各样的关系。因此，理解"象"的含义要考察与之相关的各种关系，在关系中体现"象"的特征。人们必须学会从不同角度、不同实际出发，灵活变通各种"象"的含义，才能充分发挥"用心"的直观体验的作用，适应处理各种社会关系的需要。几千年来中国传统道德中"私德"比重很高，不可能不受各种人际利害关系的影响。诸如仁、义、礼、智、信、忠、恕、孝、悌等道德要求，具体实施起来要依实际情况而定，不可能有千篇一律、一成不变的模式。

在中国传统文化典籍中，有很多关于"象"的含义灵活变通判断的论述。《庄子》中讲："物无非彼，物无非是。自彼则不见，自知则知之。故曰：彼出于是，是亦因彼。"①庄周与蝴蝶哪个在梦中？长得七扭八歪的树有用还是无用？塞翁失马，焉知非福？自古以来这样的灵活判断在典籍中有很多。对"象"的含义的灵活变通容易给人们造成一种误解，以为这里没有客观性，没有公正可言。不能排除灵活变通的应用在某些场合可能出现这种事情。但在大多数情况下，灵活变通本身是有规律可循的，这就是要合乎情理。尽管这种要求本身有一定相对性，但绝大多数人在情理上的要求实际上成为灵活变通的基本准

---

① 李回. 庄子译析. 沈阳：辽宁教育山版社，1993：34.

则，也就是所谓"人同此心，心同此理"。"人心所向"的事情会赢得普遍赞同和支持。"天理人心"就是绝大多数人的意向和是非标准，就是"民心"或"民意"。对"象"的含义的灵活变通有助于人调整其视角和心态，将知、情、意有机地结合起来。如果对"象"的含义的理解不执于一端，而是依照具体情况区别对待，处理"象"与"象"的关系也就可以灵活多变。

第二种类型是"象"与"象"关系的变通。

按照哲学上对矛盾同一性的理解，矛盾双方各以和它相对立的方面为自己存在的前提，双方共处于一个统一体中，并且在一定的条件下相互转化。然而在现实生活中，矛盾双方的力量对比并不均衡，相互关系往往由强势一方主导，相互转化并不容易。《老子》中有不少关于"以柔克刚""以弱胜强"的论述，这对弱者往往是一种安慰，但弱者往往也不清楚"柔弱胜刚强"是会自然发生，还是需要努力去争取。类似的例子还有"将欲取之，必固与之""反者道之动"等论述，读起来很有启发意义，因为人们根据亲身体验知道这种事情肯定存在，但也感到未必总是如此，并且说不清楚在什么条件下会如此。所谓"在一定条件下"相互转化，这里的条件是隐含的，并没有明确说出，需要通过长期的直观体验才能逐渐领悟和把握。一旦掌握了矛盾双方相互转化的条件，就可以实现"象"与"象"之间关系的灵活变通，转弱为强，转危为安，化腐朽为神奇，变坏事为好事。关键在于如何体验到这种隐含的条件，在思维活动中补上这些前提条件，才能找到"象"与"象"之间转化的合适路径。

比如"柔弱胜刚强"，这里讲的"柔弱"不是无条件的柔弱，而是作为一种斗争策略的"示弱"，能够化解刚强，使强者变得柔弱，然后弱者才能战胜强者。如果一个人逆来顺受，窝囊透顶，彻底柔弱，永远不可能战胜强者。又如"无为而治"，并非说不要任何前提条件。只有当管理者自己"无为"能够导致其下属自动"有为"的时候，"无为而治"才能取得预期效果。"象"与"象"的相互转化是具备有机联系的事物才能体现出来的特性。如果割裂事物的有机联系，变成僵化的规定，不可能实现矛盾双方的转化，灵活变通的方法也不再有效。

"象"与"象"之间关系转化需要讲究方法，采用恰当策略。仍以"柔弱胜刚强"为例。在强弱双方实力相差悬殊时，弱者对强者常常会产生拘束感、畏惧感或依赖感。当强者咄咄逼人时，弱者时常一味忍让，以求维系矛盾双方的统一关系。其结果是，过分忍让却导致自身丧失生存、发展和维护自己基本权益的机会，最后导致双方关系的破裂。这是受情感制约而缺乏理性，不能真正实现灵活变通。实际上，要想真正维系矛盾双方统一体的存在，弱者应该学会适当斗争，"以斗争求团结则团结存，以退让求团结则团结亡"。当然，斗争要"有理、有利、有节"。其实，弱者与强者之所以能在一定时候、一定条件下结合成一体，恰恰在于弱者此时对强者还有价值，这种统一还有存在的必要。如果弱者自毁根基，勉强维系的统一很快就会完结。

"象"与"象"之间关系的灵活变通，还表现为对矛盾双方相互转化的时机的把握和利用。"物极必反"是事物变化发展到极端后的普遍趋势，如《老子》中所说"兵强则灭，木强则折，物壮则老"。如果有必要利用这种转化趋势，就可以在即将"物极而反"的时候，用较小的投入，推动事物整体转变加速进行。如果有必要回避这种趋势，就需要在事物即将发展到转化的临界点时及时加以控制，避免根本性的质变的发生。老子特别强调"知止不殆""祸莫大于不知足"，讲的就是这种情况。中国古代文人大都有儒道互补的心态，"穷则独善其身，达则兼济天下"，这种灵活变通保证了文人在精神上能够承受宦海沉浮，起到了维护文化传承的作用。如果文人在官场失意后一蹶不振，失去生活的勇气，那就会搞垮自己。这时变换到"采菊东篱下，悠然见南山"的心态，的确是一种生存的智慧。儒家文化强调刚健入世，是主"阳"的文化；道家文化强调超然出世，是主"阴"的文化。阴阳互补，才能保证社会生活的平稳有序。主"阴"的文化并不完全是消极避世，有时也会起到以"阴"制"阳"的效果，即"反者道之动，弱者道之用"。阳中有阴，阴中有阳，正因为二者是有机的统一体，所以才能影响到对方的内部。古代的"三十六计"之中，有些计策的运用正是在利用矛盾，制造矛盾，造成"象"与"象"之间关系的灵活交通，以迷惑敌人，出奇制胜。所谓"反间计""苦肉计""隔岸观火""明修栈道，暗度陈仓"，都是巧妙地利用矛盾双方相互转化的时机，制造假象，掩盖真相，以达到预期目的。

"象"与"象"之间关系灵活变通的图像化表示，就是作为道家和道教象征的太极图，它由两个象征着动态转化的阴阳鱼合成一个正圆，其分界是一条S型曲线。人们常用太极图解释矛盾的对立统一关系，将其解释为"阴极而阳，阳极而阴"，但对作为两者分界的S型曲线并未过多注意。实际上，这条曲线寓意深长。它象征着事物的变化发展的曲折性。而曲折性之所以会存在，事物的发展之所以很少走直线，正是由于人们运用直观体验时，知情意相贯通的模式使情感因素往往不自觉地起倾向性作用，偏离原来的轨道，直到人们感到事情已发展到极端时才想到扭转。于是，经历向两个极端发展而后又扭转的过程，就呈现出S型曲线。在社会生活中，这种曲折性表现为事物发展过程的左右摇摆，或者说"左倾"和"右倾"交替出现。经过物极必反的体验之后，才能逐步找到符合事物正确发展方向的"中庸之道"。人们在看到太极图时往往有一种神秘感，有一种心灵上的共鸣，因为它调动了人们长久以来积淀的深层文化体验。

"象"与"象"之间关系的变通不仅发生在两个相互矛盾着的事物之间，也发生在多个事物的关系网络之中。对多个相互关联的事物之间关系的处理，要注意把握各要素之间相互转化的关系，避免方法上的简单和僵化。《易经》中展示的由八八六十四卦构成的符号系统，就是多种"象"之间灵活变通的范例。每一卦由阴爻和阳爻按一定规则组合而成，而阴爻和阳爻是可以相互转化的。这就使每一卦体通过阴阳相互转化有可能演变出其余六十三卦。或者说，每一卦体中蕴含着其余六十三卦阴阳相荡、刚柔相济的全部变化。《易经》中对卦象有丰富的解释，主要讲社会生活中各种"象"的变化趋势和规律，具有很强的启发意义。

第三种类型是"象"的结构和功能的变通。

由于从直观体验角度出发注重事物内部和外部的有机联系，所以人们对"象"的结构和功能的认识注重系统各要素之间相互影响、相互制约的关系，合理加以调控，力求其整体效益的最优化。各种事物的结构是相对稳定的，然而放到不同的环境中，置于不同背景下，就可能呈现不同的功能。而根据功能的需要再来适当变换结构，就可能带来更为丰富的结果。结构—功能之间的相互转化正是各种类型机体生机和活力的来源，也是"心"的抉择能力在整体性、系统性层次上的集中体现。

中国古代有些技术发明具有"象"的结构和功能上灵活变通的特征。比较典型的发明是"象棋"。中国象棋起源于兵家，模仿兵家布阵对策之象，在民间流传中逐渐成熟。①象棋对弈较量的就是如何发挥棋子的功能，形成合理的结构和功能，通过灵活变通取胜。围棋也具有类似的特点。由于只有黑白两种棋子，其结构和功能上的灵活变通更加显著。古代工匠们能够将许多分散的技术单元联结成有机体系，靠的也是灵活变通的思维方法，通过构建技术体系的新结构，产生单一技术活动不具备的新功能。比较典型的是都江堰工程，它由分水鱼嘴、宝瓶口、飞沙堰巧妙配合，相互依仗，实现了自动分流、溢洪排沙、自流灌溉的有机统一。另一个类似发明是古代陶瓷业的"联窑"烧制，将数十座窑依傍山势相互连接，下面窑的余热顺次向上，直到最上一窑才从烟囱跑掉，既提高了热效率，节约了燃料，又能避免积水湿患。多个窑之间有机协调，便于合理调节各窑温度，烧制不同陶瓷器，使联窑的整体效益达到最优化。②中国古代大钟的浇铸也是这方面的杰作。现存北京西郊大钟寺的大钟为明朝永乐初年铸造。钟体高6.75米，最大直径3.3米，重46.5吨。铸造这样的大钟要用大量铜水，而当时并没有足够大的熔炉，工匠们用"群炉汇流，连续浇注"的方法解决了这一技术难题。铸钟时许多熔炉依次排开，依次升火熔炼，前一炉浇铸完毕，后一炉恰好出炉。这样环环相扣，保证化开的铜水源源不断注入槽道，一次浇铸完毕。当然，这需要有一套严格的管理流程，将这些熔炉看成一个有机整体；而操纵群炉的工匠们在整体调度指挥下，也整合成一个巨大的技术"超人"。③

至于中国古代工程管理中灵活变通的案例，首推北宋大臣丁谓"一举而三役济"的谋略。北宋时皇宫遭火被焚，皇帝令大臣丁谓限期修建。皇宫处城区中心，取土困难。丁谓下令挖开宫外大街取土，不久成为一条巨堑。然后引汴

---

① 参见赵海明，许京生. 中国古代发明图话. 北京：北京图书馆出版社，1999：345-346.
② 参见刘长林. 中国系统思维. 北京：中国社会科学出版社，1990：570-571.
③ 参见刘长林. 中国系统思维. 北京：中国社会科学出版社，1990：569-572.

水入内成为河道，使运载建筑材料的船只由水上直达工地。皇宫修复后，用废弃瓦砾灰土填入巨堑，恢复原来的大街。①此举既避免了大范围动迁民宅，又加快了工程进度，节省了原材料。这项工程构思精巧，实现了结构与功能的巧妙变通。

对"象"的结构和功能的灵活变通，还体现在国家管理、军队管理、社会管理等诸多方面。中国传统政治文化的一个重要特征是封建官僚集团中存在或明或暗的非正式派别，彼此相互制约，而且不断交换其结构和功能。古代社会有些重要的政治变革需要经历看似不动声色的人员调整，使得具备某种政治倾向的派别逐渐掌握主导地位，然后才可能将变革公开化，进行机构、制度、观念上的大转变。在协调社会生活中各种利益集团关系时，尤其需要讲究策略，注重灵活变通，使社会变革为人们逐步接受。这一点在现代社会生活中也有所体现。所谓"政策和策略是党的生命"，这意味着政策和策略同等重要。因此，对政治生活中"象"的结构和功能的体验，是衡量一个官员是否称职的重要指标。在军事战略战术方面，"象"的灵活变通有更明显的体现。孙子兵法中讲"兵形象水"，讲"善战人之势，如转圆石于千仞之山者，势也"。毛泽东军事艺术特别强调"灵活机动的战略战术"。这些论述都体现了对战场上"象"的结构和功能灵活变通的体验。

以上讨论了作为"心"的调整能力的反思与变通的三种基本类型，下面再从一般意义上讨论一下灵活变通的方法论。"心"的灵活变通基本上是在逻辑分析思维框架之外发展起来的，因而其判断、推理和论证形式上都有别于逻辑思维的判断、推理和论证，但其中内隐逻辑仍然发挥着重要的平衡和调整作用。

灵活变通的判断建立在"象"的含义的变通基础上，其基本模式是"亦此亦彼"。由于背景不同、前提条件不通，人们对同一事物可以做出看似相反的判断。例如，说一件事"既是好事又是坏事""帝国主义是真老虎也是纸老虎""进化的同时也是退化"，等等，这些相互矛盾着的判断实际上都是分别在不同

---

① 沈括. 梦溪笔谈. 闫嘉，周晓风译. 成都：巴蜀书社，1995：220.

的条件下成立的，因而这些判断不是诡辩，不是自相矛盾。只有无条件地强调"亦此亦彼"才是诡辩，才是无原则的折中。人们之所以常把看似相反的判断放在一起讲，目的是展现其灵活变通的特性，避免认识上的僵化。

灵活变通的推理立足于直观体验思维，其一般形式可以概括为前面提到的"相反相成"。就是说，由事物具备某种特征，可以推知必然有与之相反的因素存在，以决定或促成了该事物特征的显现。如果要使某一事物向特定方向发展，可以推知在一定条件下应该采取某些看似相反的措施，才可能达到预期的目的。在老子的《道德经》中有关于"相反相成"模式的大量表述，如"曲则全，枉则直""正复为奇，善复为妖""祸兮，福之所倚；福兮，祸之所伏"等。所有这些表述，都是用在具备有机联系的事物变化上才是成立的。要想促成或遏制某种倾向的出现，有时要从其相反的方面着眼，致力于调整其制约因素，这样可能取得事半功倍的效果。比如要增加财富积累，就需要适当减免税收，藏富于民。要想使敌人暴露破绽，就需要诱敌深入，使其扩大战线，首尾不能相顾。要想使尖锐的批评意见为对方接受，从合情合理的角度出发，应该先肯定而后否定，在"但是……"后面做文章。诸如此类灵活变通的方法，大体上都可以依照"相反相成"模式推出来。现在人们经常提到所谓的"逆向思维"往往成为创造性观念涌现的契机，就体现了这种特征。运用灵活变通的方法论，要注意冲破观念和习俗的封闭循环，不断调节系统的要素、结构和功能，通过"相反相成"产生新的组合，具备新的特征。

灵活变通的论证不能仅仅建立在纯粹直观体验的基础上，而是要注意发挥"用心"思维中内隐逻辑的作用。变通的决策一旦提出，可能面临一定风险，需要仔细论证其合理性和可行性。如果仅仅强调"用心"的直观体验特征，只从部分事实出发通过举例来"论证"，由于选择事例不同，认识结果就很容易以偏概全。很多人基于直观体验的决策根据是亲身经历过的若干事例。在论证自己的观点时，强调的只是有利于自己的"事实根据"，而很少考虑这些事实根据在何种条件下、在多大范围内能够支持所要确立的观点。直观体验的论证发展到极端，还可能引用一些有助于增进信服力的佐证，如名人语录、历史典故和他人观点。

"用心"的灵活变通能力在现代的决策和行动中具有重要价值与积极作用。适当的灵活变通是智慧的体现，有助于克服僵化的刻板的认识，克服"食洋不化"的教条主义倾向。灵活变通有助于弥补逻辑分析思维的局限性，促进创造性观念和方法的形成与应用。近些年来，现代医学中出现自然医学分支，以自然界存在的东西和人体自身能力为基础，来保持和恢复健康。从自然医学角度出发，中医养生保健的很多方法体现出重要的现代价值。老子早就讲过穷奢极欲的后果。中医自然疗法正是针对这种情况，强调吃喝玩乐都不要过度，过则伤身，必须有所节制。因此，在生理和心理方面都要控制过分的欲望，节制大喜大悲和思虑过度，生活有规律，不暴饮暴食。①中医在诊断治疗上注重身体各器官之间的有机联系，避免"头痛医头，脚痛医脚"，注重扶正祛邪，提高人体自身抵抗力，这些思维方法在实践中展现出许多西医无法取代的疗效。

在中国传统文化发展中还有一条重要的方法论原则，即"奇正相生"。"出奇制胜"时常成为人们摆脱困境的主要方法。不仅军事上强调"出奇制胜"，在社会生活、文学艺术和科技实践活动中也有许多"奇正相生"的生动事例。摆脱已有僵化模式的"奇正相生"，在文学艺术创作中表现为"领异标新"、别出心裁，对新奇艺术形式的追求成为文学艺术进步的重要动力。中国民间有句俗语，叫"退一步海阔天空"。如果去掉其中可能存在的"精神胜利法"的成分，那么这种灵活变通的意识有助于改变僵化的思维模式，缓解心理压力。一些客观条件不完备的事情，如果勉强要做，人势必要付出很多不合理、不必要的代价。此时如果能及时清醒，迅速摆脱错误的思路，就有可能扭转局面，摆正自己的位置，做出正确的选择。

在理解和运用灵活变通的方法论时，特别要注意内隐逻辑的平衡和调整作用。在"用心"思维中起主导作用的直观体验，其本身规定性往往不是很强。如果不考虑其前提条件和适用范围，就可能导致过度变通，影响正常社会秩序和法律法规的实施。此外，还存在不少对质量标准、工艺标准、统计数字、考

---

① 参见葛荣晋. 道家文化与现代文明. 北京：中国人民大学出版社，1992：42-46.

试分数等与制度有关的变通。在日常生活中过于变通，有时会导致人缺乏进取心和改革的热情，消极避世，缺乏正视现实的勇气。过分的变通好比过小的摩擦力，使得物体运动起来十分灵活，但容易打滑，很难保持稳定可靠的状态，很难取得实质性的进步和创新。

第七章 "心"的社会功能：从传统到现代

"心"的社会功能体现为"心"的观念在协调人际关系、加强团队建设和提高机构效能方面的作用。这种作用在中国传统文化发展中有着深远影响，在现代社会生活中也有着不可替代的功效，一旦忽视"心"的社会功能就会带来很多社会问题。从传统到现代梳理和反思"心"的社会功能具有重要现实意义，这是"用心"的思维方式发挥实际作用的关键所在。

第一节 "心"与人际关系

中国传统文化的一个显著特征是人际关系非常发达，而"心"在发展和协调人际关系中发挥着核心作用。人们要"用心"体会人际关系的远近亲疏，处理人际关系的各种矛盾。然而在中国近现代社会转型的过程中，传统的人际关系模式受到很大冲击，现当代社会生活中出现了人际关系逐渐疏远的某些迹象，需要引起高度重视，及时通过发挥"心"的作用加以修补和完善。

在传统的农耕文化环境中，绝大多数家庭在经济上自给自足，但由于儒家文化的深远影响，人们在相互关系上却非常密切。儒家的核心观念"仁"的本义就是"二人"之间的关系。①人际关系不仅包括君臣、父子、兄弟、夫妻等固定关系，也包括邻里、同事、同学、同乡乃至同胞等非固定关系。每个人在人际关系网络中都处在一定结点上，受周围的人际关系制约，其社会存在就是

---

① 参见孙隆基. 中国文化的深层结构. 桂林：广西师范大学出版社，2004：13.

一种"关系型"的存在，个人独往独来的性格在这种人际环境中几乎难以生存。人们不仅在日常生活中互通有无，相互接济，在思想感情上也相互依赖，经常沟通，这种沟通主要就是心灵沟通，彼此"用心"来理解和善待对方。有人讲中国传统社会是一种"人情社会"，一方面是说人情味很浓，人们彼此相互关心，情谊浓浓；另一方面也指人们有时重人情而轻规则，熟人好办事，人情关系甚至可能干扰社会生活的秩序。"人情社会"这种特征来自"心"的知情意相贯通的认知模式，人际关系的实际状况往往通过人们彼此的情谊表现出来，通过情谊的交流来判断实际交往的深浅程度。

由于"心"在整体上以直观体验为主导的特点，人们对周围人际关系的理解是以直观体验的程度加以区分的，对缺乏了解的陌生人可能有一种天然的警惕，而将"生人"变成"熟人"后才比较放心。这就要经过彼此"相处"的过程，逐渐建构起稳定的相互关系。出于各种性格差异、生活方式和利益关系的考虑，人们的交往可能存在友谊、交情、礼让、疏远、抵触等各种情况，实现心灵的沟通并不容易，准确判断人际关系需要反复琢磨，其中要发挥内隐逻辑的调节作用。或许要经历很多事情，特别是一些关键场合的考验，才能够透过各种表象，看准一个人的内心特征。有很多时候人们期待身边的人是与自己合得来的人，能够与之建立起理想关系，但往往一厢情愿。而主观上对人际关系的期望要逐渐符合客观实际，这样的人际关系才会得到可靠回馈。汉语中有些习惯用法耐人寻味。比如"对"的本义是"面向""应答""呼应"，如"对象""对应""对联""一对"等。但日常有些语境中"对"和"正确"却会联系在一起，比如"说得对""回答对了""方向对头"。这种习惯用法是否蕴含着通过主客观对应来做出正确判断和决策的人际关系特征？这很值得琢磨。还有一个语言现象，就是"关心"的反义词并不是"开心"，而是"冷漠"，为什么？"关心"是人际关系中对象化的表述，将对象放在自己的"心"中，将心比心，设身处地地为对方着想；而"开心"则是一种情感表达，就是打开心扉，放松心情，自由舒畅地表达心意。

在中国传统社会生活中，一个人处理人际关系的能力往往成为考察其品行和能力的重要指标，在古代往往称为"人缘""人品""口碑"，现代社会则称为"群众关系"。如果一个人特立独行，和周围的人都搞不好关系，那么即使才华出众可能也难以生存和发展。这种人际关系网络有助于在自然经济条件下群体的团结和社会生活的稳定，但过度的人际关系网络限制也可能导致压抑个性、忽视个体应有权益的倾向。"心"对传统人际关系协调的主要途径是道德教化，儒家学说对人际关系应遵循的道德规范做了详尽规定。这些道德规范的践行是一个互动的过程，需要主动作为和相应的回馈。如果只是单方面主动实施道德行为，而对方没有回应，这种关系就很难维持下去，因为主动一方会心理不平衡，感觉不公正。承受过大压力的一方会受到伤害。在一般情况下，依靠道德规范协调人际关系的功能会带来整个社会注重伦理教化的氛围，出于好心去做好人好事的人即使得不到对方回馈，整个社会也会有相应机制给予表彰奖励，比如在人才选拔、荣誉奖励、媒介传播乃全民众口碑中注重德行，以德为先。如果一个人做出损人利己的不道德的事情来，在他律氛围浓厚的环境中，他很可能在生活上和事业发展上处处遇到阻力。在农耕文化环境中，邻里之间世代相识相知，谁的家里有什么事情都会很快传遍整个村庄。在这样的社会环境下舆论的他律作用足以保证人际关系的基本协调。

本书前面提到在"心"的知识形态中"经"与"纬"的区别。在中国传统社会生活中，也可以看到具有"经"和"纬"不同特征的因素相对独立又相互制约的结构关系，这种关系使得整个社会成为一个有组织的有机整体。其中"经"的因素体现为制度化的管理，包括典章、法律、规则、标准，原则上适用于所有人。而"纬"的因素主要就体现在横向的人际关系上，如人际的亲情、友情、利益结盟。如果"经"与"纬"的关系协调不好，那么执行过程中就可能出现权大于法、法外施恩、人情大于制度约束的现象。中国古代处理人际关系问题很少有成文法，主要强调情理因素，更多依靠相互的体验性的联系。"纬"的人际关系很多时候是隐性的，彼此心照不宣，很难琢磨。所谓"练达人情皆学问"，主要指人际关系方面的隐性知识。一个人在特定的工作和生活环境中，要和各种社会角色打交道，这些人具有不同的生活背景、性格特点、知识结构、兴趣爱好。有些人容易相处，有些人很难接近。有些社会地位较高的人可能很傲慢，有些心胸狭隘的人可能咄咄逼人，有些心术不正的人可能总想算计别人……人际关系中让人不喜欢但又不得不面对的矛盾，使得很多缺乏社会经验的年轻人觉得很难对付。原则上讲要注意人与人相处的"分寸"，注意"对具体情况做具体分析"，或者提出一些"忠告""指南"之类的东西，但这都不能代替他们必须经历的对人情世故的领悟和总结，包括借鉴和利用他人处世为人的经验、提高"用心"的认知和决策能力、掌握灵活变通的方法论，等等。本书前面讨论的"心"的各方面功能，实际上都是处理好人际关系的思想基础。处理不好人际关系的人，往往是在"用心"上存在着自发弱点，在社会生活中处理"经""纬"关系失调的人，古往今来都是如此。

在中国现代社会生活中，仍然可以清晰地辨识出"经"的因素和"纬"的因素的存在与作用，前者包括主流核心价值观、国家治理体系和各种法律法规、各种社会管理和运营活动等，后者包括社会舆论、日常人际往来、合作与互助关系、时尚与心理共鸣等。这些"经"的因素和"纬"的因素仍然交织在一起，在社会生活的和谐稳定方面发挥着重要作用。现在人们越来越多地运用"共同体"的概念，如人类命运共同体、人与自然生命共同体等。作为共同理想信念、价值观和制度体系的"经"的因素与人们相互团结的"纬"的因素相互配合，才能保证"共同体"的整体性、强韧性和存续性。

然而，现代社会生活已经使传统的"经""纬"关系和社会组织结构在很多方面发生了深刻改变。在现代社会生活中，特别是在市场经济环境下，人与人之间的关系不再像农耕文化时代那样密切，越来越具有"原子化"倾向。社会生活制度化程度的提高强化了"经"的因素的作用，很多社会问题主要依靠法纪、规则、标准加以解决。现代经济和技术发展提供了个人与家庭相对独立生活的更多可能性，相应减少了人际交往中某些"纬"的因素存续的必要性。以往某些很紧密的亲友、同学、邻居关系逐渐松弛，可能带来不同程度的情感冷漠、孤独、无助感，一些独居老人这方面的问题尤为突出。现代企业经营、教育评价、社会治理中工具理性的作用日益显著。有些人只看重社会治理中的"经"的状况而不大在意群众关系方面"纬"的状况，很少考虑周围人的感受、困难、需要和群众印象。一个人如果有了不道德的行为，如果不触犯法律，通过舆论谴责的道德他律很难发挥作用。媒体上时有报道个别老年人为老不尊、做出不道德的行为，原因往往在于他们觉得舆论压力对他们不起什么作用。当代信息技术发展加剧了一些人思维方式的"碎片化"和特立独行趋势，他们乐于生活在"信息茧房"乃至虚拟世界中，很少考虑与自己不直接相关的外部世界事情或长远未来。这可能导致其处事不计后果，挑战情理和法规，甚至走向偏执和任性。这些社会问题的出现，意味着社会关系网络中一些"纬"的联系出现了某种"变短"和"变细"趋势，不利于形成相互帮扶、好学上进和道德他律的社会氛围。

"经""纬"之间关系的这种变化可能带来协调机制的失衡，使得社会组织结构缺乏稳定性和"抗拉强度"。比如有些年轻人缺乏沟通能力和协调能力，出现交往心理障碍，遇到困难挫折缺乏承受和化解能力；有些中小企业经营缺乏"韧性"，很容易在外来冲击卜倒闭；有些社会服务机构办事人员遇到难题容易相互推脱责任，影响公信度。在"经""纬"交织的关系网络中，每个人的社会交往都是连接他人和社会组织的"微结构"，都会影响社会生活的整体质量、秩序和效益。提倡个性和生活方式多样化并不意味着不需要共同的价值观念和集体意识，重视规章制度的作用并不意味着不需要人与人之间的关爱和互助，发挥工具理性的作用并不意味着忽视价值理性和主动的社会责任。要使"经""纬"关系适应当代社会生活，提高社会组织结构机能，必须注意及时调整和更新"经""纬"要素之间的互动机制。而要从根本上解决"经""纬"之间关系变化出现的新问题，增强社会生活中"共同体"的生机与活力，一条重要对策就是在新的时代背景下自觉发挥"用心"思维的社会功能，在后面第九章还将进一步讨论这个问题。

现代社会生活中另一个突出问题是如何处理规章制度与人情关系的矛盾冲突。规章制度是"动脑"的产物，而人情关系是"用心"的产物。中国古代社会中也有规章制度和法律，有些法律执行起来还相当严格。在"用心"的认知框架里，规章制度和法律是从遵循经典、合理合法的角度加以把握的，但知情意相贯通的认知模式有时会造成由情感因素失控导致的非理性行为，表现为对亲近的人姑息、纵容、溺爱，如古代帝王对后妃的专宠、对宦官的过度信任，往往导致天下大乱。在现代社会生活中，不少家庭尤其是老年人出现了很强的溺爱倾向，对小孩子不合理的习惯、要求、爱好缺乏控制和引导，造成青少年大量近视和弱视、健康程度下降、迷恋游戏机、缺乏自制能力等社会问题。有些政府官员纵容亲属在社会生活中违规行事，最终使自己走向腐败和犯罪。情感因素失控很容易造成对法律和制度实施过程的干扰，以人情代替法律，靠请客送礼打通关节，造成社会上法制政令松弛，违规违法事件不断滋生。许多人对"生人"可以义正词严地讲原则，而对"熟人"就会网开一面，采取种种变通手段照顾彼此利益，许多违规违法的事情都是在"熟人"那里打开缺口的。在这个意义上，现代社会生活强调规章制度和法律的作用，避免非理性行为，是社会进步的表现。

然而值得注意的是，现代社会生活中还存在另一种倾向，就是以执行规章制度和法律的名义排斥合情合理且必需的人际关系灵活调整，实际上排斥了"用心"的作用。事实上，任何规章制度都不可能覆盖所有特殊情况。当遇到需要从大局出发进行必要的变通处理时，"用心的审视"是完全必要的。如果将心比心，站在群众的角度想问题，就会找到既不违背根本原则又能创造性解决问题的途径和方法。现代社会生活中强调"用心"思维，可以成为协调人际关系、化解社会矛盾的有效的"润滑剂"，起到平衡社会规则和民众心理冲突的作用。要体现"心"的认知的知情意相贯通的功能，需要反思科学文化与人文文化、工具理性与价值理性的关系模式，为"心"找到一个应有的位置，让"情"和"意"发挥应有的作用，使人与人之间的"交心""贴心""心心相印"在新的时代背景下重新展现其应有价值。

世界上其他民族文化中都有对协调人际关系的不同思路和方法，它们并不具备"用心"思维知情意相贯通的特点。"用心"协调人际关系有着特定的认知价值和优势，能够在解决当代整体性、全局性、体验性的重大社会问题方面发挥重要作用，也有助于个人的全面发展。解决现当代人际关系方面出现的问题，有必要从以下几方面发挥"用心"思维的作用。

其一，在思想品德评价中发挥"用心"评价的作用。俗话说"百姓心中有杆秤"，发自民众内心的评价能反映出一个人思想品德的真实、全面和深层的状况。现在网络传播渠道发达，通过恰当设计保证网上评价的真实可靠并不困难。"用心"的评价是整体的、有机的、体验性的评价，要求被评价者在思想品德表现方面没有矫饰，没有"花架子"。对思想品德的"用心"评价结果应该与个人的求职、晋升、社会交往密切相关。现在很多单位用人强调"以德为先"，但评价指标往往简单、空洞、流于表面，起不到应有作用。如果在思想品德评价中发挥"用心"评价的作用，人们自然会注重整体性的道德要求，如爱国主义精神、集体主义精神、关心他人、关心弱势群体、具备社会责任感。要发挥"用心"思维的知行合一的功能，需要在思想教育、品行与业绩考核、衡量企业社会效益等方面倡导这种"用心的评价"，注重培养发自内心的"大我"意识和社会责任感。

其二，引导人际交往既重视物质交流也注重精神互动。自然经济时代人际互通有无很看重赠送礼品。而在市场经济条件下，人们缺少什么东西很容易买到。如果只是考虑人际关系中的物质交流，很多人觉得并不需要。现在很多人利用空闲时间只是随便浏览手机上的碎片化信息，并不能完全解决精神交流上的问题。如果能够发挥网络平台的心灵交流作用，在精神层面重新密切人际关系，可能是在当代修补和完善人际关系的重要渠道。

其三，在化解由"心"的作用缺失引发的社会问题和事件时，注意"心"的认知方式的特殊性。很多人觉得"用心"是中国人的本能，处理由"心"的作用缺失引发的社会问题和事件时，只要强调一下"用心想一想"即可，这样做的结果往往使"心"的作用流于形式。以往人们不自觉地"用心"，是以广泛阅读中国传统文化的典籍、文学作品，了解社会生活，体验人情冷暖为前提的，这里有很多"用心"的认识论、方法论、价值论、伦理学思想资源，从中可以看出和领悟到处理人际关系的准则、策略、方法。而现在很多学生在应试教育的"指挥棒"下疲于奔命，知识结构中很少有这些东西，对如何处理人际关系问题缺乏基本知识。他们在步入社会之后，不清楚如何建立可靠的群众关系、如何得到可靠的社会支持、如何处理人际矛盾冲突、如何把握交往中的各种分寸。所以需要开展自觉"用心"的相应教育，从根本上使年轻一代学会自觉"用心"。

其四，要在社会上营造提倡"用心"、鼓励"用心"化解人际关系矛盾的社会氛围。中国革命战争年代有大量鼓舞军心、民心解决困难问题的成功经验，20世纪五六十年代也有很多通过"用心"开展群众思想工作促进各项事业发展的方式和方法，值得在新的时代背景下反思、总结和推广。现在仍然需要大力倡导"做群众的贴心人""一心为了国家和事业""全心全意为人民服务"，这样才能有效发挥"用心"在完善人际关系方面的作用，构建风清气正、健康有序的人际关系。

第二节 "心"与团队建设

有些学者曾经主张中国人注重群体意识，而西方人注重个性自由。[①]这种理解现在看来问题很多，因为现代中国社会生活中年轻一代个性张扬的特征也日益明显。但是在面对重人社会问题时，发挥群体优势特别是构建高效团队，形成万众一心的局面，又是中国社会生活中独具特色的现象。群体意识取决于群体中个体之间相互制约、相互渗透的有机联系，而这种有机联系是通过知情意相结合的认知模式把握的。这种思维特征有助于团队成员配合默契，同心同德，效率极高且不断发展，像一个"超人"一样完成依靠单个成员实现不了的任务。"心"在团队建设中的特殊作用是中国传统文化蕴含的巨大社会资源，在现代社会生活中也具有十分重要的价值。

团队建设看起来是现代产物，如体育竞赛团队、作战团队、科研团队、企业管理团队等。其实古代也有很多类似团队的社会组织，如官场、商界、军队乃至手工作坊中相互配合以实现共同目标的合作者群体。团队区别于一般社会组织的特征在于其成员自愿组合、情投意合、有明确归属感。20世纪80年代，像沃尔沃、丰田这样一些大企业将团队形式引入生产和管理机制中，产生了明显绩效。此后团队形式在许多企业迅速普及。团队形式能够促使工作队伍多元化，提高工作效率，在多变的环境中反应灵活，使管理者有时间进行更多的战

---

① 陈独秀曾认为"西洋民族以个人为本位，东洋民族以家族为本位"。不少学者持类似的看法，参见沙莲香. 中国民族性（一）. 北京：中国人民大学出版社，1989. 77.

略性思考，加快决策速度。①美国学者卡曾巴赫等人强调要精确地区分团队和一般性的集团。团队工作代表了一系列鼓励倾听、积极回应他人观点、为他人提供支持并尊重他人兴趣和成就的价值观念。②有关团队建设的这些观点和做法突出了团队的整体性、有机性、体验性特征，与"用心"的思维机制彼此呼应，但缺乏"用心"的思维机制更深的文化底蕴，因而很难发现其成败得失的思想根源。

团队的成长和运行不是靠"动脑"就能完全解决的，需要加强成员之间的情感交流和心理沟通。各种团队都有自己的规范、运行机制和奖惩措施，但人们组成的团队总会存在个人与整体之间、个人与个人之间利益关系的协调，以及成员之间性格、爱好、价值观差异的协调等问题，需要在团队中培养关心集体、顾全大局、相互体谅的风气，形成命运共同体。如果团队成员之间钩心斗角，离心离德，效率低下，队伍很可能兴盛一时但逐渐没落，最终导致解散。"用心"的思维方式能够发挥团队建设的"凝结剂"作用，使成员具备共同价值观和努力目标，在知情意各层面相互融通，通过心灵交流化解团队建设中的各种矛盾。

发挥"心"在团队建设中的特殊作用，需要充分利用"用心"在认知模式、道德教化、行为决策等方面的思想优势，主要体现为如下几点。

其一，发挥"用心"的整体性、有机性、体验性的思维特点，将团队建构成一个有合理内在结构的有机整体。团队应该是一个其成员优势互补的群体。这里所说的"优势互补"，不仅指团队成员知识结构、能力、研究经验的优势互补，也指性格特征、工作风格、人文素养的优势互补。换言之，如果一个团队中的成员在知识结构、能力、经验和非智力特征上基本相同，或者说有着共同的长处和弱点，那么这种团队很难有什么发展空间。当代科技和社会发展面临的重大课题往往横跨多个领域，涉及基础研究和应用研究多个层次，与经济发展和社会生活许多现实问题密切相关，其整体化、综合化趋势达到前所未有

---

① 伟传. 团队建设"三加一". 人才资源开发，2005，（4）：86.
② 卡曾巴赫. 团队的智慧：创建绩优组织. 侯玲译. 北京：经济科学出版社，1999.

的程度。以往狭隘的专业划分已远远不能适应这种趋势。因此，组建跨学科跨专业的团队必须保持合理结构，使得不同年龄、不同研究经历、不同背景的人相互交流、相互影响、相互熏陶，但又不脱离核心研究方向[①]，才能够在科技创新上取得突破性进展。团队的差异化结构体现了"和实生物，同则不继"的理念，优势互补不是机械地耦合，而是有机地系统整合。这就需要团队的组织者和建设者有容纳不同特性人才的胸怀和战略眼光。特别是决策层成员之间的优势互补，能避免由于决策失误而影响整个团队的发展。

其二，发挥"用心"在道德教化方面的思维特点，营造团队成员"同心同德"的心理氛围，不断增强团队凝聚人心的力量。"同心"指的是成员有共同的目标，能够使个人利益服从整体利益；"同德"指的是有共同的价值观和道德行为准则，自觉协调相互关系。只有同心同德才能齐心协力，精心维护团队的团结。团队应该是一个成员相互尊重、相互信任，能够充分发扬民主的群体。如果一个团队中的成员相互排斥、相互猜疑，或者存在"一言堂"现象，不允许不同意见平等交流，这样的团队尽管可能以某种机构的方式存在，但并非真正意义上的团队。团队的领导者应该自觉地创造民主氛围，才能够充分发挥每个成员的创造能力和责任感，使成员之间的优势互补真正起作用。如果没有民主、自由、平等交流思想的环境，听不到不同声音，不允许不同意见申诉，那就会降低团队活动的理性程度。当代科学研究手段的高度信息化和科研团队间竞争的加剧，使得科研人员长期依附于某一单位或团队的现象逐渐减少，流动性显著增加。团队具备民主、自由、平等的氛围才有凝聚力，才能不断吸纳优秀人才，不断提高整体的创新能力。

其三，发挥"用心"注意结构优化、"各得其位"的思维特点。团队领导者知人善任，才能不断提高团队的整体效能。团队的领导者不仅应该是带头人，准确把握发展方向，选定发展目标，而且要善于调动团队成员的积极性，调整成员之间的关系。这不仅需要团队领导者自己发挥表率作用，而且还要具备很好的人文素养，对创新与社会需求的关系有深刻理解。如果一个团队的领导者

---

① 洪国藩. MRC 的启示. 世界科学, 2000, (3). 13 14.

缺乏对其成员的协调和组织能力，不能使每个成员在其适合的岗位上有效发挥作用，不能合理地调节成员之间的矛盾，就会使团队内部矛盾重重，缺乏活力。团队领导者还要善于运用激励措施，对不同成员区别对待，建立必要的管理制度，解决团队发展的各种实际问题，创造良好的外部环境。当代科学研究、技术开发与社会生活各领域的关系正在不断加强。科技成果在转化为现实生产力的过程中涉及科学、技术、经济、社会、伦理、法律等各方面关系，需要能够驾驭全局、协调好科技与社会关系的领导者。这里涉及的是隐含在科技创新活动中的带有社会科学和人文科学性质的问题，需要知识广博的，尤其是具有文理交叉特点的人才。而这种人才目前还比较少。选择合适的团队领导者，是团队能否取得高绩效成果的决定性因素。

其四，发挥"用心"思维在团队成员思想交流中的作用，保证团队成员在价值观、奋斗目标、工作作风上的集中统一。在抗日战争的关键时期，"延安整风"统一了全党的思想观念、组织纪律、工作作风，造就了一个思想有活力的强大团队，在中国革命史上产生了深远影响。团队中的思想交流就是彼此"交心"，坦诚相见，消除隔膜，才能真正同心同德。现在有些共同创业的中小微企业领导人比较看重团队成员的经济效益、利益分配和发展预期，忽视那些需要"用心"才能发现的隐性问题，因而很难避免人际关系上的隐患，往往很难持久。

中国传统文化中包含很多有利于团队建设的社会条件。中国传统文化强调"和而不同"，相辅相成，倡导集体主义精神和大局意识。现代中国的社会管理一直注重发扬群策群力、协作攻关的优良作风，在团队建设方面有着深厚的文化积淀和可贵的精神资源。尤其是像"两弹一星"这些重大科技成就的出现，与当时具有团队特征的科研群体有直接关系。前些年理工科教育注重专业分化，对学科综合重视不够。很多科技工作者专业眼界比较狭窄，缺乏跨专业跨学科的学术交流与合作。一些人可能在专业学术领域有很强的研究能力，获得过杰出成就，但缺乏人际协调和组织能力，不适合组织和引领团队。这些弱点都会影响团队的建设和发展。近些年来现实生活中一个比较突出的问题，是一些年轻人缺乏团队意识，不善于与他人合作，喜欢独来独往，任意随性。这些人不理解为什么要在团队协作时考虑他人的心态和心情，一句常见的口头语是"这与我有什么关系"？他们看似注重事物之间的逻辑关系，实际上往往从极端功利性的角度判断人际关系。这种状况会使社会生活中的团队建设受到一定限制。

团队的形成和发展需要经历一个逐步培养的过程，团队成员的优势互补需要相互了解和磨合。团队的发展目标、途径和策略需要不断调整、不断评估，很难一开始就做得尽善尽美。团队的组织者应该自觉成为一个"有心人"，"用心"引导团队的形成和发展，使之逐渐成熟，避免急功近利，急于求成。团队体现的是整体优势，团队的凝聚力和团队成员的士气是其中的重要因素。要从整体着眼，培养成员共同的荣誉感、责任心和向心力。团队内部的激励一方面要考虑整体利益的分享，另一方面也要考虑不同成员贡献的差别，使做出突出贡献的成员得到公平合理的回报。团队外部的激励主要应强调团队整体上的学术声誉和社会影响，使团队成员产生团队的自豪感和依附感。物质激励和精神激励之间需要适当平衡，内部激励和外部激励之间也需要适当平衡。

"授权"是近些年来企业团队管理的一项重要措施，目的在于激发团队成员的自主性和责任意识，使之积极主动地思考和决策，以适应灵活多变的现实状况，提高企业团队的绩效。实际上各类团队的活动都带有较大的创造性和不确定性，都需要适当授权，使团队成员各尽其责，在适当位置上参与决策过程，从而减轻团队领导者的决策压力，使之能够思考更具战略意义的课题，更好地协调团队的人际关系。"授权"的分寸实际上是"放心"和"不放心"的关系问题。团队组织者过度放心可能造成失控，而过度不放心会束缚成员手脚，增加彼此的不信任感。团队的适当授权要考虑到责、权、利相统一的问题，对承担局部决策任务的团队成员充分信任，同时加以必要指导。团队权力过于集中，就不再是一个扁平型组织，而是恢复到传统官僚体制的金字塔型组织模式，这就违背了团队初衷。然而授权过度也可能破坏团队的整体功能，降低团队工作的效率，以至造成"一盘散沙"的局面。

团队的组成在很大程度上是以具体任务为导向的，因而不具备常设机构的稳定性，团队的目标和工作方案需要随之不断调整，在这方面要充分发挥"用心"思维在谋划与优选方面的作用。衡量和评价团队的指标体系也不是一成不变的。不同学科和专业的团队需要有适应其特殊性的评价指标体系。团队还可能有其内在的生命周期，如果某一团队的生命周期即将结束，必须及时进行资源重组，避免盲目调整造成不必要的浪费。这样才能够不断推陈出新，使团队这种组织形式始终保持旺盛的生命力。

第三节　"心"与机构效能

在现实生活中，"团队"与"机构"是两种不同的社会组织。"机构"是社会制度安排的具体单位或部门，并不是人们为实现共同目标自愿组合的群体。机构里的工作人员是通过招聘、任命、选拔等途径走到一起的，是经常流动的，其中的某些人员之间可能组成显性或隐性的团队，但更多的人之间只是上下级和同事关系。现代各种机构的设置一般说来是"动脑"的产物，人们对其效能也会有一个基本的预判。不同的人在同一机构工作可能带来不同的效能，机构效能也取决于成员之间的协同关系。西方社会中的机构效能取决于机构设置和人员搭配的合理性，以及工作人员的规则意识和社会责任感，主要与"动脑"相关。而中国现实社会生活里的机构效能还取决于工作人员是否"用心"，因为他们可能会遇到单靠"动脑"难以涵盖或完全解决的问题。

机构的设置和运行规则虽然已经确定、相对独立，但任何机构都是社会组织有机整体的一部分，与社会环境和利益相关者之间有着或显或隐的有机联系，而机构中的人员要处理好这些有机联系，应对各种运行规则没有覆盖到的情况，在信息、知识、趋势尚不确定的情况下做出决策，就需要机构里的人员具备同情心、责任心、事业心、公益心，主动发挥创造性，应对机构运转中出现的各种意外情况。不同国家的各类机构都会面临类似的问题，也需要机构中的工作人员具有与中国文化语境所讲的"同情心""责任心""事业心""公益心"类似的思想要素，但"用心"思维会使这种作用发挥得更有成效，产生更积极的社会影响。

决定机构效能的一个前提性因素是机构中的成员能不能发现那些规则制度没有覆盖到的情况和问题。一个年轻人应聘到某个机构工作，首先需要了解本职岗位的职责、管理制度、考核标准、业务对接关系、服务对象等，这些都是有章可循的显性因素，运用"动脑"思维都可以处理好。"心"的思维会引导人们注意那些隐性的、不在场的、不确定的因素，如与机构中的领导和同事日常如何相处，工作上如何配合，如何与相关部门和前来办事的人员打交道，如何处理那些规章制度尚未详细规定的问题，如何把握原则性与灵活性之间的平衡，如何化解意外的风险和矛盾冲突，等等。如果能够"用心"处理好这些关系问题，所在机构就能够成为年轻人成长的一个重要阶梯。反之，所在机构就可能成为他事业发展中的限制因素，甚至会出现无论其到哪里工作都干不长、干不好的现象，而这种现象已经在某些年轻人身上开始出现。现在有些机构内存在人员之间相互牵制现象，造成其中每个成员都发展不起来，这在一定程度上反映了"心"的协调功能的缺失。不用心的工作人员往往只会照章办事，缺乏积极性和主动性，对待前来办事的人态度冷漠，漫不经心，往往造成很多事故。

一个机构效能的高低还受到人才评价标准的影响。有些管理者认为一个机构成员的个人评价指标越高，该机构效能自然也会越高。在招聘人才时，特别关注其毕业的学校层次、学术成果、荣誉称号、课题奖项等，很少考虑人才的实际工作能力、领导能力、协调人际关系的能力，因而可能出现人才济济但机构整体效能不高的现象。个人评价指标很高的人并不是天生就适合担任机构领导的人，有些高层次、高学历、高学术水平的人才可能在处理人际关系问题上能力很欠缺，甚至不喜欢担任行政管理工作，让他们负责一个机构的运转和发展勉为其难。从"用心"思维的角度，这方面的问题不难发现。一个机构里的每个成员都有自己的追求、规划、目标，可谓"各怀心腹事"。如何能够让他们在一个机构里适当调整心态，齐心协力做事，需要"用心"协调的方法论。机构领导者要比较准确地知道成员们心里在想什么，通过何种方式能够调动大家的集体归属感和荣誉感，使大家"心往一处想，劲往一处使"，这是需要"用心"仔细揣摩的。如果一个机构的领导者能学会动这方面的"心思"，有这方面的谋略，那么机构效能肯定会明显提高。中国传统文化和现代社会生活中有这方面的大量思想资源，值得认真挖掘和利用。

在中国历史上和现代生活中有很多某个机构更换领导者后效能明显提高的成功案例，如历史上苏东坡治理杭州、韩愈治理潮州，现代社会中焦裕禄治理兰考，等等，人们往往关注的是新的领导者个人如何品行高尚、足智多谋、很有魄力，对他们如何顺应和凝聚民心的过程关注不够。领导者如何在一个新环境中准确了解和把握民心动态，把千百万相对分散的民众调动起来，按照一定的组织架构齐心协力完成各项工程，这里涉及很复杂的方法和智慧。很多时候，调动民心并不需要高深的理论，而是需要整体的、有机的、可以直观体验的行动和口号。像"打土豪分田地""翻身当家做主人"这样的动员，可能引起社会普通民众更多的心灵共鸣。有必要从"用心"的方法和智慧角度重新反思、理解古代与近现代各种机构的领导者如何把握和引导"民心"的成功案例，使其在新的时代背景下发挥新的作用。

现代企业管理中的机构效能历来是企业顺利发展的核心因素，而企业中的机构人员选择主要靠招聘，流动性很大，想要形成稳定的共同价值观和行动合力并不容易。依靠"动脑"的管理模式，在市场需求旺盛而人力资源供求充足的情况下，保证企业管理机构的高效能不成问题，整个企业就像一台巨大的机器一样高速运转。然而在市场出现明显不景气、企业经营困难、机构人员人心浮动的情况下，仅靠"动脑"的管理模式往往维持不下去，而注重"用心"的管理模式有可能保持和提高机构效能，转危为安，延续企业的生命。日本著名企业家稻盛和夫在他的著名的企业"经营十二条"原则中，多处明确提及"用心"思维在现代公司治理中的特殊作用，这是"心"的观念在提高机构效能方面作用的典型体现。

比如稻盛和夫在"经营十二条"中提出的第一条原则"确立光明正大、符合大义名分的崇高的事业目的"，指出仅以赚钱养家为目的，要凝聚众多员工齐心协力办企业是不够的。没有崇高的目的，没有大义名分，人无法发自内心地全力以赴。这种光明正大的事业的目的和意义最能激发员工内心共鸣，获取他们对企业长时间、全方位的协助。他提出的第二条原则"设定具体目标"，指出无论遇到何种难题，经营者自身都要把组织拧成一股绳，集中大家的智慧和力量，坚决达成目标。他的第三条原则"胸中怀有强烈愿望"，提到要怀有能够渗透到潜意识之中的强烈而持久的愿望，不断加强思维体验。第五条原则"追求销售最大化和经费最小化"，提到需要即时明确每个组织的业绩，构建全员参与经营的管理会计体制。第七条原则"经营取决于坚强的意志"，提到虽说经营目标是从经营者的意志中产生，但这个目标必须获得员工的共鸣。这些提法与本书前面提到的"心"的认知、道德教化、抉择等方面的功能显然是彼此呼应的。

稻盛和夫"经营十二条"原则的最后两条更加明确指出"心"在企业经营管理中的作用。第十一条原则强调"以关怀坦诚之心待人"，不只考虑自己的利益，也要考虑对方的利益，要有即使需要牺牲自我，也要为对方尽力的美好心灵。第十二条原则强调"始终保持乐观向上的心态"，指出要抱着梦想和希望，以坦诚之心处世。不断思善行善的人必定会时来运转，幸运一定会关照他们。①

稻盛和夫是一位自觉提出用"心"来经营企业的企业家，这在现当代企业家中很少见。他没有专门去讨论"心"在哪里的问题，而是明确指出"心"就是"良心"，就是"真善美"。②稻盛和夫又是一位运用"心"的哲学在企业经营中取得显著成就的企业家。他创立了"京瓷"这样的全球 500 强企业，又使得即将宣布破产的日本航空公司起死回生。稻盛和夫曾在他自己的微博中写到，历经种种烦恼，经过反复思考之后，我做了一个决定：以"人心"为本去经营企业。除此之外，我没有任何经营企业的手段和方法。稻盛和夫回忆，在参与重建日本航空公司的时候，他所做的事情，就是改变全体员工的"心"，让大家拥有同样的思维方式。③

通过以"人心"为本提高机构效能的事例不仅在成功的企业经营中存在，

---

① 参见稻盛和夫. 经营十二条. 曹岫云译. 北京：中信出版社，2011：7-56.

② 参见稻盛和夫. 心：稻盛和夫一生的嘱托. 北京：人民邮电出版社，2020：10.

③ 参见 90 岁稻盛和夫与他的经营十二条. 以"人心"为本去经营企业. 湖南日报，2022，8.31.

在行政管理、教育、研发、医疗保健等很多领域也都可以看到。成功的行政管理一定是了解民情、体贴民心的管理，而不是在电视剧《人民的名义》中"丁义珍"式窗口那样的管理。高水平教育的效能不能只体现在考试成绩上，更重要的是塑造学生美好的心灵。解决医患矛盾关系的根本途径是培育医护人员的"医者仁心"，比如在防控疫情时医院的高效运转靠的就是"以人为本，万众一心"的精神力量。然而，在"用心"提高机构效能方面，不少机构的管理人员可能还处于不够自觉的状态，做得好说不清成功的原因和机制何在，做得不好说不清问题出在哪里。因此有必要将自觉"用心"的方法论运用于具体的教育和管理活动中去，这方面问题也将在后面的第九章中进一步讨论。

第八章 "心"的文化形态：从传统到现代

"心"的文化形态指的是"心"的观念在社会文化的宏观层次上的影响。历史上"心"的文化形态主要指"用心"的中华传统文化及其对相关国家和地区的影响，而这种文化形态在现代社会特别是全球化时代又呈现出普遍价值。"心"的文化形态主要包含三个方面，一是"心"与和谐共生的文化的关系，这里涉及不同类型的机体在不同层次上的和谐共生，特别是摆脱"零和博弈"模式的局限性，实现"互利共赢"意义上的和谐共生；二是"心"与可持续发展文化的关系，这里涉及在全球化时代面临社会发展的"临界效应"时，如何保证可持续发展的问题；三是"心"与天人合一的文化的关系，这里涉及"天人合一"的理念如何由中国走向世界，在解决全球化问题方面发挥中国智慧的作用的问题。

第一节 "心"与和谐共生的文化

谈到"和谐共生"，人们很容易想到一种自然而然的状态，有些人以为完全回归自然就会实现和谐共生。然而"和谐"并不是自然形成的，自然状态也并不都是和谐的。原始的自然界充满了物种之间的弱肉强食，原始的自然环境对人类并不总是友好的。人与自然、人与社会、人与人之间的和谐关系是人类社会文明进步的结果，而建构和把握这种和谐关系需要理性的思考和整体的把握。中国传统的"心"的观念注重从整体的、有机的、体验的角度把握和谐的分寸感和秩序感，以"共生"求"和谐"，以创新开拓和谐共生的空间，不仅保证了自然经济状态下的社会稳定发展，而且在现代市场经济时代背景下也具有特殊的价值。全球化时代的中国坚持走和平发展的道路，主张各国家和地区之间摆脱"零和博弈"模式的局限性，实现"互利共赢"，体现了中国传统文化注重和谐共生的特征，而"心"的观念为这种文化形态提供了深厚的思想基础。

按照《说文解字》的解读，"和"的本义指歌唱的相互应和，引申指不同事物相互一致的关系。①中国传统文化认为"和"是事物生成、存在与发展的重要条件。周朝太史史伯说："夫和实生物，同则不继。以他平他谓之和，故能丰长而物归之。"老子讲"万物负阴而抱阳，冲气以为和"。《管子·内业》中讲"凡人之生也，天出其精，地出其形，合此以为人，和乃生，不和不生"。《淮南子·天文训》中讲"道始于一，一而不生。故分为阴阳，阴阳合和而万物生"。②"和"不仅与万物的生长有关，也与人类的实践活动有关。前面在讨论"心"的谋划与优选功能时，曾提到作为哲学范畴的"道"指的是事物演变过程中符合其自然本性的、合理的、最优的途径，它的衡量标准是相关各种要素之间的和谐，这里包括实践活动中人与自然环境的和谐、人与社会的和谐、人与人的和谐、人与工具机器的和谐以及人的身心和谐。③西方近现代技术发展中一度出现的操作者身心不适、某些社会冲突加剧、环境污染等问题，都表明其使实践活动的相关要素之间出现了不和谐状态。和谐还与审美活动有关，音乐之美在于和声，《左传》中讲"五声和，八风平，节有度，守有秩，盛德之所同也"④。绘画、书法之美也在于整体布局的平衡均称，自然和谐。

建构自然界和社会关系和谐的思想基础在于"心和"。汉代公孙宏讲"故心和则气和，气和则形和，形和则声和，声和则天地之和应矣"。⑤何晏《论语集解》解释"君子和而不同，小人同而不和"时说："君子心和，然其所见各

---

① 许慎. 说文解字. 北京：中华书局，1963：32.
② 转引自张岱年. 中国古典哲学概念范畴要论. 北京：中国社会科学出版社，1989：127-129.
③ 参见王前. "道""技"之间——中国文化背景的技术哲学. 北京：人民出版社，2009：16-19.
④ 吴哲楣. 十三经（下册）. 北京：国际文化出版公司，1993：839.
⑤ 转引自张岱年. 中国古典哲学概念范畴要论. 北京：中国社会科学出版社，1989：129.

异，故曰不同；小人所嗜好者同，然各争利，故曰不和。"①朱熹《四书章句集注》讲："和者，无乖戾之心。同者，有阿比之意。"②"心和"是保证头脑清醒的重要前提条件，是对情感用事或者意气用事的有效约束。"心和"能避免固执或偏重心态，接受不同意见，善于与秉性不同的人一起共事，集中群众智慧，保证认知活动不断深入。

"和谐"又是协调各种社会矛盾的准则与方法。孔子将能否"和而不同"作为区分君子与小人的重要标准，强调"礼之用，和为贵"。《孟子·公孙丑下》提出"天时不如地利，地利不如人和"。《周礼·地官·大司徒》讲的"六德"，就是"知、仁、圣、义、忠、和"。和气、和睦、和善、和平、和合等词汇，都有着鲜明的价值属性。中国传统文化特别是儒家学说，在促进人际关系和谐方面积累了丰富的思想方法。"和谐"指的是社会机体各部分达到高度统一，配合默契的状态，而实现这种状态的途径并不仅仅是靠顺从、谦让、迎合，而是需要在必要的时候进行抗衡、矫正、斗争。"和"是以合情合理的方式去协调和控制，使得不同性情、不同职业特点和不同利益需求的人能够相互适应，相互配合，发挥群体的合力。这并非取消相互竞争和利益冲突，而是强调通过人们自主控制自身的行为，主动协调与他者的相互关系，保持一种开放、包容、相互理解的心态，形成情感交融的关系。在处理相互矛盾的分寸感方面，"和谐"意味着适可而止，无过而无不及。儒家认为"中"是"天下之大本"，"和"为"天下之达道"，所以《中庸》才强调"致中和，天地位焉，万物育焉"。

儒家伦理强调"和而不同"，即在承认差异的前提下协调不同事物之间的矛盾冲突，这同基于数理关系建立起来的和谐并不相同。如果在不同国家、地区、人群、个人之间出现利益冲突和文化差异时，仅靠强势一方制定"游戏规则"，要求其他各方必须遵循，如此建立起来的"和谐"实际上是以限制异己为前提的。"和谐"意味着尊重生物多样性、人的生活方式多样性和文化多样性，尊重利益相关方切身利益，追求合作共赢而不是损人利己。

造成事物之间和人际关系中不和谐现象的原因，是具有能动性的人或事物

---

① 何晏. 论语集解. 故宫博物院影印本. 1932：156.
② 朱熹. 四书章句集注. 济南：齐鲁书社，1992：135.

之间可能存在无序竞争的关系，不能实现"共存"与"共生"。"共生"意味着在生存和发展上相互依赖，相互渗透，共同生长。从有机联系的角度看，各种生命机体在同一个生态系统中是"共生"的，每个机体的各个器官、组织和细胞之间也是"共生"的。因而，尊重各种生命的价值，避免某些机体或机体中某些部分因其自身的"生"而不合理地压制和毁灭其他机体或机体其他部分的"生"，这既是本体论意义上的要求，也是伦理学意义上的要求。癌症就是由于人体局部病态的"生"最终破坏人体"共生"的典型例子。前面谈过，如果将"共生原则"用于解释生态系统，可以导出关爱生命、保护环境的生态伦理原则。如果将"共生原则"用于解释社会生活中个人和群体之间的关系，可以导出以人为本、公平正义的社会伦理原则。中国传统哲学对待生态环境和社会生活的"民胞物与""明德至善""内圣外王"观念，已经缊含了"共生"的基本思想。封建时代的"共生"是建立在宗法等级制度基础上的，缺乏民主和平等的意识，具有历史局限性。现代意义上的"共生"强调尊重人的生存和发展的基本权利，注重合理的制度化的公众权益，特别是在面对全球化问题时和衷共济的理性态度。

作为中国传统文化理念的"和谐共生"在历史上发挥了重要作用。从中医角度看，人的生理健康取决于身体各器官之间功能的和谐，以及人的生理活动与外部环境的和谐。如果身体哪个部位机能过于亢进，而其他器官不能适应这种变化，就会出现病症。外部环境变了，身体的生理状态不能做相应调整，也会出毛病。在调节社会矛盾方面，中国传统文化注重建立和维系社会有机体各部分之间的和谐关系，其主要的途径是道德教化，使每一个人自觉履行道德行为准则，守住自己的名分，尽到自己作为社会角色应尽的责任。中国传统的管理体制是自上而下进行调控的，其中每个位置上的管理者都需要理顺上下级和平级管理者之间的关系。古代的宰相的重要职能被称为"和羹调鼎"，即像烹饪一样把各种原材料适当地调和处置，成为一道佳肴。如钱钟书先生所说："《吕氏春秋》把伟大的经济哲学讲成惹人垂涎的食谱。"[1]

---

[1] 钱钟书. 写在人生边上；人生边上的边上；石语. 北京：生活·读书·新知三联书店，2002：30.

在现代社会生活中，传统的和谐共生模式受到越来越多的挑战。市场经济本身就具有很强的竞争性，政治领域的竞选、军事领域的对抗、人才领域的选拔、教育领域的考核、体育领域的比赛等都体现了越来越强的竞争特点。当边界条件限定而资源有限的时候，"零和博弈"的模式就会变得越来越普遍。"零和博弈"的局限性显而易见，总会有一方受伤失败，博弈过程也会带来人力物力资源的大量消耗。注重"动脑"思维的逻辑分析、科学实验和工具理性带来了近代科学技术的产生和工业革命，促成了物质财富的快速积累、生产效率的显著提高和精神享受的丰富多彩，使现代化浪潮遍及全球。然而，大规模工业生产带来的环境污染和生态失衡造成了人类与自然关系的不和谐，人类与其他物种的和谐共生也面临越来越多的困难。智能机器的广泛应用给人类带来了高效便捷的工作和生活方式，也带来了不少显性和隐性的人机关系不和谐，如网瘾、黑客、手机依赖、智能鸿沟、信息茧房等。全球化时代的一个突出特征是全球性问题大量涌现，特别是生态环境、公共卫生、金融危机等方面的重大现实问题都可能从局部地区向全球蔓延。当各主权国家的发展面临利益冲突的时候，当社会各阶层、各行业的人们为了切身利益不断争取有限的发展机遇的时候，如果人们只关注局部的、可量化的、显性的收益，忽视全局性的、需要体验的、隐形的危机因素和应对措施，就会造成人与物、自然与社会、科学文化与人文文化的尖锐对立。特别是在涉及全局性利益协调和评价利益冲突的问题上，可能出现某些群体或个人为一己私利侵犯公益，同时为自己找一堆冠冕堂皇理由的现象，原因之一是把狭隘的逻辑推理和有选择的规则意识作为维护自身特权地位的工具。

从"心"的观念角度看，在全球化时代实现"和谐共生"，需要倡导整体的、有机的、体验的思维方式，发现影响和谐共生的社会条件和观念障碍，以"共生"求"和谐"，以创新开拓和谐共生的空间。换言之，当"零和博弈"不可避免的时候，需要创造一种新的发展模式，使当事各方在新的发展空间中实现"互利共赢"。"心"的谋划和优选功能有助于发现新的发展之"道"，抓住新的机遇，而"心"的反思与变通功能有助于摆脱原有发展模式的局限性，创造新的发展目标和方法。"创新"在中国有着悠久的文化传统。《易传》中讲"日新之谓盛德"，《礼记》中讲"苟日新，日日新，又日新"，"日新"观念是激励中华民族开拓进取的思想根基。只有"创新"才能不断突破已有困局，带来新的生机和活力。在历史上有过不少通过创新成功开拓和谐共生新的空间的事例。比如玉米、番薯、马铃薯都是明代传入中国的，当时中国传统的水稻、小麦、谷子等农作物耕作面积和产量有限，已经养活不了日益增多的人口，对社会各阶层的和谐共生构成威胁。新的粮食品种的引进摆脱了这种困境，成为中国总人口迅速增长的重要因素。[①]在改革开放初期，中国以往的计划经济体制已经严重约束经济和社会的发展，成为和谐共生的阻力，而"深圳模式"的社会主义市场经济开辟出了一片新天地，为后来的经济腾飞奠定了基础。在当代国际政治、经济、军事、文化等很多领域，主张"零和博弈"观念的思想倾向仍然普遍存在。能否通过创新开启互利共赢、共同发展的局面，还是有待深入解决的社会问题。"心"的观念有助于开拓这方面的新思路，为人类社会发展贡献出中国智慧。

第二节 "心"与可持续发展的文化

人们现在普遍认识到坚持可持续发展的必要性，各国也为此做出了不同程度的努力，但很多国家和地区的经济与社会发展模式仍然是不可持续的。在可持续发展战略实施过程中，不少国家、地区、企业为维护自身经济利益仍在不停博弈，很多宏观层面的可持续发展计划难以落实。美国技术哲学家卡尔·米切姆认为"可持续性"概念本身就需要进一步反思，不能变成无实质内容的形式和没有实际意义的话语，也不能变成维持我们现在的生活方式的手段。[②]造成这种状况的原因之一，是简单依赖"动脑"思维来处理那些需要从整体的、有机的、体验的视角出发应对的全球性问题。因而解决这方面问题需要及时发

---

① 参见章楷，李根蟠. 玉米在我国粮食作物中地位的变化——兼论我国玉米生产的发展和人口增长的关系. 农业考古，1983，（2）：94-99.

② 卡尔·米切姆. 工程与哲学——历史的、哲学的和批判的视角. 王前，等译校，北京：人民出版社，2013：441-442.

挥"用心"思维的作用。

从"动脑"思维出发，学者们可以建构有关可持续发展的各种理论模型，提出各种应对方案。实际上，如果人类以统一行动的整体身份面对可持续发展问题，采取相同的理性态度和行动，问题并不难解决。可是人类社会是由不同国家和地区、不同阶层的人群以及不同身份的个人组成的，在发展目标和策略上往往各行其是，而以往几百年来形成的人类社会发展模式并没有经过充分的理性反思。从 15 世纪地理大发现开始，以工商活动为主导的西方发达国家的扩张型发展模式保持了几个世纪的强劲势头。工业革命以来的现代化进程，基本上是在"动脑"思维推动下展开的，工具理性、规则意识和分析精神带来了物质财富的迅速积累和社会生活领域的急剧变化。西方功利主义伦理学主张个人的充分发展和利益最优化会带来整个社会的充分发展和利益最优化，这种为自由资本主义竞争提供依据的观点在几百年之内似乎没有遇到明显阻力，因为工业文明给资源、能源和环境的利用带来的负面影响有一个渐进积累的过程。可持续发展问题之所以引起人们普遍关注，是因为到了 19 世纪末 20 世纪初才开始普遍出现资源、能源和环境利用方面的"临界效应"，即接近全球环境和整个人类社会生活可以承载的边界，因而预示着原有的发展模式必须做相应调整。可是很多人仍然将如何可持续发展看成是一个纯粹的政策和技术问题，寄希望于继续在"动脑"思维框架里解决，忽视了造成"临界效应"的很多隐性的、不确定的、理论模型难以涵盖的因素。"用心"思维有助于发现这些因素，特别是发现影响人们对可持续发展态度的一些隐形前提。

为什么工业革命以来的经济和社会发展，要到资源、能源和环境利用出现"临界效应"后才想到"可持续"问题？实际上环境污染和生态危机事件在工业革命初期就开始显现，但同局部的经济利益相比，这些问题往往被忽略。近代科学出现之后，机械论世界观在西方占据主导地位，甚至出现了用物理和化学规律解释生命有机特征的"还原论"，比如法国哲学家和数学家笛卡儿就曾认为"动物是机器"，后来拉美特利认为"人是机器"。尽管有些哲学家如莱布尼茨、怀特海、汉斯·尤纳斯等人一直在从不同角度研究事物之间的有机联系，但对现代社会发展影响有限。这种对事物的有机联系的忽视，与西方经济和社会发展出现"临界效应"之前的发展模式是相适应的，也体现了"动脑"思维的巨大惯性。在"动脑"的思维框架里，只要符合规章制度和技术标准，按照工具理性行事，"征服自然，为人类造福"就被视为天经地义的事情。至于技术和生产活动与人类生存环境的有机联系，现代市场经济活动与社会生活各领域的有机联系，科学文化与人文文化的有机联系，往往被置于人们关注的焦点之外。西方近代以来很多社会发展的背景或边界条件已经发生了巨大变化，但沉迷于工具理性的人们可能并未意识到这一点，仍然专注于如何尽快将技术指标转化成生产和经济指标，如何开拓更大的市场，具备更强的竞争力，同时觉得环境保护和可持续发展只是政府官员和学者们该操心的事情。

从"用心"思维的整体的、有机的、体验的视角出发，能够使人们更清楚地看到在可持续发展问题上发生的时代背景变化和人们观念上存在的问题，因为"用心"思维的视角有助于勾画出"临界效应"形成的时代背景和整体发展态势。地理大发现初期，欧洲探险家面临未知的广袤新大陆，近代市场经济有着巨大的扩展空间。而现在世界上几乎所有地区都已经分属于各主权国家，未被开发的地区也基本上勘察清楚，人类的活动范围已经扩展到外层空间。在工业革命初期，不仅资源和能源充足，而且有足够的空间来稀释废气和废水，堆放废渣，但是现在人类生产和生活造成的环境污染与资源紧张已经成为全球性难题。现代科技活动和工业生产的强大威力，足以使意外的重大事故威胁到整个人类的生存安全。随着经济全球化时代来临和信息技术的广泛应用，西方国家的大批量生产、自由竞争、高福利社会的模式已经开始面临"临界效应"。大批量的标准化生产逐渐转向多样化的"定制"生产，市场经济的无序竞争造成了多次金融危机，不少高福利社会体制的国家面临紧缩开支和民众利益受损的双重压力。尽管科学研究和应用被视为"无尽的前沿"①，但工业革命以来的科学技术发展在很长时间内主要是面向自然界的，"征服自然"被视为科学技术的主攻方向。进入21世纪以来，以纳米技术、信息技术、生命技术和认知技术为主体的高新技术出现了更注重人类自身生理和精神需求的转向，这就带来更多需要谨慎行事的新问题。各种"临界效应"的出现，已经引起了学术

---

① 参见朱建红. 美国国家自然科学基金会成立背景述评. 自然科学史研究, 2003, 22(2): 173-184.

界和社会各界的普遍关注。罗马俱乐部关于"增长的极限"的研究，世界范围内"节能减排"的共同努力，法兰克福学派对科学技术发展模式的反思，都体现了对现代经济和社会发展面临"边界效应"的重视。美国物理学家卡普拉曾著《转折点——科学、社会和正在兴起的文化》一书，认为人类社会的发展面临转折点，必须及时做出调整。①米切姆认为，近代以来的线性发展模式，充满乐观情绪的进步观念，实际上是将现在同过去进行比较，但对未来的发展并没有清晰的认识。②然而在如何消除影响可持续发展的观念问题上，如果继续局限在"动脑"思维的框架里，则很难找到更为有效的途径。

从"用心"思维的角度看，要消除阻碍可持续发展的观念问题，关键在于改变米切姆教授所说的"线性发展模式"，使人类社会发展中各种显性或隐性的有机联系浮现出来，通过"用心"把握这些有机联系，开拓可持续发展的新的可能性。中国历史上有着"重农抑商"的传统，有着"大一统"的社会文化氛围。在农业发达的社会中，人们安土重迁，喜欢在一个相对封闭的环境中发展，因而很快会面临"临界效应"，然后需要通过各种方式调整人际有机关系、个人与社会的有机关系、人类与自然的有机关系，以适应这种效应。"和谐共生"的理念正是在这样的过程中发展起来的，其中包含许多对解决今天的"临界效应"问题有益的思想资源。当然，这种思想资源必须经过创造性转化，才能体现其现代价值。

前面说过，"心"的谋划和优选功能有助于通过利用各类事物之间的有机联系，激发各类机体的自然本性、内在活力、有机联系和增值效应。从这样一个视角切入，有助于寻找化解"临界效应"带来的各种问题的新出路。如果从生机和活力角度来看人类社会中各种类型机体的生存状态及其相互联系，可以发现很多以往容易忽略的有机联系及其作用机制。由于人们在经济、政治、军事等领域的利益冲突中要广泛使用各种工具和机器，这就使得片面化的"工具理性"时常成为限制生命机体、社会机体和精神机体发展的异己力量。在人与自然关系方面，技术活动造成的环境污染会影响各种生物的生存状况。在人类

---

① 参见弗里乔夫·卡普拉. 转折点——科学、社会和正在兴起的文化. 卫飒英，李四南译. 成都：四川科学技术出版社，1988.

② 参见卡尔·米切姆. 工程与哲学——历史的、哲学的和批判的视角. 王前，等译校，北京：人民出版社，2013：433-434.

社会活动中，工程风险、军事冲突、过度劳作等因素会危及人们的健康乃至生命，网络攻击、使用作弊器具、非法买卖移植器官等现象会破坏社会生活的正常秩序。在精神生活领域，机械的、僵化的思维方式会窒息创造精神，造成科学文化与人文文化关系的失衡。自工业革命以来，机器的巨大作用深深影响了人们的思维方式和行为方式，在很多方面一度屏蔽了人类社会发展的机体特性，造成了生态环境和社会生活中的很多重大现实问题，影响了人类社会的可持续发展。无限制地改造自然、不断追求经济扩张、盲目地鼓励刺激消费等发展导向，都不可避免地遇到资源、能源、地缘政治、人口压力、环境承受能力等边界条件的限制。如果人类社会发展模式不能适应这种变化，就可能带来各种生存危机，降低社会机体的生机和活力，进而影响生命机体、人工机体和精神机体的生机与活力。各行其是的发展模式意味着当人类社会某些领域已经呈现命运共同体特征时，机体各部分的发展仍然相互冲突，相互牵制，无法有效实现整体优化。要改变各行其是的发展模式，就需要创新，需要相互协调，需要开放的胸襟和共享的机制。

从"用心"思维出发，如何激发各类机体的自然本性、内在活力、有机联系和增值效应，以适应可持续发展的要求？

其一，培育人们整体的、有机的、体验的思维方式，在应对全球性问题上达成共识，采取一致行动。当在资源、能源、环境问题上由于临界条件限制而不得不进行"零和博弈"时，需要调整矛盾双方的关系模式，建构新的利益关系，在新的模式下追求双赢或共赢的结果。面对环境污染、生态危机、工程风险这些全球性问题，没有任何国家、地区、人群可以置身事外，不负任何责任。因此，从现代社会需求角度出发，应当提倡在保障个人合法权益的基础上，个人为了群体利益，不同地区和国家为了人类的共同利益，自觉做出必要的奉献，通过限制局部利益以顾全整体利益，将个人的伦理自觉同社会机体的和谐发展结合起来，避免使公众利益，特别是全人类的整体利益，陷入"公地悲剧"的困境。现在世界各国在"节能减排"问题上的步调不一致，环境污染、能源危机、金融市场动荡、文明冲突加剧等全球化问题日益凸显，已经使提倡整体的、有机的、体验的思维方式变得刻不容缓。

其二，反思以往的发展模式，扬弃一些过时的观念和做法。由于市场经济的个性化和竞争机制的影响，现在很多国家、地区、企业制定发展战略都是从各自利益出发的，其发展策略和路径如果从各自角度看都有足够理由，但这种发展模式并不适合解决经济和生态领域的全球化问题，包括节能减排、维护生态平衡、建立国际经济新秩序等。当然，这并不意味着在具体的发展模式上，世界各国、各地区都应采取在西方发达国家曾经起作用的现代化发展模式。这种现代化模式最初在西方出现，而后逐渐传播到其他各地，但其发挥作用的范围和时段都是有限的，并不完全适合其他国家和地区。因而应该准确把握其适用范围，处理好普遍性与特殊性的关系，协调好各种价值观念可能产生的冲突。中国传统文化强调"和而不同"的理念。"和而不同"的前提是承认差异的存在，然后才是建构多样性之间的和谐关系。完全同质化的发展模式在遇到临界条件时无法进行调整，这样的发展模式就是不可持续的。因而应该承认多样性的存在，包括各民族文化的多样性、现代化发展模式的多样性、人们思维方式的多样性。

其三，运用适合机体自身特性的方式方法，处理可持续发展中涉及各类机体的有机联系问题。当人类社会发展出现"临界效应"时，对于人际关系、个人与社会的关系、人类与自然的关系的调整，从根本上讲就是协调各种类型的机体之间的相互作用。然而，无论在现代中国还是其他国家，在处理涉及事物有机联系的问题时，都存在一种相当普遍的现象，就是将这类问题变成不考虑其有机联系的纯技术性问题，用简单生硬的方式加以处理。比如，治理环境污染的主要措施就是监管和罚款，治理城市秩序的主要办法就是警示和惩戒，国际上"反恐"主要依赖收集情报加上军事打击。因此，有些问题久拖不决，难以根治。用更适合机体特性的方式处理各类机体面临的具体问题，要避免对象与对策的错位。特别是在处理由信念、价值观、伦理意识、社会心理等因素引发的现实问题时，如果只强调增加财力、物力的投入和技术手段的升级，很难取得预期结果。

运用适合机体自身特性的方式方法，对于在实施可持续发展战略中确定一些具体的发展路径也具有重要意义。现在不少企业注重引进国外最先进的技术，主动更新换代，以保持自身发展的可持续性，从原理上讲这是完全必要的。

然而，经济全球化的发展促成了全球化市场机制的形成，每个国家今后可以依赖的主要是具有自主创新能力的企业的知识和智力资源，包括企业的自主技术创新能力、企业在同行中的核心竞争力、企业的技术管理水平、企业调整自身与社会关系的能力，等等。在这种情况下，单从某一行业、某一地区，甚至某一国家来考虑技术引进的目标和规模，力图使一种技术体系结构长期保持稳定不变，已经显得过于狭隘了。任何一项技术的发展，都有其相应的发展空间和生命周期。这种时空尺度受环境、资源、市场、技术人员能力和相关技术领域制约关系等多种因素制约。假如某一项技术所依赖的资源和能源即将耗尽，假如它严重污染人们的生存环境，假如其产品的市场需求接近饱和，假如其缺乏相关的配套技术的支持，或即将被更高级的技术所取代，都可能使其发展空间逐渐缩小，其生命周期接近尾声。这样的技术即使再先进，也应加以限制，决不能盲目地引进和传播。如果把一些从全球化经济角度看已经过时或很快就要过时的技术引进来，盲目投资投产，那么不久其就会面临被淘汰的命运。盲目引进一些不适合本国基础条件和配套条件的国外先进技术，盲目照搬国外的技术管理模式和营销渠道，实际上难以消化，运转不灵，降低了发展中国家企业的生机与活力。从这样一个角度考虑技术引进，那么应引进何种"适用技术"，就需要做全局的考虑和慎重的论证。还应注意，全球化背景下的技术进步，使得技术优势的竞争在一定意义上成为技术文化的竞争。如果仅仅着眼于技术体系自身的进步，忽视制度创新和观念创新，就会加重技术发展和社会生活的矛盾。比如重大技术决策的评估，不仅是政府决策部门的事或少数专家的事，也应该有其他领域的专家参与和公众的参与。特别是当某些技术项目涉及伦理道德、法制、环境和公众切身利益的时候，应该展开民主的技术听证会和技术评估，这是技术进步与社会生活相协调的重要保证。

第三节 "心"与天人合一的文化

"天人合一"是中国传统文化的基本特征之一，而实现"天"与"人"合一的基本途径是"用心"思维，需要通过"心"来把握"天"与"人"的内在联系。"心"与"天人合一"的文化的关系，更多地与中国传统文化相关，与思想观念层次的文化问题相关，同时也与整个人类社会文化今后的发展有密切联系。

现代人谈到"天人合一"观念，往往将"天"理解为作为现代科学技术改造对象的"自然界"或者叫"大自然"，而"人"指的就是具有主观能动性的人类，于是"天人合一"很容易被理解为人类应该与自然环境和谐相处的要求，与"心"没什么关系。实际上，把握古代的"天人合一"和现代意义上的"天人合一"，都需要发挥"心"的功能。一些学者认为"天人合一"体现了人与自然和谐的理念，古老的"天人合一"观念的合理性可以在现代环境科学和生态学基础上得到重新阐释。①在美学领域，"天人合一"被作为中国传统文学艺术的美学原则，有相当多的文学艺术鉴赏著述都对天人合一的美学境界做了充分描述。对于大多数现代中国人来说，"天人合一"只是一个与传统文化相关的文雅词汇，体现一种气势恢宏的思想境界。"心"与"天人合一"的文化形态是什么关系？"心"在"天人合一"观念的形成和演化中起什么作用？如何用"心"来推动"天人合一"观念的深化和发展？这些问题都值得进一步探讨。

中国人心目中的"天"本身就是需要用"心"来领悟和把握的观念。"天"在不同语境中具有不同含义，但都与"心"有着不同程度的关系。人们对"天"的常识性理解就是人们头顶上蔚蓝的"天空"，对应于英语中的 sky。中国古代农耕文化发达，农业要"靠天吃饭"，所以自古以来人们就有浓厚的敬天意识，并且将人类一些最普遍的特征赋予"天"这个被认为至高无上的主宰者。由于"心"的直观体验的作用，凡是被冠以"天"的名称的事物都带有神圣色彩，让人们肃然起敬。

先秦学者中有些人比较注重"天"的自然属性，即所谓"天然"或"天性"。如庄子说："何谓天，何谓人？……牛马四足，是谓天；落马首牵牛鼻，是谓

---

① 参见张云飞. 天人合一——儒家与生态环境. 成都：四川人民出版社，1995.

人。"①荀子认为："天行有常，不为尧存，不为桀亡。"②他们所说的"天"泛指一切与人为活动相对立的自然事物。孟子说："莫之为而为者，天也。"③其意是说，非人力而为而结果如此，这就是"天"。所以如果一个偶然因素成全了某个人的心愿，他就会认为这是"天助我也"。如果一个偶然因素使一个人倒霉，就会被视为"天公不作美"。这些情况下人们或许把"天"视为一个客观因素，但并不是从现代的"主客二分"的思维模式出发来想这个问题，因为这里"天"并不是一个明确作为认知对象的事物，而是一个与"人"相互交融的存在。"天"是"用心"体验到的"心外之物"，所以"天"的各种变化被称为天象、星象、气象、万象，这些都是可以通过直观体验把握的。

在更多情况下，"天"在中国人心中是人格化的，而且"天"这个字的由来也与"人"相通。汉字"天"的最初原型就是一个人的形象。④英国学者李约瑟也提到，许多学者认为"天"的象形字代表原始的拟人的神明。⑤所谓人格化的"天"，就是把"天"尽可能想象成类人的某种东西。这里有把"天"作为神灵加以崇拜的倾向，也有将人间各种人与物的特征极度理想化而赋予"天"的光环的倾向，还有将人类一些最普遍属性赋予"天"的特征的倾向。这三种倾向都需要"用心"来领悟和把握，而这种理解是中国传统文化特有的。

把"天"作为神灵加以崇拜的倾向，在远古时期是以巫术形态存在的，后来演变为具有政治色彩的礼仪，再后来逐渐成为一种风俗习惯。有些现代西方学者认为，中国人把"天"人格化是一种原始思维的残余观念，主要针对这种倾向的巫术形态而言。的确，世界各古老民族的原始思维中都有把自然事物（包括"天空"）通过某种神秘的途径人格化，作为神灵加以崇拜的现象。⑥但中国古代把"天"作为神灵加以崇拜的倾向并没有停滞在巫术水平上，而是逐渐衍

---

① 转引自张岱年. 中国古典哲学概念范畴要论. 北京：中国社会科学出版社，1989：22.

② 转引自方立天. 中国古代哲学问题发展史（上）. 北京：中华书局，1990：152.

③ 转引自张岱年. 中国古典哲学概念范畴要论. 北京：中国社会科学出版社，1989：121.

④ 汉语大字典编辑委员会. 汉语大字典（一）. 成都：四川辞书出版社；武汉：湖北辞书出版社，1986：522.

⑤ 李约瑟. 中国科学技术史（第二卷 科学思想史）. 何兆武，李天生，胡国强，等译. 北京：科学出版社；上海：上海古籍出版社，1990：247.

⑥ 参见列维-布留尔. 原始思维. 丁由译. 北京：商务印书馆，1981.

生出后两种倾向，这是中国传统的"心"的观念演变以潜移默化方式不断推动的结果。

原始巫术是人们通过某种表演仪式（戴面具、念咒语、手舞足蹈等），企图借助超自然力量影响和控制他人或外界事物的一种活动。远古时期普通民众都可实施这种巫术，"民神杂糅，不可方物。夫人作享，家为巫史"。①于是颛顼帝下令断绝民众与天神直接沟通的渠道，将祭祀天神之事交专职官员"巫师"来统一管理。②这意味着将对"天"的祭祀崇拜政治化、专业化、一统化。巫师职责在于观察天象，体察天意，预测国运兴衰，以便做出相应决策。《易经》就是对卦象的解释经典，是一部预测天意的专著。③人类应该顺应天意，积德行善，才能够得到上天的保佑。这样一来，天人关系中就包含了对人类实践活动的道德选择和约束，以及对人类活动后果的不断反思。古人认为不吉祥的天象是对人间不正常现象的警示，因而人们应该采取相应的措施避免灾祸发生，这就是所谓"日变修德，月变省刑，星变结和"④。将天象变化作为敦促人间统治者实行德政的一种警示信号，也体现了中国古代先民"用心"的政治智慧。"心"的认知能力是在不断观察天象、气象、卦象的活动中逐渐发展起来的。

在将人间的各种人与物特征极度理想化而赋予"天"的光环方面，"心"的认知发挥了充分的想象力，能够在心里塑造出各种尽善尽美形象，引发人们无尽的向往。中国古代有许多关于天神、天仙的民间传说。天神、天仙的衣食住行和言谈举止都是以人间事物为原型想象出来的，神仙生活无非是将人间生活想得无比美好的产物。如果现实生活中一些人具有杰出的品质和才能，也被中国人认为秉承了"天"的某一方面特征，这样的人被称为"天才"，他们的本领被称为"天赋"，他们的资质被称为"天资"。中国传统文化中的"天物"指各种自然生成的非常有价值的东西，尤其是粮食。民以食为天。在一个将"天"奉若神明的民族中，把"食"等同于"天"，摆在头等位置上，足见其对农业和粮食的重视。随便糟蹋粮食被称为"暴殄天物"。除了一般意义上讲的"天

---

① 转引自邬国义, 胡果文, 李晓路. 国语译注. 上海：上海古籍出版社, 1994：329.
② 参见马伯英. 中国医学文化史. 上海：上海人民出版社, 1994：138-141.
③ 参见吾淳. 中国哲学的起源. 上海：上海人民出版社, 2015：112-120.
④ 参见江晓原. 天学真原. 沈阳：辽宁教育出版社, 1991：108.

物"外，还有某些具体的天物，比如"天网"（老子讲"天网恢恢，疏而不失"①，后人常作"天网恢恢，疏而不漏"）。"天网"其实就是"人网"，即人际关系编织的"网"，因为人网才能真正做到"疏而不漏"。类似的说法还有"天马""天衣""天花""天籁"等。人格化的天通过这些具有"天性"的人和物显示在世人面前。人们要"用心"才能体验其存在，领悟其奥妙。

在将人类一些最普遍属性赋予"天"的特征的倾向方面，"心"的认知能够将一些"意象""道象"同"天"的神圣、庄严和不可抗拒特征结合在一起，凸显了这些范畴的体验特征。到了春秋战国时期，人们对"天"的尊崇已经和对天神崇拜有所区别，学者们对天和人关系的理解趋于理性化，有了对于"天"的相对明确的认识主体，这就是作为思维器官的"心"。孟子说："尽其心者，知其性也。知其性，则知天矣。"②由"尽心""知性"到"知天"，是一个具有一般性的完整认识过程。正是由于有了"心"的作用，与"天"有关的很多抽象概念才大量涌现。比如"天命"在宏观层次上涉及人类命运和国家命运，中国古代帝王都宣称自己奉"天"之命来管理人间。如果某一朝代的君王昏庸无道，民众就会认为必须改朝换代，更替天命。"天命"在微观层次上也涉及个人命运，"知天命"需要"用心"把握人类社会某些一般规律和发展趋势，不是靠简单、具体的认知活动就可以实现的。又如"天道"或"天理"，实际上指的是人类社会活动应奉行的基本规范和行为准则。古代农民起义时常打出"替天行道"旗帜，中国人在谴责某种恶行时常用"天理难容""伤天害理"等词汇，表达了对天道或天理的极度尊崇。

再比如"天意"（也作"天志"），被看作是天的意志的体现，实际上是人类最普遍意愿的体现。墨子讲："顺天意者，兼相爱交相利，必得赏；反天意者，别相恶交相贼，必得罚。"③后人用"天意"一词，多指影响人们实际生活的某些外在的偶然因素。由于事出偶然，无法做出合理解释，人们却又感到事关重大，能够影响一个人以至一个国家的命运，只好把这种事情的发生归于天

---

① 转引自陈鼓应. 老子今注今译. 北京：商务印书馆，2006：326.

② 转引自张岱年. 中国古典哲学概念范畴要论. 北京：中国社会科学出版社，1989：21.

③ 转引自张岱年. 中国古典哲学概念范畴要论. 北京：中国社会科学出版社，1989：21.

意。如何判断"天意"，与人们的心态有密切关系。最后看"天情"，它被看作"天"的情感的流露，实际上是人类最普遍情感的一种寄托，但这种寄托一般是通过某些反常的自然现象来体现的。这种反常现象或许根本就不存在，而是人们通过想象构思出来并世代流传的。民间传说中恶人遭天打雷劈，败坏伦常时电闪雷鸣，窦娥冤死时六月飞雪等情节，通常被看作"天怒"或"天谴"，也是"天情"的一种自然流露。

"天"的观念发展到极致，可以由天及地，由天及人，深入人心，囊括万物，被看作人类对世上万物体验的总体。汉代大儒董仲舒有"天有十端"之说，指的是"天、地、阴、阳、木、火、土、金、水、人"这"十端"合起来最为普遍意义上的"天"，而作为其中之一端的"天"只不过是与"地"相对的"天"。[①]最普遍意义上的"天"代表了人们体验到的整体世界，不仅包括人们一时的体验，也包括世代延续的体验。这个最普遍意义上的"天"是只有靠"心"才能把握的圆融贯通的统一体。中国传统文化中讲"天人和谐""天人合一"，并非指人要同头顶上的蓝天去"和谐"，去"合一"，而是指人的思想行为要同体验到的整个世界和谐一致。

"心"对"天人合一"的文化的影响不仅体现在观念层面，还体现在社会生活的各个具体领域之中，使"天人合一"通过"用心"思维成为一种文化符号，体现中国传统文化的显著特色。

中医自古以来就渗透着天人感应的思想内涵。《内经·岁露》中就讲："人与天相参也，与日月相应也。"[②]中医解释天人关系的基本方法，是通过阴阳、五行、六气（阴、阳、风、雨、晦、明）与天干、地支的交叉、排列、组合，来建立天人感应的具体联系。这是一整套体验性和抽象性都很强的理论体系，同巫术有本质区别。中医讲"八纲（阴、阳、表、里、寒、热、虚、实）辨证"，既与天（自然）有关，又与人的生理状况有关，体验性很强，适于描述和规定天人之间的各种对应关系。中医还认为养生和防治都要注意人与自然环境的关系，饮食起居要适应时令变化，治疗时要因时用药，在摄生、诊脉、针刺等方

---

① 参见冯友兰. 中国哲学简史. 涂又光译. 北京：北京大学出版社，1985：226.
② 转引自陈璧琉，郑卓人. 灵枢经白话解. 北京：人民卫生出版社，1962：565.

面也要考虑时间因素，这些都是"顺天应人"的重要措施，需要"用心"来仔细揣摩。①

　　天人关系在中国古代农业发展中也有重要作用。农业生产要"靠天吃饭"，因而需要协调好天地人三者关系。《吕氏春秋》中说："夫稼，为之者人也，生之者地也，养之者天也。"②就农业生产与天的关系而言，关键在于不违农时，按照农作物生长规律安排农事。荀子还指出："罕兴力役，无夺农时，如是则富国矣。"③相传五帝时代就有了专门管理和保护山林川泽、草木鸟兽的机构与官员，称为"虞"。秦代的《田律》对自然保护做了明确而具体的规定。④北魏贾思勰说："顺天时，量地利，则用力少而成功多。任情返道，劳而无获。"⑤天地人和谐的观念贯穿整个中国古代农业发展史，这是造就高度发达的耕作水平和生产技术的重要思想基础。⑥

　　"天人合一"的观念在工程技术方面的体现，是把最理想的"人为"视为"天工"。宋应星著《天工开物》一书，寓意就是"物生自天，工开于人"。人通过开发天工，创造人间各种有用之物，其前提是顺应自然、善于利用自然而不是破坏自然环境，保持天人和谐。⑦因此，中国古代提出"制器尚象"的原则，即圣人通过效仿自然之象，创制各种器物以利天下，这就是"天工人其代之"⑧。"巧夺天工"成了人们对工匠技艺高超的最高赞赏。建筑是体现"天人相应"观念的一个很特别的领域。古代建筑在结构设计上就有这方面考虑。例如北京天坛圜丘外墙为方形，内墙为圆形，象征着"天圆地方"。⑨李冰父子修建都江堰，造七星桥以应天上七星，放置五个石犀牛以应五行。秦始皇修咸阳宫，"引渭水灌都以象天汉，横桥南渡以法牵牛"。⑩这些都是体现"天人相应"

---

① 参见刘长林. 中国系统思维. 北京：中国社会科学出版社，1990：353-354.

② 转引自刘长林. 中国系统思维. 北京：中国社会科学出版社，1990：434.

③ 转引自孙安邦. 白话荀子. 西安：三秦出版社，1998：149-150.

④ 参见周济，范航青. 传统文化与中国古代生态学思想初论//中西文化交汇. 上海：学林出版社，1990：121-122.

⑤ 转引自梁乐，许蕻. 齐民要术白话全译. 成都：巴蜀书社，1995：20.

⑥ 参见郭文韬. 中国耕作制度史研究. 南京：河海大学出版社，1994：7-10.

⑦ 参见潘吉星. 天工开物校注及研究. 成都：巴蜀书社，1989：69-72.

⑧ 参见刘君灿. 谈科技思想史. 台北：明文书局，1990：6-16.

⑨ 参见刘天华. 巧构奇筑. 沈阳：辽宁教育出版社，1990：39-41.

⑩ 参见陈江风. 天文与人文. 北京：国际文化出版公司，1988：133-134.

的典型例子，渗透着"用心"思维的特征。

在文学艺术领域，天人关系具体表现为物我交融、意境两浑。这实际上是人的主观情感体验的外化，或者说是"我"与"非我"的贯通，即以人去合天，达到情感上的天人合一。庄子所追求的境界是"天地与我并生，而万物与我为一"。①"与人和者，谓之人乐；与天和者，谓之天乐……知天乐者，其生也天行，其死也物化。"②王生平认为，中西美学的宏观差异在于，前者主张天人合一，后者注重神人合一。③中国古典音乐也是天人合一的产物。《乐记》上说："乐者，天地之和也；礼者，天地之序也……明于天地，然后能兴礼乐也。"④中国古代的"五声六律"来自阴阳五行的思维模式，与旧时十二月的节气变化密切相关。古代的乐师必须懂天文历法等"天道"。传说古乐的最早功能之一是"省风"，即通过乐器的音响了解风土变化。立春时节，全国要举行籍田典礼，乐师通过乐器来判断"协风"是否到来。一旦到来，表明气象条件具备，国王即卜达耕作令。⑤后来音乐又衍生出养性、养生等功能，都是在"用心"的思维框架中展开的。

中国古代的绘画和书法同样渗透着天人合一的精神。明代画家董其昌明确地讲"画家以古人为师，己自上乘，进此当以天地为师"。唐代孙过庭《书谱》所言："岂知情动形言，取会风骚之意；阳舒阴惨，本乎天地之心。"⑥中国古代绘画的天人合一，主要体现为以景寓意，从自然景物中体现天人和谐、天性超然的境界。即使是画花鸟鱼虫，也要渗透天意，即隐喻人的高尚精神。古代书法初看起来与天人合一无关，其实书法之美恰恰在于对天然事物形态的领悟，如沈尹默所说："字的造型虽然是在纸上，而它的神情意趣，却与笔墨以外的自然环境的一切动态有自然相契合的妙用。"⑦林语堂认为，中国的书法代表了一种万物有灵的原则，它探索了每一种可能出现的韵律和形式，这是从大

---

① 李回. 庄子译析. 沈阳：辽宁教育出版社，1993：41.
② 李回. 庄子译析. 沈阳：辽宁教育出版社，1993：286.
③ 参见王生平. 天人合一与神人合一——中西美学的宏观比较. 石家庄：河北人民出版社，1989.
④ 转引自刘长林. 中国系统思维. 北京：中国社会科学出版社，1990：372.
⑤ 参见刘长林. 中国系统思维. 北京：中国社会科学出版社，1990：373-374.
⑥ 参见刘长林. 中国系统思维. 北京：中国社会科学出版社，1990：389.
⑦ 参见谢建华. 笔走龙蛇的中国书法. 沈阳：辽宁古籍出版社，1995：75-76.

自然中捕捉艺术灵感的结果。①中国古代文学艺术中也有天人合一的思想内容。《红楼梦》中情感缠绵悱恻的人间故事，如果置于开头与结尾"天人合一"的大背景下审视，就会使人有更深切的感悟。《西游记》的神怪故事，特别是唐僧师徒四人的性格气质，其实是在描绘人的天性中的某些典型表现。古来戏曲都与真实人生情景相通，如鲁迅先生的杂文《马上支日记》中提及的戏台上的对联"戏场小天地，天地大戏场"②，形象地体现了天人合一的内涵。

中国古代以农为本，以商为末，"重本抑末"即"重农抑商"的思想传统由来已久。原因之一在于农业是"顺天应人"的产业，立足于顺应自然而不是大规模地改变自然面貌。管仲在农业经营上提出"上度之天祥，下度之地宜，中度之人顺"③的原则。将天、地、人三者有机结合在一起，符合"敬天保民"的义化观念。唐代皇帝在"劝农诏"中反复讲"农，政本也；食，人大也"，将"民以食为天"升到国策高度。④自然经济注重自给自足，尽可能利用天然材料和能源，很少进行交换和流通，带来很大程度的封闭保守特性。然而自然经济很少造成资源浪费和环境污染，这方面的长处又确实值得重视。

北宋张载明确提出"天人合一"，指的是天与人合为一体，不可强分。言天道就是讲人事，言人事也就是讲天道。知天即知人，天与人息息相关，天意是通过人事体现的。他还认为"天"就是"太虚"，即"气"的分散而未聚合的状态，"由太虚，有天之名"⑤。人和其他万物都是"气"聚合而成的，因而天人本来统一于"气"。而程颢、程颐认为天即"理"，明代王阳明认为天即"心"，"天人合一"的基础于是变成了精神形态的东西。陆王心学认为凡是"心"所能直观体验的东西都包容在"心"之内，"天"是"心"所体验到的外部世界的总体，于是才有"宇宙便是吾心，吾心即是宇宙"⑥之说。理学和心学都侧重从"用心"思考的角度理解"天人合一"，道、理、心、性、命等范畴合为

---

① 林语堂. 中国人. 杭州：浙江人民出版社，1988：258-260.
② 鲁迅. 华盖集续编. 北京：人民文学出版社，1973：116.
③ 管子. 管子. 梁运华校点. 沈阳：辽宁教育出版社，1997：31.
④ 参见郭文韬. 中国传统农业与现代农业. 北京：中国农业科技出版社，1986：42-45.
⑤ 转引自张岱年. 中国古典哲学概念范畴要论. 北京：中国社会科学出版社，1989：22.
⑥ 参见张怀承，岑贤安，徐荪铭，等. 心. 北京：中国人民大学出版社，1993：210-214.

一体，目的在于论证"大人"统治天下的合理性。如王阳明所说："大人者，以天地万物为一体也，其视天下犹一家，中国犹一人焉。若夫间形骸而分尔我者，小人矣。"①能否领悟"天人合一"变成了区分"大人"与"小人"的标准，"天人合一"观念由此带上了政治伦理色彩。

早期的天人关系的观念强调人事要顺从天意，以得到天的佑护，避免天灾人祸。随着人们改造自然的能力不断增强，天与人之间关系不断复杂化，人的地位无形之中不断在上升。讲天人一体，"心"即"天"，吾心便是宇宙，实际上是将人的主体意识发挥到近乎极致。南宋哲学家胡宏称"人也者，天地之全也"。王阳明称"人者，天地万物之心也"。②天人关系的后期观念强调主体与客体的相互贯通、主观世界与客观世界的相互贯通，而且体验的色彩也日益理性化。

在现代社会生活中，"天人合一"的文化在很多方面已经成为中国人"集体无意识"的一部分。人们聚在一起习惯于"谈天""聊天"，将"天人合一"作为传统文化的象征，作为主观世界与客观世界相符合的标志，但很少有人仔细地辨析"天"的本意和"天人合一"的思想内涵，在这一点上与人们对"心"的观念的理解和运用很相似。随着中国文化在世界上的影响力越来越大，在不同文化的比较和交流中仍然还会有很多时候触及"天人合一"的话题。准确解读"天人合一"的文化，需要发挥"心"的观念的阐释功能，才能展现"天人合一"的博大精深，领悟其中的无尽智慧。

---

① 参见冯友兰. 中国哲学简史. 涂又光译. 北京：北京大学出版社，1985：356.
② 转引自王吉胜. 中西著名思想命题要览. 沈阳：辽宁教育出版社，1996：291，293.

第九章 ‖ 自觉"用心"的现代应用

在西方工业革命出现之前,"心"的认知和实践的原初形态在中国古老的社会生活中一直发挥着显著作用,并且使自然经济时代的物质文明和精神文明处于相当发达的层次,但人们对这种作用的理解并不自觉。要体现"心"在指导实践方面的现代价值,必须开拓新的可操作的途径,这就需要实现"用心"思维的创造性转化,由自发转变为自觉。自觉"用心"的现代应用需要一套新的方法论,能够比原来的规则、标准和方法效果更好,具有可替代性,这并不是容易做到的。

下面尝试从设计、教育和管理三个领域入手,探索自觉"用心"的现代应用的方法论。

第一节 自觉"用心"的设计

"设计"是现代工程技术和社会管理活动的必要环节,体现了人作为实践主体具有的能动性、计划性和协调性。不同领域的设计活动在古代和中世纪都有思想萌芽或早期形态,但 18 世纪工业革命之后才成为科学理论指导下的专业知识体系。现代设计活动广泛采用具有"动脑"思维特征的规则、标准和方法,因而由单纯强调"动脑"思维作用造成的局限性也比较明显。现在强调自觉"用心"的设计(design by heart),其思想特征体现在哪里?具有何种标准和规则?与现有的设计理论相比优势在哪里?

根据前面对"心"的认知功能、道德教化功能、审美功能、社会功能和文化形态的分析,所谓自觉"用心"的设计,指的是运用"心"的认知模式和思想方法自觉指导技术设计的构思与操作。具体说来，要在设计过程中体现以下四个基本特征。

其一，自觉"用心"的设计应该是一种"顺应自然"的设计。

"顺应自然"的设计指的是在技术设计中尊重事物自然本性。违背事物自然本性的技术活动最终会以种种方式和途径伤害到自己或他人。人为缩短技术活动应有的自然的程序，必然会出现"逆道而行"的不正常局面。"顺应自然"的设计应考虑到所有原材料尽可能来源于自然又回归自然，实现"造物"与"拆物"的统一。

事实上，中国古代工程技术的一个重要特征就是力求利用天然因素。例如在纺织、食品加工、陶瓷、造纸、机械等领域中，传统工艺多利用天然材料，很少出现环境污染的事情。即使是在采矿和铸造冶炼活动中，也要尽量增加技术过程中的自然因素。例如开采煤矿时注意通风、排水、支护、回填以及共生物硫化铁的回收。[①]在"炒钢"时用黄土和稻草为熔剂造渣，以松木、豆豉作为渗碳剂，等等。[②]

现代大多数技术工作者在"造物"时只想着如何使产品有新的功能，如何结实耐用，不易分解，极少考虑这些产品一旦变成废物时如何处理、如何消解，结果造成"三废"带来日益严重的环境污染。现代各种合成的化工和生物制品一旦报废，很难自动降解成无害物质回归自然界，这种生产和生活垃圾的积累已经成为环境保护的沉重负担。按照"顺应自然"的原则，一种新的人工合成物在研制过程中，既要有合成的途径，也要有合成后能够无害分解的途径，才是对自然环境负责的态度。

自觉"用心"的设计强调"顺应自然"的原则，与西方的"绿色设计"理念有一定区别。绿色设计起源于 20 世纪末在美国由凡斯·帕卡德（Vance Packard）掀起的反消费运动，其核心的 3R 技术设计方法分别为减少（reduce）、循环（recycle）、再用（reuse）。[③]绿色设计并未从根本上解决环境保护的问题。

---

① 参见刘守仁，曾江华. 中国煤文化. 北京：新华出版社，1991：31-33.

② 参见胡维佳. 中国古代科学技术史纲（技术卷）. 沈阳：辽宁教育出版社，1996：157-162.

③ Glantschnig W J. Green design：an introduction to issues and challenges. Packaging and Manufacturing Technology，1994，17（4）：508-513.

3R 技术设计方法有助于开发与制造更绿色的能源和产品，使得新产品及部件易于分离和回收或再利用，但并未完全解决产品回归自然的问题，在此过程中依然会造成材料和能源的消耗以及有害物质的排放。

"顺应自然"的原则要求在技术设计中尽可能利用自然因素，如利用自然界的能源、光照、通风等要素，既保护资源和环境，又能节省人力物力。在建筑设计中，增加自然因素会加强人与自然的亲近感，体现"天人合一"的境界。王澍作为继贝聿铭之后第二位荣获世界建筑学最高奖项普利兹克奖的华人建筑师，坚持走一条建筑与自然更好相容的道路。王澍作品中最能体现"顺应自然"特点的中国美术学院象山校区，在设计中抛弃了现代建筑经典的规划模式，如建筑的轴线设计、对称设计等，而是依托于周围自然环境，校园设计内保留一片农田，在建筑设计中沿用了因城市化拆除的传统建筑的旧砖瓦，使得建筑造型饱含传统记忆而又简洁优美。正如他所言，"造房子应该是造一个世界，就像中国山水画那样，建筑与自然是密不可分的"①。

其二，自觉"用心"的设计应该是一种"以道驭术"的设计。

前面提到，"道"的衡量标准是人类实践活动中相关各种要素之间关系的和谐，这里包括操作者、工具设备和生产对象的和谐，操作者身心的和谐，实践活动中人与人的和谐，实践活动与社会生活的和谐以及与生态环境的和谐，等等。"以道驭术"的观念强调技术实践所产生的宏观社会效果，力求限制和消除不适当的技术应用带来的消极影响。以"道"来引导现代技术设计，关键在于充分考虑到技术活动各种相关要素的和谐，及时发现和消除各种相关要素的不和谐关系，使技术活动在人类可控的范围内合理发展。仅仅出于急功近利的需求而开展技术活动，全然不顾技术活动可能给人的身心健康、社会生活秩序、自然环境带来的问题，势必带来越来越大的技术风险。"实践智慧"能够在这种逆"道"而行的技术发展造成问题之后，及时反馈和调整；而"道"的引导作用则应该在可能造成问题之前就发挥作用，防患于未然，这是"道"与"实践智慧"对现代技术影响方式的一个重要差别。

---

① 参见王澍. 设计的开始. 北京：中国建筑工业出版社，2015：29，130.

现代技术活动的某些后果事先难以预知，如二氯二苯基三氯乙烷（DDT）通过生物链"富集作用"对人类的危害、氟利昂对臭氧层的破坏等。为此德国技术哲学家胡必希提出"权益伦理"思想，强调保留主体对自己的行为进行反思和判断的能力，通过避免极端保持中道，实现行为的可持续。"权益"的具体含义指预测、预防和可修正性，即有能力控制局面，逐渐趋向更好的解决方案。①英国技术哲学家大卫·科林格里奇提出实现技术设计和评估方式要考虑可改正性、可控制性和可选择性。可改正性指在技术发展过程中每个环节的决策都容易改变，当出现有害结果时可以通过改变这些决策来加以克服。可控制性是指当技术的有害结果得到反馈后，人们可以通过控制技术系统来消除有害结果。可选择性是指人们应当拥有选择权。当技术的有害结果出现时，可以通过选择不同决策来改变。②与此类似，卡尔·米切姆倡导工程技术人员应当承担考虑周全的义务，即当技术活动中暴露出某些弊端时，技术人员应仔细分析这些后果，考虑更多的现实因素，使工程技术设计更加周全。③这些解决问题的思路，都是"实践智慧"的生动体现。

然而，以上这些解决问题的方案都带有"试错"的性质，在具体实行时会遇到一定问题。对于现代技术有害后果的判断是"后验"的，而原初的技术选择和尝试在很大程度上只能各行其是。很难设想技术人员在技术活动开始前都进行周全考虑，在技术设计时都做出可改正、可控制和可选择的安排。如果有的技术人员异想天开，专门从事别出心裁的发明或尝试，比如生殖性克隆人、通过基因增强技术制造"超人"、将不同物种的胚胎随意融合、制造具有进攻性的纳米机器人，等等，在其他人毫不知情的情况下，很可能会造成不可逆的恶果，而"实践智慧"对此可能起不到约束作用。况且技术活动进行的速度很可能不容许有足够的时间进行评估和反馈，这样就很难及时发现和消除技术活

---

① 李文潮，刘则渊，等. 德国技术哲学研究. 沈阳：辽宁人民出版社，2005：224-231.

② 冯军. 论克服现代技术的内在过程——评克林利德克服技术思想. 自然辩证法研究，2005，（4）：45-48.

③ Mitcham C. Engineering ethics in historical perspective and as an imperative in design// Thinking Ethics in Technology（Hennebach Lectures and Papers），1995-1996. Golden: ColoradoSchool of Mine，1997：123-152.

动的消极后果。

"道"对现代技术活动的引导，应该使道德层面的"实践智慧"与技术层面的运作智慧融为一体，对德行的追求和对技术完美的追求应该是一致的。"以道驭术"的设计强调在设计阶段就自觉避免美而不善、美而不真。"真善美"作为具有中国文化特色的思想准则之一，也可用于评价技术人工物的设计效果。"真"代表着设计的真实性，"善"代表着技术人工物的设计应有益于人的身心健康。自觉"用心"设计的"善"属于功能性的"善"，借助人工物的功能直接作用于人的身心以达到健康。自觉"用心"设计的"美"，代表着技术设计与"真""善"融为一体的美感，展现出的美给人由感官到心灵带来一种纯净的享受。

"道"对现代技术活动的引导需要理性的选择，也需要深刻的洞察力，后者是直观体验的产物。了解技术活动自身性质和影响社会的途径需要理性的思考；而要确定各种技术要素和谐关系的分寸，则需要在不断体悟的过程中"用心"进行调整，才能逐渐达到合理的、最优的要求。所谓"中道""适度""可控制"，都不是靠严格的理性分析能完全规定的，丰富的体验和敏锐的直觉可能在这里发挥重要的作用。

"以道驭术"要求设计师在设计过程中遵守道德行为规范，包括产品不能用影响力或说服力代替可用性、不能侵犯消费者隐私和心理健康、不能违背社会公德与环境安全等。设计师还需不断提高对设计的理解与认知，尤其在面对现代各种功利要求的冲击时，需要设计师"用心"去审查与权衡功利和智慧之间的关系，避免"奇技淫巧"。与现代西方的"道德物化"理论相比，"以道驭术"更强调技术与经世致用、道德教化、生态平衡的关系。西方的"有计划报废制"作为一种工业设计理念和制度，指的是企业为了提高经济效益，通过不断推出产品的新款式与新功能，或有意缩短产品寿命，来吸引消费者的注意，其中产品设计并未真正地得到创新与改善，只是为了利益沦为"有意"服务于人的工具。①而"以道驭术"的要求更注重整体性的设计理念，要求将人工物

---

① 参见景宇，王前. 从负责任创新视角看技术设计中的"有计划报废制". 自然辩证法研究，2022（4）：36-41.

的设计上升为"人—物—环境"的整体性设计。

"道"所引导的技术设计应该全方位展现最合理与最优化的要求。这样的技术成果应该是耐琢磨的、有韵味的、渗透灵性的，而不应该是呆板的、单调乏味的。技术设计要注意体现稳妥适中的要求，不顾此失彼，不急功近利，不浮躁盲从。既考虑到当前的需要，又有长久的考虑。兼顾生产、经营、消费、环境种种考虑，融合为适度的最佳选择。这对于人类更合理、更有效地把握和控制技术发展的未来方向，显然是极为必要的。

"道"对现代技术活动的引导需要理性选择与德行修养的有机结合。"心"的知情意相贯通的认知模式有助于培养技术活动中的道德良知，使道德意识潜移默化地影响渗透到技术人员的设计活动。现在许多技术人员和理工科学生往往只关注自己的专业知识和技术活动的经济效益，不大了解技术活动对社会、环境和公众切身利益的影响。因此，应当注重开展"道"与现代技术关系的教育，使技术人员了解所从事专业对社会、环境、公众影响的具体途径，意识到自身的社会责任。当发现某种技术设计可能损害公众以及社会利益时，能够勇于披露真相，使公众知情。这种教育还应当给技术人员提供实施道德行为的相应策略，寻求必要的社会保护。只有当技术人员成功消除或规避了偏离"道"的种种倾向，才实现了现代技术活动沿"道"而行的根本目标。

其三，自觉"用心"的设计应该是一种"深度体验"的设计。

所谓"深度体验"的设计，表现为将设计师代入消费者与环境等其他利益相关者的视野，在设计活动中注重整体性、有机性、体验性的思维，将人与自然、人与社会、人与人、人与器物以及人的身心活动的和谐融入设计过程之中，深入细节设身处地地去想问题，并且能更加整体性地考虑道德嵌入技术的结果。

从深层体验的角度考虑使用者的需要，不仅要考虑使用时的便利，还要考虑使用者的安全（特别是儿童和老人）、对使用者的尊重（避免产生压抑感和屈辱感）、使用者身心的健康发展（避免过度依赖和上瘾）。要有同情心、责任心和大我意识，"用心"去关爱民众。自觉"用心的设计"应该具有"移情"的功能，设计者能站在使用者的需求角度，想象使用者的具体情境，体会使用者的情感，使技术设计成果充分符合使用者的切身利益。以往"以人为本"强调人的重要性，是在技术设计过程中将人的因素更多考虑其中。有"西方设计伦理之父"之称的维克多·帕帕奈克（Victor Papanek）在《为真实世界的设计》中明确了"以人为本"中"人"的定义。不仅要求技术设计为发达国家的广大民众、健康的人服务，还特别强调技术设计必须考虑为第三世界、为发展中国家的民众与残疾人服务。这些人对于技术设计的需要才可谓真实"需求"。即便技术设计所促进的销售额和利润是"真实"的，但很大程度上却是人为制造出来的"欲求"。[1]因为炫耀性消费和物质主义的资本商业社会旨在使技术设计完全为商业营销和盈利服务，忽视了"真实的世界"中还有许多需要技术设计的领域。[2]这种观念触及了"深层体验"的问题，但还缺乏自觉"用心"地设计更为开阔的视角。为达到"深层体验"的效果，在现代产品设计过程中需要特别重视与设计产品直接接触的广大消费者的亲身体验和真实感受，这些真实的心声应该及时且合理地反馈到设计师那里。"深层体验"还需要充分发挥"心"的反思与变通的能力，充分发挥道德想象力和价值敏感性的作用，通过技术发明和创新落实"深层体验"的思想成果，产生更为积极的社会影响。

从历史上看，中国古代技术设计的"深度体验"特征在许多方面都有所体现。各种机械和工具的尺寸都充分考虑到操作者体能和使用的便利，甚至到了细致入微的程度。例如《考工记》中设计车，以车轮直径作为设计的出发点，而车轮直径是根据驾车人身高来确定的，以保证驾车人上下车方便。《梦溪笔谈》说到宫殿中台阶的设计，要按照抬轿人的行动方便而定，区分出"快道""慢道""平道"。古代设计弓箭，要考虑到使用者的脾气秉性。性情刚烈之人需选择使用偏软性的弓，因为拉弦张弓幅度与力度过大会有导致弓弦断裂的风险，所以性情刚烈之人经过长期使用软性的弓会无形中逐渐收敛或改善自身急躁、脾气大等缺点，有利于以后遇事能沉着面对、稳定处理。[3]设计衣服尺寸，也要考虑穿衣者的性情年龄特点。年轻人在封建社会里一般较为谦恭，故前襟

---

① 参见周博. 现代设计伦理思想史. 北京：北京大学出版社，2014：143-149.
② 参见彭国祥. 儒家传统：宗教与人文主义之间. 北京：北京大学出版社，2019：20.
③ 参见杨建明，黄天球. 弓箭在由兵器向礼器转变中的设计变化. 美术观察，2019，（1）：74-75.

短后襟长。而年长者往往好腆肚挺胸，故前襟长而后襟短。曲柄摇把的发明是在公元 2 世纪出现的，西方人在一千多年以后才开始使用同样的方法。曲柄摇把用在旋转式风扇车上，也用在辘轳、手推磨和丝绸业的许多机械上。有了与轮面成直角的曲柄，转动轮子就变得格外省力。①中国古代发明的船橹在很大程度上解决了靠大量苦力划船的问题。17 世纪末 18 世纪初来华传教士李明（L. Lecomte）曾谈道：中国人划船的方式与欧洲人不同。"彼等利用鱼类应用摇尾前进之作用方式，将其向前推进，而再向彼等所站方向划回，从而无需将橹提升至水面以上。此项工作在帆船内产生一连续之左右横摇，但其具有使运用永不中断之利益，且欧洲人采用将桨提出水面所花费之时间及努力纯属浪费，且属毫无价值。"②中国古代技术产品在设计上还力求防止意外事故发生。例如发明水密隔舱，即用隔舱板将船舱分为互不相通的一个个舱区，不仅提高了船舶的抗沉功能，还提高了分装效率，增加了船体的横向强度。中国古代的木犁、纺车形状之所以历经上千年而无多大改变，从一个侧面反映了这些器物在发明时就已经充分考虑到操作者的生理特点，人机配合已达到相当完善的地步，所以只要保持在人力直接操作的水平上，以后无须做根本性的变革。这些发明对理解现代技术设计中的"深度体验"特征都极有启发意义。

其四，自觉"用心"的设计应该是一种"巧夺天工"的设计。

自觉"用心"的设计应该独具匠心，避免匠气。工匠是指有手艺之人，但工匠所设计的产品并非都能得到普遍认可，原因在于其设计的产品有匠心与匠气之分。倘若工匠在熟练掌握设计技能的同时，还能灵活、巧妙地做到使产品独具特色，得到大众的认同与赞赏，方可称为"能工巧匠"。"能工巧匠"包含着设计的"用心"之处，即匠心。相反，工匠虽具备设计技能，但在运用设计方法时平庸板滞，其设计效果必然缺乏独到之处。匠心的最高境界是要求设计达到"巧夺天工"成效。"巧夺天工"是体现匠心的重要标志，因为"巧"含创新之意，《考工记》中特别强调"工有巧"。后世将"巧夺天工"引申为形容

---

① 罗伯特·K.J. 坦普尔. 中国：发明与发现的国度. 陈养正，陈小慧，李耕耕，等译. 南昌：21 世纪出版社，1995：82.

② 参见胡维佳. 中国古代科学技术史纲（技术卷）. 沈阳：辽宁教育出版社，1996：595-596.

精巧的人工胜过天然，比喻人的技艺高超巧妙。

自觉"用心"的设计应该蕴含中国传统智慧，体现和谐、适度、大气、灵动。至今流传下来的一些有价值的技术发明和知识成果，融动静、曲直、刚柔、明暗、虚实等对立因素于一体，相反相成，变化多端，充满灵性和智慧，都是"巧夺天工"的杰作。西方道德嵌入技术的设计路径主要靠技术功能而创新，而技术功能又是根据人的实用性所需。若就技术功能的创新只服务于人而言，那么道德嵌入技术的设计路径重心也会随着技术创新而向人转移。若技术功能的创新只重视人而忽视甚至违背自然规律，也会造成相应的负面后果。"巧夺天工"则是通过借助自然界的力量为人所用，无形中拉近了人与自然的距离。"巧夺天工"的独具匠心之处，是基于"道法自然"基础之上的创新。

这里以"鱼洗"为例。鱼洗是一个外缘带有对称手柄的青铜水盆，盆底部铸有四条鱼。以手来回摩擦铜盆的手柄，达到一定程度时，盆内四条鱼口中各喷出一道水流，伴有嗡嗡的响声，水面上形成各种浪花。这种状况造成的喷涌可在水面上形成水柱，非常壮观。"鱼洗"的原理是利用摩擦手柄产生的振动使盆中的水形成驻波。这需要掌握相当精密的铸造技术，才能根据"鱼洗"的振动方式确定其形状、尺寸、水的容量以及盆内四条鱼的位置。中国古代工匠显然不具备现代振动理论的有关知识，但制作者可能在生产或生活实践中发现了驻波造成的神奇现象，然后巧加利用，使这种现象通过特殊制成的容器和特定操作方法得到艺术化的再现。美国学者坦普尔从"鱼洗"中体会到，驻波是体现中国古代"中庸"概念或"法道"概念的绝妙模式。驻波造成的神奇现象来自"鱼洗"自身的振动，并没有从外界添加某些特殊物质。这说明"万物来自道又返还于道，就像鱼洗中的驻波那样"[①]。再举一例，《西京杂记》记载，长安巧工丁缓发明了被中香炉，这是古代用于点燃香料熏被褥的球形小炉，其球形外壳和位于中心的半球形炉体之间有两层或三层的同心圆环。炉体在径向两端各有短轴，支承在内环的两个径向孔内，能自由转动。用同样方式，内环支承在外环上，外环支承在球形外壳的内壁上。炉体、内环、外环和外壳内壁

---

① 参见田自秉. 中国工艺美术史. 北京：商务印书馆，2014：87.

的支承轴线依次互相垂直，炉体借助重力作用，不论球壳如何滚转，炉口总是保持水平状态，香料也不会洒出来。被中香炉的设计也为西方的卡丹悬吊（Cardan's suspension）、陀螺仪与相机万向支架等设计奠定了坚实基础。①

从技术设计的现实情况看，现代技术设计中商业化需求仍然发挥主导作用，商家的功利需求时常造成对生产者和消费者切身利益的漠视。即使在大众普遍需求的计算机应用领域，大多数便捷的程序也往往服务于商业性较强的具有刺激人们感官和好奇心的内容，而许多专业化较强的程序仍很难为大众掌握。如果使自觉"用心"的设计得到普遍推广，使技术活动从一开始就接受"道"的引导，从技术发明、技术设计、技术决策角度避免偏离"道"的倾向，那么这类问题的影响就会大大减小。

自觉"用心"的设计作为一种设计理念，与西方的价值敏感性设计有类似之处，都体现了道德嵌入技术的要求，但"用心"的设计具有中国文化特色，有自己的认识论和方法论。价值敏感性设计、负责任创新、道德物化等主要依据逻辑分析认知框架，局部针对性较强，多为"一对一"式嵌入；而"用心"的设计主要依据直观体验认知框架，强调真善美相统一、以道驭术、独具匠心，需要综合考虑到多种因素，是一种"多对一"式嵌入。自觉"用心"的设计能有效弥补西方道德嵌入技术设计路径的不足之处，实现对诸多中国文化理念的有效结合，力求超越"形"的借鉴，做到"意"的延伸，以进入中华传统文化的精神和思想深处。自觉"用心"的设计在未来的设计实践中将不断追寻新的语境与新的入口，让流动的传统对接生动的当代。

第二节　自觉"用心"的教育

所谓自觉"用心"的教育，指的是在现代科技发展与社会生活的时代背景下自觉保持和发展学生们"用心"的思维能力，实现"用心"和"动脑"在更高层次上的良性互动。中国古代的教育本来就是"用心"的教育，近现代教育

---

① 参见田自秉. 中国工艺美术史. 北京：商务印书馆，2014：141.

中也有"用心"教育的成分，但还没有达到充分自觉的程度。前面谈到，现代教育中"动脑"的强势作用，已经在很多场合使"用心"的要求逐渐被"架空"，只剩下聚精会神、专心致志的心态。不少教育活动缺少原初的"用心"所具有的整体的、体验的、有机的特征，缺少知情意相结合、真善美相贯通、知行合一的要求，培养出来的学生缺少创造性，只能从事循规蹈矩按照规则行事的工作，而这些工作或许很快将被人工智能取代。自觉"用心"的教育要培养学生"心""脑"互补的能力、"知行合一"的能力和"知情意相贯通"的能力，实现其智商和情商的全面平衡发展，避免其被塑造成将来可能被人工智能淘汰的样子。

下面分别讨论自觉"用心"的教育的几个基本特征。

1. 自觉"用心"的教育应该是"心""脑"互补的教育

所谓"心""脑"互补的教育，指的是通过适当的教育和教学方式改革，引导学生在接受"动脑"思维引导的教育的同时，自觉完善和发展"用心"的思维能力，使"心""脑"的优势互补通过教育环节得以实现。这里需要采取专门的途径、方法、手段，真正解决"入脑"和"入心"如何统一的问题。

现在学校里的教育模式，从教学内容、教学方法、考核手段来看，大都是"动脑"思维的产物。尽管学校里现在也有通识教育一类的课程，理工科专业的学生也可以选修一些人文社会科学类的辅修课，但还没有专门讨论中国传统文化中"用心"的思维特征和方法论。因而有必要将介绍"心"的观念演变、"心"的各种功能、"心"的社会影响等内容的教学资源融入现行课程体系，比如融入介绍中华优秀传统文化的课程、中西文化比较课程、人文素养课程、批判性思维课程、各学科的认识论和方法论课程，或作为"课程思政"的一部分。在教学过程中，还需要开展一些专门的思维训练，讲清楚如何实现"心""脑"互补。如果学生们的"用心"思维能力始终处于自发状态，那么在"心""脑"混用的情况下，要想达到"入心"的教学效果是很困难的。这里有一些要点值得关注。

第一，在自觉"用心"的教育中，应该努力培养学生深入实际进行亲身体验的能力。如果只是从知识形态、数据、媒介渠道了解世界，亲身体验的机会越来越少，就不会真正"用心"，看不到那些在具体情境中值得认真反思和总结的鲜活事例，体会不出其中的深刻意蕴。"心""脑"互补的教育要创造学生有机会亲身体验现实生活的条件，如开展环境教育要让学生有机会亲近自然，在现场亲身体会治理环境污染的必要性；开展企业创业创新的教育，要让学生直接采访企业家，到企业生产一线体会创业创新的意义和价值；开展医学人文和医学伦理教育，要让学生到临床治疗和护理一线体会"治病救人"的责任感和使命感。亲身体验是摆脱"动脑"的思维定式的有效途径，对于现在习惯于从互联网上了解世界的年轻一代尤为有效。

第二，要做到自觉"用心"，需要使学生们准确了解"心"的认知中"取象比类""融会贯通""格物穷理"等概念的准确含义，了解"心"的道德教化功能、审美功能、抉择功能等方面特征，了解"心"与"和谐共生""可持续发展""天人合一"文化形态的关系，避免简单化、庸俗化的理解。在了解"心"的观念的基础上，通过具体的案例教学和课堂研讨，掌握"取象比类""融会贯通""格物穷理"的本事，这是提高自身的直观体验（直觉）思维能力的有效途径。通过深入了解医生看病时的直观体验能力（"医者意也"）、艺术家创作时的直观体验能力（"意境两浑"）、高级工匠操作时的直观体验能力（"物我合一"），学生们都可以受到很多启发。由于现在很多学生"用心"的思维能力已经出现弱化趋势，因而自觉提高直观体验（直觉）思维能力就成为"心""脑"互补教育的关键。如果"心"的思维要素在教学过程中没浮现出来并发挥作用，"心""脑"互补的思维就无从谈起。

第三，要引导学生自觉发现由"心""脑"不协同带来的现实问题。由于缺乏整体的、有机的、体验的视角，一些在"动脑"思维框架里难以发现的问题正在很多学生的现实学习生活中出现。现在很多学生的写作能力下降，文字表述不通顺，很难从整体上把握论文的思路、结构和各部分内容之间的有机联系。这在一定程度上与语文考核的标准有关。如果简单从工具理性出发考查学生的语言表达能力，认定一个学生的语文考卷达到 60 分就可以"过关"，那么是否意味着允许其余分数涉及的内容可以不讲文法，胡说八道？如果一个博士研究生写作论文初稿，仍然存在中学阶段就该纠正的文字表述错误，这显然反映出从中学到大学、研究生的一路考核和培养都存在问题。现在还有不少学生存在思维碎片化、判断机械化、推理简单化的倾向，将网络上的交流方式移植到现实生活中，甚至生活在"信息茧房"中，出现社交恐惧。还有些学生只重视应对考试的知识点和标准答案，不愿做整体性的、长远的、理想性的思考，对一些思想深刻、启迪悟性的著述和讲座不感兴趣，这都是缺乏"用心"思维基本能力的体现。下面还要进一步讨论由"心""脑"不协同带来的"知行合一"和"真善美相贯通"方面的问题。只有发现了这些问题，人们才能够对"心""脑"互补的必要性引起足够重视。

第四，要引导学生自觉找到"心""脑"互补发挥作用的"接口"。前面谈到，"用心"和"动脑"有各自的适用范围，它们的"接口"也就处于不同适用范围的边界上。在创造性思维活动中，"用心"提供新的创意、理念、方案，而"动脑"思维对其补充、完善、检验。学会创造性思维中的"心""脑"互补，对提高学生的创造能力是决定性的因素。处理社会生活中的人际关系、在实践中进行谋划与优选、涵养自身的心理状态，也需要发挥"心""脑"互补的作用。这方面的很多知识和方法都不是写在书本上的。大学里的"学以成人"教育需要体现对"人心"的塑造，思想政治教育一直强调"入脑""入心"。但在如何"入心"的问题上，不少教师和学生都还没有清晰的思路，这方面存在的问题亟待解决。

随着国际范围内文化交流的不断深入，有相当多的人生活在中国文化和西方文化相互交融的环境中，有可能同时熟悉"动脑"和"用心"两种思维路径，经常在这两种思维路径之间转换，也时时感受到两种思维路径的冲突。然而，同时具备较强的"动脑"思维能力和"用心"思维能力的人却不是很多，能够有效沟通"动脑"和"用心"两种思维路径的人可能更少。要充分实现"心"与"脑"的良性互动，必须注意培养学生同时具备较强的"动脑"和"用心"能力。这也给今后的教育和人才培养带来了新的课题。要提高"用心"能力的准确性和效率，必须具备良好的逻辑思维素养，因为直觉思维对事物之间有机联系的把握、"取象比类"的选择和对冲突观念的消解，都需要用到内隐逻辑。

而加大"动脑"能力在理论创新和技术发明中的作用，必须具有对疑难问题症结的敏锐洞察力和深刻悟性。因而逻辑思维能力培养和直觉思维能力培养必须并重，科学文化教育与人文文化教育必须并重。有些理工科专业的学生和科技人员可能承认直觉思维能力培养的重要性，但觉得直觉思维很神秘，悟性或许是天生的，后天难以培养，殊不知他们熟悉的"用心"思维本身就是悟性智慧的源泉，是激发创造力的基础。显然，自觉理解和培养"用心"思维能力，需要从观念到实践的根本转变。

2. 自觉"用心"的教育应该是"知行合一"的教育

由于现代社会分工日益专业化、人际关系日益复杂化、信息传播日益数据化，对个人或群体的社会评价很难在一个相对固定的环境中进行，在这样的条件下很难建立动机与效果之间的准确对应关系，这就容易导致"知""行"分离的倾向。靠"动脑"获得的书本知识，要转化成分析和解决实际问题的能力以及技术创新的能力，必须经历一个"用心"的过程，否则会出现"高分低能"、创新乏力的现象。而从课堂上学来的伦理道德和法律知识，更需要通过"用心"转化成"良知"，培养相应的道德情感，才能够落实在道德行为上。有些知行相分离的现象可能是逐渐出现的，原初的知行关系会随着人们的社会环境、地位、利益关系和生活目标的变化而变化，因而"不忘初心"的要求才显得非常必要。

"知行合一"的教育容易成为人们的共识，但落实起来又很困难。很多人将"知行合一"理解为"理论与实践相结合"，或者"学以致用"，因而书本知识只要能找到应用途径，影响到人们的行动，就达到了"知行合一"的要求。这种理解基本上是从"动脑"思维出发的。前面谈过，"知行合一"的"知"并不局限于书本知识，而是包括各种隐性知识，如世界观、人生观、价值观、处世为人的准则和方法等；而"知行合一"的"行"包括具体的判断、决策、行动，以及协调与周围各种利益相关者的相互关系。显然"知"与"行"之间不存在简单的对应关系，需要考虑到具体的环境、边界条件、个人能力等因素。自觉的"知行合一"的教育有必要注意以下几个要点。

第一，既要讲清楚"知行合一"的价值和要求，又要使学生掌握相应的"实践智慧"，以克服实施"知行合一"行为时的各种阻力。假设一名工程师在化工厂里接到工厂领导的指令偷排污水，显然这是违法行为，应该坚决抵制。但一名普通的工程师很难有能力制止这种事件的发生，公开抵制可能会遭到打击报复，这个时候该怎样做？通过工程伦理教育，可以使未来的工程师们具备相关的道德意识和环境保护知识，但笼统地提出"知行合一"的要求会使工程师在处理这类问题时进退两难。如果在工程伦理教学中发挥"用心"的灵活变通作用，使未来的工程师们了解如何机智地向有关职能部门发出预警信息，如何借助组织和制度的力量制止偷排污水，同时又能够有效保护自己，学生们就会对落实"知行合一"的要求有明确方向和充分信心。

第二，学生们在"知行合一"方面的努力达到了何种程度，需要通过"用心"的整体的、有机的、体验的方式加以考察。仅仅通过考试不可能准确了解"知行合一"的程度，简单的指标考核也达不到这种效果。"知行合一"是一种需要通过长期积累形成的思想状态，需要不断地"正心""修身"，体验"知行合一"的要求和境界。学校教育中对"知行合一"教育效果的考核，应该通过公正合理的机制，对每个学生做出负责任的评价。还应注意为学生树立"知行合一"的先进典型，使学生学有榜样，行动上有参照。

第三，要培养学生具备发现自身是否存在"知""行"脱节问题的能力。"知""行"脱节往往是在无意识之中发生的。由于学科教育条块分割、考试方式单一、互联网浏览造成的思维碎片化等原因，很多学生学到的专业知识并没有用到相关领域和自己的实际生活中，对一般性知识的理解缺乏相关的具体事例和深层体验作为支撑。学理工的学生往往可能不会将理性的、逻辑的、论证的思维能力运用到人文社会科学领域和现实生活当中，人文学科的学生往往可能不会将文化的、有机的、体验的视角运用到分析科学技术与工程的社会影响之中。特别是在伦理道德领域，有些学生学习了相关知识并通过考试之后，并不是真的想用相关的伦理原则和道德规范来约束自己的工作与生活，这样就会使道德教育的实践有效性大打折扣。

3. 自觉"用心"的教育应该是"知情意相贯通"的教育

在现代社会生活中开展"知情意相贯通"的教育，包括：在"知"的方面培养直观体验能力，掌握格物致知的方法；在"情"的方面培养同情心和责任感；在"意"的方面了解隐性知识的形成和发展规律，提升会意和审美能力。本书前面的"序言"中曾提到，近年来有些学生存在"智商"高"情商"低的问题。现在基础教育中，很多家长和教师对儿童和青少年过度"设计"，希望按照标准化的模式塑造人才乃至天才，这会造成青少年智商和情商失衡，童年的快乐受到一定压抑，很多跟不上这种标准化要求的学生会自暴自弃，产生强烈的挫败感和逆反心理。由于工具理性的过度影响，现在很多地方的人才评价以定量考核的指标体系为主要依据，学校里的考核主要看考试分数，这里都没有"情商"的位置。青少年特别是"独生子女"一代受到家里长辈格外宠爱，容易以自我为中心，"情商"低下会造成青少年不善于与他人交往，缺乏社会活动能力和组织能力，进而影响"智商"作用的发挥。不少老师和家长意识到现在有些学生不会发自内心地去关心他人，不会将心比心，在面对责任心问题时往往想通过"动脑"给自己找辩解理由。一些学生处世为人漫不经心，缺少同情心、责任心、事业心的问题还在不断出现。这就意味着这些学生知情意相贯通的能力实际上在下降，而这是一个潜移默化的过程。

开展"知情意相贯通"的教育，有必要注意以下几个要点。

第一，在高科技时代培育学生知情意相贯通的能力，特别是与"智商"相匹配的"情商"，需要开设专门的训练课程。很多学生习惯于将"知"理解为"动脑"思维引导下的知识学习，将"情"理解为感情或情绪，将"意"理解为意志或意向，觉得知情意三者之间没有必然联系和贯通渠道，因而对于"知情意相贯通"的要求感到很茫然，不知道该怎样做。由于由"知"向"情"的发展受到阻碍，情感的中介作用难以发挥，意会、领悟、灵感和创造性认知都缺乏相应基础。在道德教育方面，由于缺少道德情感的培育，道德观念很难落实到道德行为上。在情感环节缺乏"用心"思维的引导，还会使一些学生在恒心、耐力和自我控制能力方面存在不同程度的缺陷，缺少把事情办成的能力。

要培养与知情意相贯通的能力相适应的"情商"，关键在于完善和发展学校里师生之间、学生之间、学生与社会相关人群之间有益于情商培养的情感交流，这就是"交心""谈心"。这方面工作本来是传统文化和现代社会生活里中国人最擅长的事情，是革命战争年代和中华人民共和国成立后发动群众开展思想政治工作的主要途径，也是学校里面向学生开展思想品德教育的"基本功"。可是，由于在教育评价指标上受到工具理性的过度影响，不少学校和教师往往将通过情感交流培养学生的情商和道德情感视为可有可无的事情，因为它与考试成绩无关，不能够量化，不便于考核，在评选先进人物和荣誉称号时也没有明确的硬性要求。认真反思和总结以往有益于情商培养的经验和方法，将其置于高科技发展的时代背景下分析其意义和价值，对于开展自觉"用心"的教育极为必要。

第二，在高科技时代培育学生知情意相贯通的能力，有必要与创造性思维的教育结合起来，使学生了解知情意相贯通对于意会知识形成的价值，自觉地发现、培养和运用自己的悟性，激发创造能力。有些教师和家长时常埋怨学生们缺少创造性思维能力，学得死板，不懂得"举一反三，触类旁通"，实际上忽略了知情意相贯通机制的应有作用，缺乏在具备一定知识基础后追求深入做学问的激情和灵活变通的心态，不了解"心"的观念的整体的、有机的、体验的思维特征和方法，因而很难进入创造性思维的活跃状态，很难进入灵感涌现的开悟境界。

第三，要为学生形成知情意相贯通的能力提供必要的思想资源、典型案例和学习榜样，包括历史上和现实生活中的先进人物事迹及他们的心灵历程。历史上有些经典文献内容看起来与道德教化并无明显的逻辑联系。孔子讲过：《诗》三百，一言以蔽之，曰："思无邪"。[①]《诗经》中讲的很多内容，如"关关雎鸠，在河之洲"之类，是生活中的真情实感，与伦理道德并无直接联系，为什么还要作为"经"来流传？因为培养纯真的感情是具备道德意识和道德情感的必要基础。中国传统文化中的很多典籍都包含与中国传统文化的知情意相贯通特征相关的思想内容。阅读文化经典、了解历史故事、欣赏艺术珍品，都

---

① 论语·孟子·孝经·尔雅. 黄永年，焦杰，张艳云，等校点. 沈阳：辽宁教育出版社，1997：4.

有助于培养学生的知情意相贯通的能力。

目前正在开展的"新工科""新理科""新文科"教育改革，为开展"心""脑"协同教育创造了新的契机。中国古代关于"用心"认知机制和方法的很多论述，其知识形态很难直接被搬到现代生活中来，必须经过一个创造性的转化过程，才能使现代受教育者充分理解并学会应用。这些知识的讲授如何"嵌入"现代教育体系和教育内容，如何增强教育过程的体验性，使学生具备开阔的知识背景和深刻的洞察力，能够举一反三，触类旁通，都需要认真加以研究。

总之，自觉"用心"的教育并不是简单地重复宣传"用心"多么重要，也不是另搞一套有别于现代教育体制的新模式，而是从自觉"用心"的理论框架出发，重新审视以往教育方式中哪些思想资源和教育途径有益于培养"用心"的思维能力，需要在新的时代背景下加以完善和补充，使学生们能够弥补"用心"的思维能力不足造成的缺陷，实现人格、知识、能力的全面发展，激发创造能力，更好地服务于社会。

第三节　自觉"用心"的管理

自觉"用心"的管理指的是"用心"思维在现代管理活动中的自觉应用。这种管理模式吸收了中国传统的"用心"管理的思想资源，又在现代管理实践的基础上提炼新的思想特征，以解决相应的现实问题。自觉"用心"的管理应该具有以下三个基本特征。

1. 自觉"用心"的管理应该是一种"有温度"的管理

所谓"有温度"的管理，指的是"用心"弥补单纯依赖规章制度的漏洞，提倡相互关心、相互爱护的人际关系，真正做到"以人为本"。

在一般的社会治理意义上，"用心"本身作为一种思考和处理问题的方式，对以"动脑"或者工具理性为主导的社会治理模式是非常有效的补充。在现实生活中，强调"用心"并不意味着要替代制度、规章、标准的作用，但是可以发现制度、规章、标准覆盖不到的地方，协调好事物之间隐蔽的有机联系。"用心"也不能替代法律和伦理道德的作用，但可以使法律和伦理道德的作用发挥得更有效。解决社会现实问题需要主动担当、乐于助人、弘扬正气，这些都需要自觉地"用心"。"心"的缺失可能造成规章制度的执行变得简单生硬，甚至会激化社会矛盾。没有本真的"心"的引领，人们遇事就可能相互推卸责任，为追求狭隘私利找借口，使人际关系变得冷漠，使人们的价值观扭曲。强调"用心"的社会治理，有助于促进社会和谐、深化人文关怀、加强情感交流，这在现代社会生活中具有不可替代的价值。这就是"有温度"的管理。

与此相对应，简单照搬规章条文、过度依赖量化指标，则是一种"冷冰冰"的管理。"冷冰冰"的管理来自对各种机器和工程项目的设计、生产或施工，以及使用中的严格定量化、标准化、制度化管理。这种管理模式虽然是在工业革命之后大规模展开的，但其思想萌芽在西方很早就出现了。从古埃及开始，对大型工程技术项目的管理就出现了强调精细计算、严格命令、官僚体制的倾向，将工程管理组织建构为一个如美国技术哲学家芒福德所说的"巨机器"。按照芒福德的说法，最初的技术都是生命指向的综合性的技术。大约五千年前，一种通过对日常生活的系统组织来致力于权力与财富增加的单一技术（monotechnics）开始出现。这种以机器为中心的单一技术的标志是建立了一种复杂的高度权力化的社会机器。这个官僚体制由一个绝对的统治者所支配，在一个由祭司、武装的贵族和官僚所构成的联合体的支撑下，他的指令确保所有组成部分对整个组织的僵尸似的服从。在芒福德看来，这种社会机器是后来一切特定机器的原型。只有发明了这种高度权力化的机器，像埃及金字塔那样的庞大工程才可能通常在一代人的时间内建立起来。巨机器的权力与权威来源于天文观察与抽象的科学计算，首先表现在历法这种固定的、可预见的秩序之中，随后就转移到了对人类工程活动的严格管理。①工业革命使这种"冷冰冰"的管理得到进一步强化，其根源在于近代以来人们对机械论世界观的认同，以及对经济价值的过度追求和对定量评价方法效果的过度期望。这使得管理者在各

---

① 参见高亮华. 人文主义视野中的技术. 北京：中国社会科学出版社，1996：50-52.

项管理活动中过于看重"数字化"的管理，强调各种指标体系，按照完成各项指标的状况确定评价结构和管理对策。20 世纪初，作为现代科学管理理论创立者的美国工程师泰勒首倡"工时分析"和"动作分析"，将工人视为通过食物提供能量的机器部件，通过仔细分析操作者每一个动作的效率来实现经济效益的最大化。泰勒主张按照"头等工人"的标准来确定工人劳动定额。他认为这种设计会使"头等工人"留在其适合的岗位上，而使其他工人分流到适合自己的其他工作岗位上。[①]然而事实上企业雇主往往力求提高工人劳动定额而压低工人的劳动报酬，因而工人们要付出超负荷的体力劳动才能保住自己的岗位。20 世纪 30 年代之后，受行为科学研究的影响，在管理活动中开始强调发挥人的心理因素的作用，调动企业员工的积极性。[②]在对人的管理成本日益提高和社会问题逐渐凸显的情况下，自动控制和智能机器技术开始得到更多关注和更快发展。这种趋势意味着"冷冰冰"的管理又可能通过新的技术载体得到强化。这样能够使技术人工物产生可以明确计量的"商机"，充分适应发达的市场经济的需要。

"从数字上管理"是现代市场经济运作的基本特征，但是简单的"数字化"管理可能将事物内部和外部各种有机联系的定性差异完全量化，从而排斥了那些依赖情境的、"可意会而难以言传"的知识和经验。这种模式尽可能发挥自然力和科学技术知识的作用，尽可能利用人工原材料，尽可能保证生产的高效率，强调严格的工艺标准、精细的制作过程、仔细的成本核算，在经济领域实现效益最大化和管理过程最优化。"精益生产"的理念就是这种管理模式的产物。

"冷冰冰"的管理本质上是"动脑"思维的过度强化，是工具理性的极端体现。由于可以用已有工具制作更多、更新、更有效的工具，将工具整合成机器，将机器整合成工业体系，并通过工业化影响社会生活其他领域，所以这种管理模式在带来显著经济效益的同时，也深刻地影响了现代社会生活的各个方

---

① 参见丹尼尔·A. 雷恩. 管理思想的演变. 李柱流，赵睿，肖聿，等译，北京：中国社会科学出版社，1997：162-165.
② 参见郭咸纲. 西方管理思想史. 北京：经济管理出版社，2004：156-166.

面。现在很多社会管理活动中出现了过度依赖量化指标、简单照搬规章条文、对主动性和大局意识关注不够的倾向，造成一些行政管理人员缺乏人际沟通和协调能力。有些管理措施在局部看来合理，但整体上缺乏人文关怀，往往是因为管理者不"用心"，发现不了其中的问题，因而才造成一些本该"用心"解决的社会矛盾未能及时处理。某些工程重大事故的出现，很可能是关键岗位的人粗心大意造成的。在医疗活动中，过于相信检测治疗设备给出的数据而忽视患者的情感和体验，缺少心灵沟通，很可能造成误诊、误治和医生与患者之间的冲突。总的看来，单纯强调"动脑"，只关注局部的、可量化的、显性的收益，容易忽视全局性的、需要体验的、隐形的危机因素和应对措施，造成人与物、自然与社会、科学文化与人文文化的对立。全球化时代的环境污染、生态失衡、金融危机等重大现实问题，都是从局部地区向全球范围，由隐性向显性，由确定向不确定逐渐蔓延的。"用心"思维本来应该在应对这些问题上发挥更大的作用，但"用心"能力的削弱会使这些问题的治理难以取得预期成效。

前面曾谈到从生机和活力角度理解机体特征，可以将具备机体特征的事物划分为生命机体、人工机体、社会机体和精神机体这四种类型。将过度强调工具理性的"冷冰冰"的管理方式运用于各类机体的管理活动之中，势必带来很多矛盾冲突和消极影响。下面分别考察"有温度"的管理方式和"冷冰冰"的管理方式对不同类型机体管理的影响。

生命机体的管理包括生活方式、保健和治疗。人类的衣食住行都大量利用工具，家庭生活设备的技术含量成为评价生活质量的基本指标，疾病治疗的仪器设备和药物生产越来越依赖各种工具的技术创新，现代人的生命机体已经被各种人工机体包围、渗透和嵌入，生命机体的管理与人工机体的管理日益接近。现代医学治疗手段在治疗急症和复杂病症方面有突出的优势，但总体上看投入很大，收益并不都尽如人意，生命机体的生机和活力有些时候并未明显改善，倒是比较迎合"商机"发展的需要。单纯看技术指标的生命机体管理往往给人以"冷冰冰"的感觉，而"有温度"的管理一定要深入体验患者的疾苦感受，有深切的同情心和责任感，要照顾到那些技术指标无法覆盖的患者的生理和心理变化。

　　社会机体的管理包括发挥法律法规和制度因素的作用，调整人际关系和社会秩序，保证企事业单位的运行和发展。过度强调工具理性的"冷冰冰"的管理方式，造成了工具理性对价值理性的不断挤压和冲击，马克斯·韦伯和法兰克福学派对此已经有了大量研究。工具理性主导的机体管理模式在维护国家机器的运行、调整市场经济秩序、建立社会生活规则方面有明显作用，有助于人际关系的简化，减少不必要的相互牵制和摩擦。然而，这种管理模式在运行中显现出不少局限性。人毕竟不是机器，同时也不能被简单地看作"经济动物"，而是应将其视为处于各种社会机体联系中的个体。工具理性主导的模式会自觉或不自觉地将"人"也视为"工具"，这就难免出现劳动异化以及忽视人的社会价值和社会需求的现象。

　　工具理性主导的社会机体管理模式强调逻辑分析与定量化，往往以增加管理中"物"的因素的比重，或将人的组织行为"物化"为前提。而人际关系的有机联系特征往往通过更隐蔽的方式展现出来，体现为管理中一些难以确定和控制的因素。为什么现代经济生活中经常出现产能过剩造成的危机呢？就是因为在市场经济环境下，各个企业或个人追求的"商机"可能会相互利用、相互牵制甚至相互抵消，不利于整合成群体的、行业的甚至国家的整体"商机"，难以始终保持良好的发展态势。而如果按照计划经济的思路，规定各个企业或个人追求的"商机"相互匹配，看起来没有浪费，实际上也会降低甚至窒息各个企业或个人追求的"商机"，使其丧失生机和活力。工具理性主导的管理模式发展的新趋势，是用更具智能性的工具来取代人的各种具体功能。物联网的触角深入社会生活的各个角落，不仅影响企业的经营活动，也深入人们的日常生活，带来对个人隐私、个人意志和个人行动自由的深刻影响。工具理性主导的社会机体管理依然带有"冷冰冰"的特征，往往忽略社会生活中的人际交流、互爱互助、主动担当。"有温度"的管理需要通过发挥"用心"思维的作用，弥补这些弱点，通过心灵沟通化解社会矛盾，保证社会机体健康有序地发展。

　　精神机体的管理包括教育、宣传、媒体和理论研究等方面的引导与规制。"冷冰冰"的管理体现为教育理念、评价标准和心理状态上的简单、僵硬与教条主义倾向，往往用同一套标准要求个性差异很大的不同对象。马尔库塞所说的"单向度的人"、胡塞尔所说的"欧洲科学的危机"、海德格尔所说的"座架"，在不同程度上都涉及这方面问题。特别是在人才培养、选拔和任用上的"标准化"模式，虽然力图节省时间、提高效率，但实际上将个人的精神机体的生机和活力限定在了一定范围内，甚至排挤到非理性的方向上去。在评价社会治理成效和工作业绩上，现在一些部门和单位注重指标体系的考核，用数字说话，这样做固然必要，但有不足之处。有些隐蔽的或难以量化的因素，如个人的思想状况、素质、追求，一个群体的人际关系、凝聚力、发展潜力，都需要"用心"去体察和评价。"有温度"的管理需要关注人们内心世界需要群体和他人关爱、慰藉、帮助的心态，需要使弱势群体感受到来自社会和组织的温暖，这样才能焕发个人和群体的生机与活力。

发挥"用心"在社会治理中的作用，倡导"有温度"的管理，那么"温度"从哪里来？从管理主体角度看，关键在于培养"用心"思维所特有的"大我"的观念，这是"有温度"的管理的思想基础和动力源泉。"用心"本身具有道德属性，要超越个人的"小我"利益的局限，发自内心地将"我"的责任范围延伸到他人、集体、事业乃至国家，普遍增强人们的社会责任感，主动协调人际关系，维护集体和国家利益，这样才能将"温度"奉献给他人与社会。此外，"有温度"的管理还需要制度化的激励和保障，对"冷冰冰"的管理加以批评和纠正。如果过度拘泥于规章制度划出的界限，满足于条文规定的最低限度责任，缺乏主动的关心、热心、爱心，会使集体缺乏凝聚力，使关系大局的事情得不到有效处理。规章制度不可能涵盖社会生活的所有方面和细节，总有需要发挥主动性和创造性的空间。"有温度"的管理有助于创造性地解决社会治理中的新问题，创造性地化解各种社会矛盾冲突，使安定和谐的社会秩序不断得到维护。

2. 自觉"用心"的管理应该是一种"有活力"的管理

所谓"有活力"的管理，指的是"用心"发现不同类型管理对象在发展上的不同需求，激发管理对象的生机和活力。对"活力"的判断不是看各类机体一时的局部的指标，而是要着眼于整体的、有机的、可持续的发展趋势和潜力。

　　对于生命机体的管理，必须充分考虑机体特性，顺应自然，提高其自身的生机和活力。现代医学在处理人体某些部位恶性病变的时候，一般着眼于通过手术切除病灶，很类似于更换机器零件，但放化疗过度也可能会使患者的生机和活力降低。日常生活中工具、机器和生活器物的不当使用，以及工作和生活压力、精神焦虑和情感冲突，都会影响生命机体的生机与活力，这不是单靠生物学、生理学、病理学研究和相应措施能完全解决的问题，需要从"用心"的整体思维角度加以考察。对生命机体的"有活力"的管理，意味着通过发展新的"生机"来恢复原来的机体平衡，控制危机的发展。中医治病强调"扶正祛邪"，注重"治未病"，通过加强身体锻炼，增强抵抗力，以达到"百病不生"的效果。许多人在没有明显发现生理不适的时候往往管不住自己，追求过度享乐，甚至造成一些过去的"老年病"提前在中青年人群中出现。中医的"养生"观念注重通过日常生活中的合理调适来保证生命机体的生机和活力，平时的微小投入会取得长久的收益，比起平时不加节制而在治疗上投入大量费用的生活方式显然更为合理。

　　对于技术人工物或者说人工机体的管理，要考虑到其"宜人性"、效用空间、发展潜力、老化和寿命问题，避免对人的生理和心理健康以及社会生活产生不良影响。以往人们很少关注技术人工物的使用寿命、人机关系的随意发展和报废物的处理可能带来的隐患等问题，这样有可能逐渐降低技术人工物系统整体上的生机与活力。技术人工物的不断更新换代本身是有活力的体现，但其报废物如果得不到合理处置最终会导致资源和环境危机，技术人工物本身的活力也难以为继。

　　对于社会机体的管理，要考虑到社会中的个人的基本发展权利，充分考虑社会各阶层、部门、群体之间的合理关系，才能不断激发个人与群体发展的生机与活力。许多管理者仅从现状出发，忽视个人与群体发展潜力，或者人为地划定其发展的空间，结果浪费了许多可利用的资源，造成了一些社会冲突和思想冲突。有些家长并不清楚自己的子女需要什么，追求什么，适合做什么，潜力在哪里，对子女的发展缺乏合理的引导，实际上扼杀了子女的发展活力。

　　对于精神机体的管理，要充分考虑到其存在和演化的特点。既要考虑个人精神机体的健康和发展，也要考虑到宏观层面精神机体的传承、传播对大众社会生活的作用。这就意味着用一种更有生机和活力的精神机体引导或限制其他精神机体的变化，体现为教化、开导、心理干预等手段，因势利导，顺势而为，以较小的代价化解和消除危机，促进人类社会的和谐发展。精神机体管理的外部调控体现为思想品德教育、舆论宣传和营造导向性的文化氛围，而内部调控体现为个人修养、道德自律和对自身心态的主动调整。精神机体管理的目的是提高而不是限制精神机体的生机和活力。

对各类管理对象的"活力"的忽视，一方面来自逻辑分析思维造成的心理定势，习惯于从"工具理性"出发处理问题，以为定量分析、局部分析、规范分析才是科学的思维方法；另一方面，在直观体验过程中视域狭隘，对管理对象的"活力"做出错误的价值判断和心理评价，也会导致错失"良机"，不能有效地防范危机。"有活力"的管理需要立足于准确细致的机体分析基础之上，善于发现各种类型机体中的"活力"，这样才能捕捉和利用好各种机会。

倡导"有活力"的管理，有助于解决当代人力资源管理和技术创新管理方面的一些突出问题。

"有活力"的管理模式应用于人力资源管理，大体上应该分为宏观和微观两个层次。在宏观层次上，对人力资源"有活力"的管理应着重解决国家、地区乃至行业人力资源的生机与活力的培养，以及结构、分布、储备、流向是否合理的问题。从管理体制上讲，要有一套培育、识别、引进、留住各类人才并使之充分发挥作用的先进机制。要努力使一些具有较强创新能力的专业人才，到一些充分发挥其创造能力的岗位上工作，带动身边的人形成创新团队，使优秀人才的意会知识和技能为团队成员共享，形成人力资源不断增长的生机勃发的局面。

在微观层次上，"有活力"的管理应着重解决对各类人才的评价、培养和激励是否合理的问题。各类人才的普遍特征在于主动灵活、心理需求明显、富于创造。对他们的管理不同于对普通人群的管理，更不同于对机器设备的管理，简单的量化评价体系和物质激励手段难以充分奏效。现在很多企业、高校和科研单位习惯于在人才评价中提出一系列简单的量化指标，比如考察科技人员的专著数、论文数、引文索引数、专利数、科研项目数、科研经费数、科研奖励数，在高等学校里还有招生数、荣誉称号、学术团体任职、社会活动等，而且多多益善，与物质奖励直接相关。如果一个科技工作者想在所有这些指标上都达到较高层次，其工作量实际上远远超出其正常的生理和心理承受能力，这就势必造成恶性后果，或者由于过度劳累而损害身体健康，或者为了急功近利的目的而造假。对各类人才的"有活力"的管理应该合理地设计各项指标的相互关系，造就杰出人才与管理者之间、杰出人才与普通群众之间、杰出人才的身心之间的和谐关系。特别是对科技人员实际知识水平和创造能力的评价与激励，既要考虑其显性知识水平，又要考虑其隐性知识水平；要注重评价科技人员的标志性成果、知识更新速度、知识的广度和深度、持续创新能力等能够反映人才质量和发展潜力的指标。还要为人才的发展创造足够的空间，包括创造交流思想观念的场所，促进知识共享，通过适当的措施和制度鼓励创造型人才传授其隐性知识和技能。

在技术创新管理方面，"有活力"的管理涉及如何协调技术创新过程诸环节的关系，包括创造新的人工机体带来何种"商机"、在社会发展的其他方面产生哪些契机、对生态环境是否会产生危机。技术创新以市场为导向，又不能完全取决于市场需要。如何将环境的、社会的、伦理的、文化的因素渗透到技术创新的各个环节之中，使技术创新与技术发展的相关要素充分和谐，是"有活力"的管理的核心问题。

以往人们对技术创新的关注，将比较多的精力集中于技术创新带来的经济效益，考察原始创新、集成创新和引进消化以后再创新各自的"商机"大小。"有活力"的管理需要一个更大的视野，关注人工机体对其他类型机体潜移默化的影响，强调新技术可能带来的环境和伦理方面的风险，防止出现不可逆的恶性变化。新技术可能带来的环境和伦理方面的风险往往是突如其来的，需要有应急的反应能力和果断的决策。如果按照严格的逻辑思维和循规蹈矩的制度程序，很可能错过最佳的时机。欧洲和北美不少地区从工业革命以来就开始面临黑烟和工业污水的严重困扰，然而当时却缺乏有效的技术评价和相应的治理措施。这些地区立法程序的繁琐和具体规章制度的缓慢确立，与急剧增长的环境污染相比显得比较滞后，比较被动，甚至是到了出现严重问题之后才付诸实施。德国学者约阿希姆·拉德卡在回忆这一时期的情况时指出，"鉴于河流的污染最明显地表现为鱼类的成群死亡，渔民们本来最后该凭借其传统的使用权对此提出诉讼，但他们的可上诉权以及要求对水源治理做出精确规定的权利却从未以法律的形式确定下来。司法对这一新形势未作丝毫准备不足为奇；相反，它却重在撑筏工、水磨坊主和为灌溉而发愁的农民们之间进行斡旋。因为饮用水到那时为止大多取自水井，故这种调控需求在邻里法的框架范围内基本得以满足"①。类似的情况在整个工业化进程中都大量发生过，在很多发展中国家也经常上演。假如早一些控制局面，工业革命带来的环境代价很可能会大大减小。"有活力"的管理能够使管理者将各类机体及其相互关系综合加以考虑，在直观体验层面及时发现问题，采取相应对策。

在技术创新的研究与开发环节上，"有活力"的管理需要注意协调研究与开发人员之间的关系，以及这些人员同研究与开发对象、环境、制度、市场需求之间的有机联系，培育技术创新活动的生机和活力。增加研究与开发经费并不必然导致技术创新能力的增强，严格的绩效考核也未必带来技术创新的明显成效。关键在于从制度设计上就为技术创新活动开辟广阔的发展空间，同时堵塞企业经营活动中违规获利的渠道。显然，如果企业经营者在技术创新途径之外还有更省气力的获利渠道，是很难致力于增加研究与开发投入的。如果一个企业中研究与开发人员之间存在相互掣肘、相互封锁的关系，形成不了系统合力，再多的研究与开发投入也无济于事。技术创新总是会有风险的。如果企业家不愿承担技术创新的合理风险，研究与开发人员没有足够的资金保障，只能追求小改小革，那么原创性的重大研究与开发项目就不可能成功。

近些年来，在一些西方发达国家逐渐兴起"负责任创新"的理论研究和实践活动，中国许多企业也开展了类似的活动，如强调企业的绿色发展模式、注重企业社会责任的考核、建立企业利益相关者之间的对话机制，等等。有些企

---

① 约阿希姆·拉德卡. 自然与权力——世界环境史. 王国豫，付天海译. 保定：河北大学出版社，2004：279.

业还进行了比较自觉的"负责任创新"的探索。① "负责任创新"是企业社会责任与技术创新活动的有机结合，而"有活力"的管理在这方面可以充分发挥作用。技术创新活动是企业发展中最具活力的因素，同时也是最有可能带来对各类机体不确定影响的因素，需要考察技术创新活动涉及的各种显性和隐性的有机联系，提高技术创新主体的价值敏感性、道德想象力和社会责任感。在此基础上，需要将负责任的意识渗透到技术创新活动的各个环节之中，推动技术创新整体上的良性发展，将可能出现的风险与危机降到最低限度。

3. 自觉"用心"的管理应该是一种"有智慧"的管理

所谓"有智慧"的管理，指的是在管理过程中巧妙利用事物之间的有机联系，降低管理成本，提高管理成效，发挥"用心"的智慧在各类管理活动中的作用。

"有智慧"的管理的最高境界是"无为而治"，寓管理于无形之中，通过潜移默化或微调来实现有效控制，这要比大幅度地剧烈调控有更好的效果。前面谈过，有人将"无为"理解为"无所作为"，这是不确切的。"无为"意味着知识和智慧的存在由显性形态转化为隐性形态。"无为而治"并不是什么也不管，不干预下属的工作，任其自然发展，以期达到理想状态。这其实是不可能的。"无为之治"是使管理隐蔽化，使被管理者意识不到。在无形之中要有引导，有规约。不过这些引导和规约不是以有形的管理方式出现的。"无为而治"体现的是"不像管理的管理"。"无为而治"其实是依"道"而治。要达到"无为而治"的境界，必须有一些先决条件，才可能达到预期的目标，这是需要"用心"揣摩并补充进管理思维活动中去的。

第一，管理对象能够按照规章制度自动做应做之事，即"无为而治"的对象必须本身能够"有为"，前面讨论"象"与"象"关系的变通曾谈到这一点。"无为而治"就是以潜移默化的方式引导管理对象按照自然本性演化发展，使其自动去做应做之事。这里没有强迫和压制，没有生硬的外在束缚，而是有目的地因势利导，充分发挥被管理者自身的主动性和创造性。《老子》中强调"圣

---

① 参见王前，晏萍. "负责任创新"理念简介. 中国社会科学报，2016-1-19（第 13 版）.

人处无为之事,行不言之教"①"善行无辙迹"②"我无为,而民自化"③,这里提到的"无为"显然都是手段,而目的仍然是有所作为,使民自化,达到"善行"的效果。"无为之治"并不意味着在社会活动中没有章法,没有约束,没有制度,而是努力造就一种文化传统,使民众自己懂得规矩,不仅自己约束自己,并且相互约束。有了这样一种氛围,社会管理中的强制因素和管理成本就可以大为减轻了。

第二,管理对象能够按照共同理念自动调整自己的行为。共同理念是社会群体按照共同的目标、理想、信念、价值观确定的思想方法体系。管理对象在社会群体中的位置不同、作用不同、能力不同,如果都能够在自己的位置上尽其所能,与其他成员充分配合,就会在互动中产生系统的整体效应。

第三,管理对象有足够的发展空间,使个人利益同群体利益有机地统一起来。社会管理需要考虑到管理对象自身的生命力,留给管理对象充分的生长空间,使其自然发展。如果用简单生硬的方式规定管理对象的存在状态边界和数量特征,不仅可能造成不必要的浪费,而且会造成管理对象的抵抗。抓住了恰当机会,因机而行,相机而动,就能够推动事物按其自然本性由小到大顺利发展。正因为这样,《老子》才强调"有之以为利,无之以为用"④"保此道者,不欲盈。夫唯不盈,故能蔽而新成"⑤"道冲而用之或不盈"。⑥《老子》强调"有生于无",正是看到了"无"中所蕴含的巨大发展空间和创造潜力。

在管理活动中,"有为"是人为规定的管理程序,"无为"是合乎各种类型机体自然本性和规律的程序。从"有为"向"无为"的转化,也就是使人为的管理程序合于自然的程序的过程。促进有为向无为的转化,需要从管理者和被管理者两个方面展开。从管理者角度,需要建立必要的规章制度,使被管理者有所遵循;需要对被管理者进行培训,使之明确自己的责任,自觉按照规章制度办事,发挥自己的主动性和创造性;需要创造适合被管理者发挥作用的工作

---

① 陈鼓应. 老子今注今译. 北京:商务印书馆,2006:80.
② 陈鼓应. 老子今注今译. 北京:商务印书馆,2006:179.
③ 陈鼓应. 老子今注今译. 北京:商务印书馆,2006:280.
④ 陈鼓应. 老子今注今译. 北京:商务印书馆,2006:115.
⑤ 陈鼓应. 老子今注今译. 北京:商务印书馆,2006:129.
⑥ 陈鼓应. 老子今注今译. 北京:商务印书馆,2006:90.

环境，使之具有对社会群体的归属感、成就感和共同愿景。所有这些工作都是有形、有为的，但管理者的最终目标是使被管理者自觉、自愿、自动地工作，不再需要硬性的约束和限制。从被管理者角度，需要学习和适应有关规章制度，在实际工作中调整自己的心态和行为，体验新的工作环境、群体文化和共同愿景，锻炼与他人协调合作的能力。这些努力最初也是有形、有为的。经过一定时期的适应，习惯成自然，也会逐渐达到自觉、自愿、自动的状态。

要促进"有为"向"无为"的转化，还应注意贯彻两个较为具体的思想原则。

第一，适度调控的原则。中国传统社会管理中的"适度调控"，主要指调节社会活动中各种因素的有机联系，使之有一种分寸感，不强求，不过分，不抱奢望，保持管理对象之间关系的动态稳定。例如防止山林过度砍伐，防止渔业过度捕捞，防止过度征用民力，防止工程浩大造成国库过度亏空，等等，都属于宏观上的适度调控。历代封建朝廷在不同程度上"重农抑商"，主要是为了协调农、工、商的关系，保持自然经济的稳定。"有智慧"的管理的目的之一，在于使机体各部分之间协调动作，保持动态稳定，防止物极而反的倾向。《老子》中对这一点给予了充分的关注。"挫其锐，解其纷；和其光，同其尘"，是很典型的调控措施。"功遂身退"①"知止不殆"②"为而不恃，长而不宰"③"多言数穷，不如守中"④，都是在强调适度，强调一种分寸感。《老子》还特别提到"无欲"的重要性，这里"欲"指超出机体自在本性的非分欲望。"祸莫大于不知足；咎莫大于欲得。"⑤作为适度调控的一般原则，《老子》提到"天之道，损有余而补不足。人之道，则不然，损不足以奉有余"⑥。人之所以会损不足以奉有余，正是有私有欲的缘故，因而会导致使各类管理对象运行失控的结果。适度调控最初都是有为的努力，其目的在于培养管理者和被管理者自动进行调解控制的能力。一旦这种能力形成并充分发挥作用，"有为"就可以化为"无为"。

---

① 陈鼓应. 老子今注今译. 北京：商务印书馆，2006：277.
② 陈鼓应. 老子今注今译. 北京：商务印书馆，2006：93.
③ 陈鼓应. 老子今注今译. 北京：商务印书馆，2006：241.
④ 陈鼓应. 老子今注今译. 北京：商务印书馆，2006：105.
⑤ 陈鼓应. 老子今注今译. 北京：商务印书馆，2006：245.
⑥ 陈鼓应. 老子今注今译. 北京：商务印书馆，2006：336.

按照《老子》强调的"适度调控"的管理原则，在各种社会管理中，应该注意研究如何确定管理对象各部分相互协调的机制和相互作用的边界，避免其中某些部分过度表现和扩张。无论管理者还是被管理者，都需要在"知止不殆"上达成共识，形成普遍的文化心理氛围。金字塔型的管理体制有可能造成企事业单位的高层决策者权力过大而缺乏合理制约，因而单位的命运往往取决于决策者个人的品质、能力和经验，带有相当大的风险。不少企业往往因某个决策者而兴盛，人们将其作为企业的形象代表，甚至成为企业员工的崇拜偶像，但在权力失控之后，却往往因同一个决策者而使企业走向衰败。如何使管理体制具有有机联系的特征，使管理者和被管理者都自觉或不自觉地生活在有机协调的机制之中，能够产生"挫其锐，解其纷；和其光，同其尘"的效果，同样是"有智慧"的管理中值得深入研究和实践的重要课题。

按照《老子》强调的"无为而治"的基本原则来衡量，现实生活中相当多的管理活动远远没有达到这样一种境界。很多企事业单位在管理实践中热衷于引进各种可以编码处理的量化管理技术与方法，增加人为管理的因素，往往以为管理人员和管理法规条例越多越好，以至于"精兵简政"很难落实，机构日益膨胀。这里实际上提出了一个管理绩效的问题。如果人为规定的管理程序和机构、人员的增长并不能带来实际绩效的同步增长，管理活动的效率和价值就会自然降低，进而带来社会生产和生活秩序的紊乱及效能的低下。因此，仔细设计管理体制、程序、技术和方法，充分发挥被管理者自身的主动性和创造性，力求用尽可能小的管理成本达到尽可能高的效益，以期待达到"无为而治"的效果和最终目标，应该是人力资源管理研究的重要方向，这也是符合"生机"的原理的。彼得·圣吉在《第五项修炼》中曾提到"无为而为的有机管理"，即将组织比喻为机体，希望组织能像人体那样，靠分散各处的无数控制流程维持稳定与成长必需的内部平衡能力，实现组织不凭控制而达到控制的目标。[①]这里把"无为而治"提高到管理原则上加以认识，在管理思想上是一个进步。但《老子》中"无为而治"的原则，强调的是对各类管理对象本性的深入体验，

---

① 参见彼得·圣吉. 第五项修炼——学习型组织的艺术与实务. 郭进隆译. 上海：上海三联书店，1998：338-339.

是一种文化境界，并不仅仅局限在组织结构功能分析的层次上。

第二，"相反相成"的原则。相反相成是"有智慧"的管理中可以采取的特殊手段，这一管理手段在一定条件下才能采用并且取得预期效果。一般说来，只有当被管理对象自身存在着物极必反的可能性，那么管理者采取与目的看似"反"的措施，才会达到预期的"正"的效果。《老子》讲的"将欲歙之，必固张之；将欲弱之，必固强之；将欲废之，必固兴之；将欲取之，必固与之"①，就是针对这种情况而言的。《老子》还强调很多事物发展到极点，都存在着相反相成的关系，"上德若谷；广德若不足；建德若偷；质真若渝；大白若辱"②"大直若屈，大巧若拙，大辩若讷"③"正复为奇，善复为妖"④"兵强则灭，木强则折"⑤"弱之胜强，柔之胜刚，天下莫不知，莫能行"⑥，等等。由此看来，对各类具备机体特征的管理对象的管理，不能采取简单生硬的、机械化的方式，不能逆其本性而行，不能不考虑到被管理者对于管理者的能动的反作用。对于各种类型机体及其联系的管理，诸如对于人、人群以及各种社会机体和精神机体的管理，有时很可能要采取与直接实现目标看似相反的方式和手段，以"相反"求"相成"。尤其是当管理者与被管理者处于同一机体内，两者之间本身就存在相互制约关系时，更要考虑到被管理者的能动作用对相互关系格局的影响。这同管理无机事物时管理者处于绝对主宰的状态有根本区别。

中国传统的社会机体管理中的"相反相成"，在具体实践层面主要体现为将事物之间的矛盾关系巧加利用，使之相互制约。例如政治上的"刚柔相济"、军事上的"奇正相生"、中医疗法中的"阴阳互补"，乃至"师夷之长技以制夷"，等等。古代对艺徒进行训练时，有时可能采取与培训目的看似无关的手段，如"始驾者反之，车在马前"⑦。其意是说，刚开始学驾车的小马不能立即在车前拉套，而是要跟在车后，意在模仿识途的老马驾车，逐渐习惯于长途跋涉和过

---

① 陈鼓应. 老子今注今译. 北京：商务印书馆，2006：207.
② 陈鼓应. 老子今注今译. 北京：商务印书馆，2006：229.
③ 陈鼓应. 老子今注今译. 北京：商务印书馆，2006：243.
④ 陈鼓应. 老子今注今译. 北京：商务印书馆，2006：284.
⑤ 陈鼓应. 老子今注今译. 北京：商务印书馆，2006：332.
⑥ 陈鼓应. 老子今注今译. 北京：商务印书馆，2006：339.
⑦ 礼记·学记. 转引自吴哲楣. 十三经（上册）. 北京：国际文化出版公司，1993：512.

闹市区时不惊不怠。这个比喻用在学艺上，指的是练好基本功和掌握专业技能之间可能存在"相反相成"的关系。在社会组织或企业机构中人力资源的有效利用方面，"相反相成"是难度很大但相当有效的方法和手段，把握"物极必反"的规律需要深刻的悟性。管理者应该自觉意识到，当被管理者依其自在本性可能出现向极端发展的倾向时，或者当管理者与被管理者存在相互制约甚至对抗的关系时，简单的压制和顺应都可能导致失控的结果。为了求得团结和共存，可能要采取适当的斗争，以斗争求团结。为了求得与强劲对手竞争的胜利，可能要采取适当的柔性策略，以换得时间和空间上的主动地位。古代的"相反相成"事例有许多是纵向的，即"正因反果"或者"反因正果"，有时间上的先后顺序。而现代社会生活的多样化可能造成横向的"相反相成"，即相反因素居于同一社会机体之内。有些人的性格和行为本身就是矛盾的产物，因而从管理的角度更应慎重对待。在这里，把握好适度调控的技巧，使具有不同性格特征的高层人才之间形成适度的分寸感，对于这些人的和谐相处和最优化组合是极为重要的。

"有智慧"的管理应该善于运用"心"的抉择中的优选功能，因势利导，顺应自然。比如农业生产管理中的各环节之间都存在有机联系。"有智慧"的管理注重同种农作物出苗先后和种植疏密的有机联系，各种农作物之间的相生相克的有机联系，以及农副产品之间的有机联系，形成了自然经济条件下的有机生态系统。按照传统农学思想，土壤是需要保护养育的东西，耕地和耙地都是在培养地力。轮作是为了恢复地力，休养生息。周期施肥是为了使"地力常新壮"。中国几千年在有限土地上连续种植不歇，但农业不仅没有崩溃，反而保持了高度发达的生产水平，这同"有智慧"的管理模式是分不开的。又如在工程活动管理方面，中国传统的社会管理自上而下的调控体系，有助于完成某些"大一统"工程，如万里长城和一些大型水利项目。据调查，与大一统的社会结构相联系的技术成果，约占古代技术成果的30%以上。[①]这对于维护整个国家社会生活的有机统一是至关重要的。历史上由国家直接组织大型工程项目的机体管理方法，在现代也有明显体现，学界称为"大科学"体

---

① 参见江畇等. 古今中国解疑丛书·科技卷. 成都：四川人民出版社，1997：9-10.

制。^①由于群策群力，协作攻关，发挥整体优势和有机协调功能，中国在原子弹、氢弹、人造卫星、人工合成胰岛素、"银河"亿次机研制等方面很快达到世界先进水平，这里实际上蕴含着社会机体管理思想的作用。依靠国家的力量，采取有机协调的方法，可以将众多技术人员组织成为一个类似"超人"的有机整体，有助于发挥群体的智慧和力量，使人力物力产生更大的效益。对于发展中国家来说，依靠这种"超人"效应，可能更快缩短同世界先进技术水平的差距。

要实施"有智慧"的管理，关键在于管理者要不断开发智慧的源泉，发现阻碍运用智慧的思想和心态障碍。如果管理者能够控制住自己的心态，适时加以调整，就会通过有机联系影响被管理者，使之按照管理者预期的方向发展。管理者个人的心态调整投入相对较小，而对众多被管理者的影响可以成倍放大，这里体现了精神机体中"生机"的作用。《老子》强调"无欲""无私""不争""守信""致虚极，守静笃""不自见、不自是、不自矜"，这些正是管理者应具备的基本心态。如果管理者本身自以为是，居功自傲，听不得反面意见，就难以做出正确的决策。在一个社会机体中，处于主导地位的管理者如果私欲太重，逞强好胜，心态浮躁，就难以团结众人，难以服众。《老子》主张"知其雄，守其雌""知其白，守其黑""知其荣，守其辱"^②"处其厚，不居其薄；处其实，不居其华"^③"江海之所以能为百谷王者，以其善下之，故能为百谷王"。^④这里主张管理者主动地采取柔弱、暗昧、卑下的态势，实际上有一个隐含的前提，就是管理者这样做会产生一种示范和引导作用，使被管理者互相影响，如百川归海一样趋从，形成一股势头，从而摆脱困境，取得整体上的进步。《老子》中描述说"俗人昭昭，我独昏昏；俗人察察，我独闷闷"^⑤"上士闻道，勤而行之；中士闻道，若存若亡；下士闻道，大笑之。不笑不足以

① 参见王德禄，孟祥林，刘戟锋. 中国大科学的运行机制：开放、认同与整合. 自然辩证法通讯，1991，（6）：16-24.
② 陈鼓应. 老子今注今译. 北京：商务印书馆，2006：134.
③ 陈鼓应. 老子今注今译. 北京：商务印书馆，2006：183.
④ 陈鼓应. 老子今注今译. 北京：商务印书馆，2006：308.
⑤ 陈鼓应. 老子今注今译. 北京：商务印书馆，2006：150.

为道"。这说明好的管理者必须从庸俗见解中摆脱出来，清醒地认识自己和他人。①《老子》中强调清醒的自我意识和严格的自我约束，保持清净平和的心态，至今仍然是非常必要的。由于中国历史上缺乏与市场经济相适应的伦理与法制的充分发育过程，现在的管理者很容易面临人欲和物欲的巨大诱惑而不能自持，追求急功近利，讲究物质享受，呈现浮躁心态，在自我表现的过度张力作用下草率做出决策，成为市场经济发展中的匆匆过客，风光一阵就销声匿迹。

值得注意的是，中国历史上机体管理的思想方法往往是靠直观体验来发展和实施的，很多管理者靠长期的时间积累、悉心领会和反复琢磨，才把握其精髓。现代的管理活动强调时效性，要借助电脑、互联网、多媒体等工具辅助决策，因而不能适应过于缓慢沉稳的体验节奏。现代管理活动强调人际交流的普遍性，要有容易操作的规则和易于沟通的渠道，不能适应过多"可意会而不可言传"的东西。现代管理活动注重制度化的运作，不能适应过于灵活变通的关系模式。

"有智慧"的管理理念近些年来在国外一些管理思想和实践中也有一些类似的体现，这反映出自觉"用心"的管理可能具有更普遍的价值。现代西方管理学派中的行为学派强调管理工作是通过人去完成的，因此重视"人"的因素，倡导创造宽松民主的氛围，实行自主自制，由命令转变为帮助，由监督转变为引导，关心非正式组织，以调动人的积极性，激励人们更好地工作。日本从 20世纪 60 年代开始号召企业内的技术人员和工人开展品质管理（QC）小组活动，强调在企业生产中尊重人的个性，打造有活力的令人心情舒畅的工作场所，最大限度地调动人的能力和创造性。日本的丰田公司把以人为中心、人与人的协作以及人与机器的优化组合，看作提高效益的最佳方法，培育职工共同的企业价值观和集体荣誉感，激发工人的创造性思维。②E. 梅奥、马斯洛等人也提出要加强情感沟通，激发职工的自主潜力。提出 Z 理论的美籍日本管理学家威廉·大内主张组织中的每一个人和每一个团体正好像人体中的一个器官一样，

① 陈鼓应. 老子今注今译. 北京：商务印书馆，2006：229.
② 参见曹南燕，刘立群. 汽车文化——中国面临的挑战. 济南：山东教育出版社，1996：58-59.

管理的机能主要不是控制而是协调。日本管理学家伊藤肇指出，日本企业家能够使第二次世界大战后日本经济迅速复兴，中国经典管理技术的影响应居首功。尤其是在世界性的不景气阴影笼罩下，中国的经典管理思想犹如一盏明灯，为企业家们指出克服艰难的道路。[①]日本的全面质量管理思想正是在中国的"两参一改三结合"的基础上形成的，或者说是受到这种管理思想的启示而形成的。[②]显然，这些管理模式与"用心"的管理理念彼此相呼应，值得开展更深入的比较研究。

---

① 参见林德宏，张相轮. 东方的智慧——东方自然观与科学的发展. 南京：江苏科学技术出版社，1993：57.

② 参见星野芳郎. 技术发展的政治经济背景——中日技术现代化比较. 刘玉劲，王子彦，韩雪冰，等译. 沈阳：沈阳出版社，1995：125.

第十章 "心"的未来

中国传统的"心"在人类社会生活未来的发展中将会处于何种位置？"用心"与"动脑"将来会是怎样一种关系？基于现实生活中对"心"的机制和作用方式的考察，可以对其未来发展做一些展望。这种展望主要包括三个方面，即"心"与"脑"的未来关系、"心"与"身"的未来关系，以及"心"与人工智能的未来关系。

第一节 "心"与"脑"的未来关系

尽管现在"用心"的传统作用空间越来越被"动脑"的思维方式压缩，在很多应该发挥作用的场合没有充分发挥作用，但这种状况正随着"动脑"思维在实践中暴露出很多局限性而得到改观，这种趋势在未来可能变得更明显，甚至在很多领域出现此消彼长的局面。

在现代化进程中，"动脑"的思维方式仍然在发展并继续扩大影响，未来仍有可能在某些领域继续取代传统的"用心"思维的作用，特别是在需要加强制度化、规则化、标准化作用的那些领域。同时，随着"心"的现代价值不断展现，"用心"思维有可能在一些需要发挥应有作用的领域得到大力提倡，出现重新回归"本位"的态势。未来会有越来越多的人更自觉地"用心"，发展"心"的观念体系和应用途径。前面说过，"心"的观念主要涉及整体的、有机的、体验性的思维活动，当然不可能取代"动脑"的思维方式。"用心"具有明显的中国文化特色，可能引起其他国家和地区的人们的关注和学习，但很难成为替代其他国家和地区民众的普遍的思维方式。所以"心"与"脑"的未来关系模式应该是互补共生，相辅相成，人们需要不断协调好两者关系。

要建立"心""脑"之间合理的互补共生机制，仅靠呼吁人们重视"用心"的作用显然是不够的。关键在于转变人们的观念，重新认识"用心"思维的本质特征，使之从传统的思维习惯转化为具有现代科学根据和认知价值的思想资源，使"心""脑"之间的互补共生成为现代科学文化的重要组成部分。以往"心""脑"混淆的思维习惯需要逐渐得到澄清，人们今后应该更理性地选择何时应该"用心"，何时应该"动脑"，使"心"与"脑"的有效配合成为一种常态。只有当"用心"与"动脑"不再相互排斥的时候，才能消除各自自身弱点，在科技发展、社会治理和日常生活中产生更大影响。

如果"心""脑"之间将来能够形成合理的互补共生机制，可以期望在以下几个方面产生显著作用。

其一，"心""脑"的互补共生将显著克服思维碎片化倾向。

思维碎片化趋势的加剧是人工智能时代面临的问题之一。在信息传播进入智能化阶段以后，碎片化逐渐成为现代社会信息传播的典型表现形式。面对海量信息资源，人们为了在短时间内尽快获取所需，愈发习惯于用智能设备上网，输入关键字进行搜索查阅，符合关键字的内容便会通过智能化的比较分析从海量资料当中筛选出来，人们搜索和阅读的习惯也会被后台同步"记忆"，网站进而根据受众的兴趣点进行智能化推荐，逐渐使大众形成碎片化的阅读模式。这种碎片化的阅读模式一方面确实有助于人们短时间内获取大量信息，另一方面却也使人们极易利用片段式的内容断章取义，致使其接受内容不完整，导致现代人思维方式的碎片化。阅读模式的碎片化还会引发人际交流的碎片化、生活节奏的碎片化、艺术欣赏的碎片化。这会使现代人逐渐缺少看待问题的全局性视野，缺少更为连贯和深入的思考，往往不去追根究底便断章取义。例如时下各种朋友圈里经常流传的一些打着"科普"旗号的伪科学类文章、由"标题党"杜撰的各种博人眼球的"新闻"等，都是智能时代思维碎片化带来负面影响的显著表现。

"心""脑"的互补共生有助于把碎片化的认知、情感和意向重新聚合起来，一方面强调对事物的整体性认知，从动态变化角度去把握对象，并且在整个认知过程中根据呈现的"象"去展开联想与想象，从宏观视角揭示与之相关的或更深的思想内涵；另一方面，注重对碎片化思维成果之间关系的逻辑分析，增强其严格性、精确性和可靠性，从微观角度深入分析其细节，揭示其内在联系。"心""脑"的互补共生可以发挥"情"和"意"对"知"的影响，有助于人们从更开阔的视野或更高的层次上去思考问题，避免因思维方式的局限最终陷入"钻牛角尖"的局面。克服思维碎片化倾向还具有价值论和伦理学上的意义。孔子曾言："知者不惑，仁者不忧，勇者不惧。"①"知、仁、勇"三"达德"充分体现了"知、情、意"相统一的作用。人们具备理想人格状态，不仅好学而识明，而且以仁爱之心待人、以天下兴亡为己任，进而意志坚定、无所畏惧。这种理想人格不可能建立在思维碎片化的基础上。如果任由思维碎片化倾向随意发展，要培养年轻一代的理想追求和社会责任感都无从谈起。

其二，"心""脑"的互补共生将有助于弥补判断机械化倾向。

现代智能机器基于大量数据材料的对比和模仿，具备标准化和规范化的判断模式，避免人们违规行事，因此在现代社会被广泛应用于各个领域，有助于人们工作效率的提升。然而运用数据的比较分析，同时需要重视事物内部和外部各要素之间有机的相互影响和相互作用。如果过分依赖智能设备形成的定量指标做出判断，认识主体往往会只关注对象事物一些静态的、表面的特征之间确定性的因果关系，忽视随着环境和条件改变而出现的种种隐蔽的、不确定的、多样性的联系，出现判断机械化的现象，往往显得狭隘、生硬，缺乏必要的灵活性。

"心""脑"的互补共生有助于使认知过程中各种定性和定量指标连接成一个有机整体，使对象事物的隐蔽的、不在场的、动态的相关因素浮现出来，因而认知主体能充分考虑做出某种判断的前提条件、社会背景和环境变化。现在的智能技术已经很容易调整以往人们习惯的判断标准所需要的各种信息和数据，使人们的判断不再准确、可靠。比如以往人们习惯于相信"眼见为实"，而现在电子图片处理技术或虚拟现实的技术完全可以以假乱真。以往人们习惯

---

① 论语·孟子·孝经·尔雅. 黄永年，焦杰，张艳云，等校点. 沈阳：辽宁教育出版社，1997：39.

于相信"数字是不会说谎的"，而现在网上不少流传的"新闻"所引用的"数据"都可能是随意编造的。要保证判断的准确性和可靠性，必须保持批判性思维能力和审慎态度。"心""脑"的互补共生能够使判断的过程变成理性思考的过程，"用心"去判断事物的整体特征和发展态势，"动脑"去反思和校验具体判断细节上的合理性和可靠性，这样才不会以机械的方式看待事物的有机联系和变化发展，做出错误的判断和选择。

其三，"心""脑"的互补共生将有效避免推理简单化倾向。

在很多推崇工具理性的人们看来，依靠强大的计算才能和逻辑思维能力，几乎可以解决任何事情，"是否符合逻辑"也就成为处理问题是否合理的最直接的标准。事实上人们在推理过程中同样离不开非理性因素的影响。如果在推理过程中只重视理性因素，往往会忽略情感、想象、直觉等非理性因素对推理的潜在影响，在逻辑起点的选择上出现偏差，这样就会得出形式上符合推理要求，但结论却脱离实际的结果。此外，人们如果仅仅以是否符合逻辑推理过程作为评价标准，也容易陷入独断专行、刚愎自用的局面。现在有些地方行政管理部门工作人员用简单、生硬的方式处理社会矛盾带来问题后，往往忽略法律法规的系统性和完整性，只关心如何在现有法规中找到一两条有利于自己的"根据"，便推导出自己行为的"正当性"，这种推理简单化的倾向会带来很多负面影响。

"心""脑"的互补共生有助于揭示推理过程中主客体各种显性和隐性要素之间复杂的因果关系，有效避免推理简单化的倾向。人们在"用心"看待推理过程时，会努力地将社会普遍适用的价值观念作为判断标准，还会结合以往的生活经验和情感体验，这在一定程度上能减少那些因逻辑起点偏差而导致推理过程走向"歪理邪说"的情况。前面谈过，在很多时候注重"理"与"理"之间的"相合"可能比简单的"推理"更为重要。"心""脑"的互补共生应该在弥补单纯强调规章制度、分析推理、量化评价造成的局限性方面发挥显著影响，促使人们从"用心"的角度，更好地发挥主动性、创造性和全局意识的作用，体现爱心、事业心、责任心；同时，从"动脑"的角度进一步完善规章制度的作用，增强注重事物有机联系处置相关问题的能力。

在经历了"心""脑"概念不自觉混用的时期之后，"心""脑"的互补共生可能给人们带来新的思维体验。"心""脑"互补共生应该超越单纯强调个人权益、利害关系、特立独行意识造成的局限性，强化人们的道德敏感性，培养自律意识、"大我"意识、环境意识和风险意识。通过"用心"去体察、协调、相互关照，增强集体凝聚力，增加人际关系的"温度"。未来的"心""脑"互补共生关系应该与体制机制变革有机结合，创造性地解决各种社会矛盾冲突，使安定和谐的社会秩序不断得到维护。这种互补共生关系应该进一步影响社会文化形态和技术发展模式，从制度层面避免"用心"和"动脑"的疏离，使人与人之间的"交心""贴心""将心比心"在新的时代背景下展现其应有价值。"心""脑"的互补共生应该广泛应用于教育、管理、医疗、人才选拔、技术评估等相关领域。当人们在未来的社会评价中逐渐适应将"心""脑"相提并论的时候，人们"用心"的能力就会和"动脑"的本事叠加在一起，产生深远的积极影响，这对于人类社会的健康发展将是十分重要的事情。

第二节 "心"与"身"的未来关系

"心"与"身"的未来关系包含两方面内容，一是"心"与生理意义上的"身"的关系。人类未来的身体可能会有越来越多的人工物成分，需要"心"来统摄，保持人的本质特征。二是"心"与认知意义上的"身"的关系，即如何与当代认知哲学有关"具身认知"的研究相协调，使之在"心"与"脑"的良性互动中发挥有效中介作用。

随着现代生命科学和医学的不断发展，生理意义上的人体不断嵌入人工物成分，如心脏支架、机械手臂、大脑芯片等。哈拉维的"赛博格"概念[①]囊括了这种新趋势的大部分情况。英国科学家彼得·斯科特-摩根（Peter Scott-Morgan）在2017年被诊断患有肌萎缩侧索硬化（ALS），俗称"渐冻人

---

① 参见姚禹. 赛博格是一种后人类吗？——论赛博格的动物性之维. 自然辩证法研究, 2021, (4): 31-36.

症"。他被告知这一疾病将损害他的大脑和神经细胞，导致所有肌肉萎缩，并在大约两年内夺走他的生命。基于他对人工智能与机器人技术的了解，以及他对这一领域未来发展的见解，他决定将这次罹患绝症视为一次机会，把他对机器人技术的迷恋付诸实践，将自己改造成世界上第一个赛博格人（电子人）。这项改造经历一系列极其复杂和危险的手术，手术完成后，作为人类的彼得1.0正式转变成作为赛博格的彼得2.0。①五年后彼得·斯科特-摩根不幸去世，但他的尝试引发了"心"与"身"关系的新思考。如果类似的赛博格人继续出现，而且越来越高级，特别是大脑芯片的功能越来越多地取代"动脑"的思维功能，比如代替人记忆、思考、推理、论证，那么与"用心"类似的思维活动的价值就会逐渐凸显出来。生理意义上的人体不可缺少整体的、有机的、体验性的思维功能。尽管这部分功能在"动脑"的思维类型中处于从属状态，但是随着技术人工物不断嵌入人体，局限在"动脑"的思维框架里协调人体生理器官和嵌入人工物的关系会变得越来越困难，人们会越来越感觉自己在向"机器人"发展，那么人的本质特征在哪里？人体生理器官和嵌入人工物都应该由"谁"来控制？这样的思考会使整体的、有机的、体验性的思维功能逐渐由从属状态转变为主导状态，换言之，赛博格人可能变得有"心"了。"心"会统摄各种生理器官和嵌入技术人工物之间的关系，保证其和谐运行。当然，这种情形或许在未来某个时候才会普遍出现，这里的具体机制还需要进一步研究。

"心"与具身认知意义上的"身"的关系，将呈现更为复杂的图景。前面提到，具身认知关注的就是大脑边缘系统在体验性认知活动中的作用，但由于西方哲学框架里原本就没有中国人所说的"心"的位置，只能将"脑"的认知功能和身体的体验功能融为一体加以考察。西方学术界关于具身认知的研究并不是参照"心"的观念展开的，这方面的研究会进一步发展人们对"身"的观念。这个"身"在"心"与"脑"的未来关系中应该处于何种位置呢？对于"用心"和"动脑"的思维活动将有何影响？

前面曾提到，从认知功能看，具身认知研究中的"身"与中国传统的"心"

---

① 参见彼得·斯科特-摩根. 彼得2.0. 赵朝永译. 长沙：湖南文艺出版社，2021.

的观念有相通之处,但并不完全是一回事。"心"的认知活动以直观体验为主导,很注重"体"的整体性意蕴,但并没有把"身"看作相对独立的认知范畴。具身认知研究讨论的"身体",也并非指生理意义上的身体。如果在"动脑"的思维框架里看待具身认知意义上的"身体",要突出其体验功能,难免遇到一些困难问题:具身认知涉及的是人的全部身体还是部分身体?物质层面的身体体验如何转化成精神形态的意识活动?"体验"究竟应该如何定义?其内在的机制是什么?将西方语境下的body-mind relationship译为"身心关系",其实是将"身体"和"精神"作为对立概念使用的。因此,主张"身体"的认知功能,往往会使人联想到大脑之外的身体器官是否具有独立认知能力的问题。可是如果将大脑包括在"身体"之中来谈论涉身认知,就使"身心关系"变成了"身心"与"外物"的关系。在西方哲学原有认识论框架里探讨这些问题,往往会使人们的思路一直在"还原论"和"二元论"之间来回摇摆。

从"心"的观念体系视角看,可以将具身认知所说的"身体"理解为"用心"体验到的"身体",以区别于生理意义上的"身体"。"用心"体验到的"身体"不仅仅是对生理意义上的身体各部分状态的直接感知,还包括依赖这种感知对"用心"体验到的其他认知成果的理解。"用心"体验到的"身体"是嵌入生理意义上的"身体"之中的,通过生理意义上的身体(包括感官和躯体)对外部世界感知和体验。它能够将来自身体的各种感受加以汇总、加工、整合,根据以往的经验赋予其一定的性质和意义,这就是人们通常所说的"体验"过程。梅洛-庞蒂认为在这一加工过程中有一种"身体图式","根据它们对机体计划(projects)的价值主动地把存在着的身体各部分主动地联系在一起"[①],实际上,当生理意义上的"身体"观察到某种图像的时候,"用心"体验到的"身体"相应地会体验到美或丑,并产生愉悦或厌恶的心理感受。怀特海的机体哲学中特别强调"因果效验"来自身体的知觉[②],他所说的"身体"应该是指这种"用心"体验到的身体。梅洛-庞蒂提出的"肉身"概念也具有类似特征,强调具有体验能力的"身体"不同于生理意义上的"躯体"(不过,尽管

---

① 莫里斯·梅洛-庞蒂. 知觉现象学. 蒋志辉译. 北京:商务印书馆,2012:137.
② 参见菲利浦·罗斯. 怀特海. 李超杰译. 北京:中华书局,2012:107-108.

梅洛-庞蒂强调"身体"是"活的""有生命的"，"身体"既是被赋予生命者，又自身勃发生机，它是精神的自然外形①，但"肉身"概念并没有明确表达直观体验的含义)。"用心"体验到的"身体"是生理意义上的"身体"的对应物，它专门对应于大脑边缘系统的特殊功能，具有一定的认知功能，但并不是一个独立的认知器官，需要同"动脑"和"用心"思维结合起来发挥作用，所以在"动脑"和"用心"思维活动中都会涉及"身"的问题。

如果这样来看具身认知所说的"身体"，那么具身认知的"身"在未来的发展中将会与"心"和"脑"不断发生更密切的关系。"用心"体验到的"身体"是"用心"了解外部世界必不可少的认知通道。以此为中介，可以在认知活动中调动人生体验积累的大量生动鲜活的思想资源，将切身体验与逻辑、直觉、想象等思维活动有机地统一起来，显著提高思维效率。具身认知研究大量采用具有逻辑思维特征的实证方法，能够对直观体验的过程和信息传播进行精细考察，这个优点是以往的"用心"思维观念所不具备的，因而具身认知的"身"的未来发展将成为"用心"思维的必要补充。具身认知研究对认知活动整体性、有机性、体验性特征的揭示，也有助于发现以往的"动脑"思维的局限性，使得以往习惯于"动脑"思维的人们更容易理解"用心"思维的意义和价值。

由于"身"实际上介于"心"与"脑"之间，未来的"心"与"身"的关系就要在"心""身""脑"三者互动的时代背景下展开。就"心"与"身"的互动而言，这种互动体现为："身"所提供的有关外部世界的体验信息或者说经验材料，在"心"的加工下成为可以用人们自身体验成分来表达事物之间有机联系的知识体系，在这个过程中不断强化直观体验的能力；反过来，"心"不断为"身"提供通过想象或比喻表达事物本质特征的思想方法，促进直观体验的深化。就"身"与"脑"的互动而言，这种互动体现为："身"所提供的有关外部世界的体验信息或者说经验材料，在"脑"的加工下成为相对独立的概念符号和适合逻辑分析的理论体系，在这个过程中不断强化逻辑思维能力；

---

① 转引自宁晓萌. 表达与存在——梅洛-庞蒂现象学研究. 北京：北京大学出版社，2013：66，177.

反过来，"脑"不断为"身"提供可以精确考察其细节和判断其意义的认知框架，"脑"为"身"设置了各种可控的装置或规则体系，扩大人们了解外部世界的视域。现在有很多学者从事创造性思维规律研究，主张"开发右脑"，促进大脑两个半球的相互协调，发挥"具身认知"活动中边缘系统的作用，但这些研究缺乏对"心""身""脑"互动机制的足够重视。"心""身""脑"互动的研究应该克服这种局限性，为创造性思维研究及其应用提供强有力的智力支持。

由此看来，今后"心"的研究、应用和普及，需要不断汲取来自"身"的思想营养，并使之成为"心"与"脑"持续沟通的桥梁。从历史上看，"动脑"和"用心"这两条思维路径是在彼此分离状况下各自积累其思想成果的。这些思想成果本身作为根深蒂固的文化现象，对中西社会发展进程产生了各自不同的深远影响。习惯于"动脑"思维的人，对习惯于"用心"思维的人可能有一种天然的排斥，反之亦然。具身认知研究兴起之后，相关学者们对"动脑"思维的局限性进行了各种分析和批评，实际上为"用心"和"动脑"的相互诠释找到了很多共同话题和理解渠道，而具身研究会大大推进这一进程。

未来的"心""身""脑"三者互动，需要建立起一种"相互映射"的关系，就是考察每一种观念体系在其他观念体系的理论框架中有哪些相应范畴，具有哪些特殊的意义。如果发现某一种观念体系中的特定范畴与其他的观念体系中的相应范畴，都是从不同侧面对同一类思维活动的反映，就可以使其相互补充。如果发现某一种观念体系中的特定范畴及其关系在相互映射之后，是其他的观念体系中未曾考虑到的，就可以开启理论研究的新视域。"心""身""脑"的思想成果之间的"相互映射"，可以为在现代认知科学基础上说明直觉思维的认知机制提供必要基础，进而为直觉思维和逻辑思维的相互贯通开启新的途径。近代以来的哲学家们在很多场合使用"直觉"或"直观体验"概念，其实都是在"不言自明"的意义上使用的，强调其"自明性""明见性"，这同以往"用心"和"动脑"的分离状况有密切关系。"心""身""脑"的思想成果的"相互映射"有助于转变这种局面，建构更具包容性的理论阐释框架，使外界输入的信息和以往积累的经验材料得到最大限度的利用。

第三节 "心"与人工智能的未来关系

随着人工智能的迅速发展，"心"与未来的人工智能将是怎样的一种关系？人工智能将来有没有可能逐渐学会"用心"思考？"用心"能做的事情将来有没有可能完全由人工智能替代？前面已经讨论过"心"的各种机能，从历史上和现实情况看确实一直没有被人工智能替代，但将来是否有可能发生颠覆性变化？这些问题都值得进一步思考。

尽管人工智能已经在很多领域取代人类智能，但是从科学原理和技术运行机制上看，"用心"作为以直观体验为主导、以内隐逻辑为支撑的思维类型，是人类独有的，这种能力是人工智能无法取代的。不仅现在无法取代，将来也不可能取代。人们将逐渐意识到，"用心"的能力是保留人的本质特征，或者说是"人之为人"的根本要素之一。相对于目前发展势头正猛的人工智能热潮而言，现在这样说似乎显得草率和武断，现在没有发生的事情将来就一定不会发生吗？下面谈三点理由。

其一，人工智能之所以能够模拟或替代人类部分智能，是用逻辑电路模拟人类的逻辑推理，用计算机模拟人类的数学运算，用传感器模拟人类的感官并对外界信息进行数字化处理，用程序设计模拟人类的决策和行动，用互联网模拟人类的思想和语言交流，这些人工智能对应的都是人类左脑的功能。智能机器在被输入大量语料和反复训练之后，可以通过"深度学习"探索到一些规律性知识，便能代替人类完成各种流程化、规范化、标准化的工作，将人类从传统而繁复的体力或脑力劳动模式之中解放出来。人类的具有重复性且规则明确的模式化工作，原则上都可以被智能机器取代。

虽然大脑的逆向工程和人工智能的蓬勃发展为人类大脑功能的复制和智能机器的发展不断带来新的希望①，但毕竟人类大脑和计算机的运行原理

---

① Hawkins J. Special report：Can we copy the brain?—What intelligent machines need to learn from the neocortex. IEEE Spectrum，2017，54（6）：34-71.

存在本质区别，人类的右脑和边缘系统的功能是人工智能不能模拟或替代的。目前，人工智能在诗歌、音乐、影视等人类创作中的使用取得了很大的进展，其创造力问题已经引发了相关专家学者的争论。①但人工智能的所谓创造与人类在本质上是完全不同的，人类才是真正有创造力的。②微软亚洲研究院院长洪小文就曾将人工智能比作"最强左脑"，认为其优势在于逻辑与推理，但"从未发展出右脑能力"。③

右脑和边缘系统主导的想象、直觉、灵感、体验、创造等"用心"思考的活动，本身属于非逻辑思维，只能用人类智能处理，不可能用基于数学和逻辑的计算机模拟与替代。现代的人工神经元网络学习具有一定的模糊性、灵活性、适应性和自主性，但这种学习机制都是基于设计者规定的算法，计算机不可能自己主动构造出某种算法。人工智能技术在运算速度、处理信息的能力、耐力和准确性上远远超过人类智能，但人工智能不会自己主动去想象和创造，不会出现直觉和灵感，不会有悟性和洞察力，不会主动提出假说进而发现科学规律。纵观历史，包括自然科学在内的许多重要发明创造都是更多地源于直觉和灵感，而非对信息的运算和处理能力。相反，最好的运算和处理能力有时还会限制想象力与创造力的发挥。人工智能无法获得人的全面创造能力，这也是人类智能区别于人工智能的特殊之处。④人工智能更不可能成为真正的艺术家，因为艺术创造能力一直是，也将永远是人类努力的结果。⑤实际上，判断人工智能存在的"图灵测试"和塞尔的"中文屋"试验，都是针对语言交流的，这是左脑的功能。⑥至于人类交流中那些"可意会而不可言传"的部分，则是人工智能无法模拟的。

在实际应用领域，人工智能即使再"智能化"，也仍然需要人类将大量确

---

① Kurt D E. Artistic Creativity in Artificial Intelligence. Nijmegen：Radboud University，2018：1-3.

② Braga A，Logan R. The emperor of strong AI has no clothes：limits to artificial intelligence. Information，2017，8（4）：156-176.

③ 洪小文. 计算机是最好的左脑. 中国青年报，2016年11月15日（第11版）.

④ 参见何怀宏. 何以为人 人将何为——人工智能的未来挑战. 探索与争鸣，2017，（10）：28-40.

⑤ Kelly S D. A philosopher argues that an AI can't be an artist. https://www.technologyreview.com/s/612913/a-philosopher-argues-that-an-ai-can-never-be-an-artist/[2019-2-21].

⑥ 参见徐英瑾. 心智、语言和机器——维特根斯坦哲学和人工智能科学的对话. 北京：人民出版社，2013：98.

定性的数据资料进行人工输入和设定，这里离不开人的判断和选择。人类在不同环境下形成的非确定性的、依赖直观体验的实践活动，难以完全运用算法编辑。以汽车驾驶为例，当人们在面临危机之时，直觉往往会起到关键作用，因为司机在紧急避险局面下做出的直觉决策，通常以忽略某些不重要的细节为前提；而对于输入的信息即时进行轻重缓急的"高级判断"，正是计算机所不擅长的。①就是说，人类这种运用直观体验（直觉）思维展现出的应变能力是机器无法取代的。因此，随着人工智能技术的不断发展，尽管大量规范化的工作会被机器取代，但那些富有情感体验、具有创造力和价值性、更有"温度"的工作和技艺，仍然无法完全交给人工智能。这种注重实际体察和直观体悟，从而富有创造性的思维能力，正是"心"的观念的价值所在。

将来有没有可能发明用来模拟和替代人类非逻辑思维的计算机呢？能否用人工的办法构建具有"用心"思考机能的神经网络系统，使得"用心"的思考也人工化呢？问题在于人工智能是在模拟逻辑思维和数学运算的基础上发展起来的，而要模拟人类的非逻辑思维需要放弃能行性的程序运行方式，需要思维的跳跃、升华甚至不循常理，这是人工智能办不到的。在这个意义上，库兹韦尔所设想的人工智能全面超过人类智能的"技术奇点"很可能并不会出现。②

其二，人工智能在一定程度上可以模拟人类的情感、意向、决策过程，但是"用心"思考的知情意有机统一的整体思维特征，是人工智能无法完全模拟和替代的，因为对这种有机特性的把握需要调动人的全身心体验和人类社会发展长期留下来的文化积淀，不是人工智能的数据库可以在短时间内包容的。这一点在战略决策方面体现得更加明显。单独依靠数据和算法，人工智能无法把握只有人类整体思维才能解决的广泛的战略问题。③"用心"思考的整体性因人而异，灵活多变，一旦程序化之后就失去了感化人心的力量。如果人们可以运用人工智能随意选择自己的情感体验，比如在本不该高兴的时候却欢天喜

---

① 参见徐英瑾. 人工智能无法全面取代人类. 第一财经日报，2018-9-18（A11）.

② 参见雷·库兹韦尔. 人工智能的未来. 盛杨燕译. 杭州：浙江人民出版社，2016：13.

③ Davenport T H. Rise of the strategy machines. MIT Sloan Management Review，2016，58（1）：13-16.

地，在本该小心翼翼的时候却心不在焉，就有可能导致脱离现实、情感错乱甚至心理崩溃的情况，这是非常危险的。人们可以将情感寄托在家庭宠物身上，因为它们是活的，与它们的交流是整体性的交流。可以想象，如果一个人将情感寄托在家庭陪护机器人身上，时时想到对他的所有回应都是按照事先编排好的程序输出的，难道不会产生被愚弄的感觉吗？人们在交流中期待的是真情实感，而人工智能的情感模拟本身并不会产生这种效果。人工智能可以辅助人们决策，但不可能完全代替人们进行知情意相统一的整体决策。

其三，人工智能在一定程度上可以具有社会属性，如替代人类的社会管理功能、具备一定的社会交往功能，机器人也可以成为人们的生活伴侣，带有一定的社会属性。人类还可以将伦理准则和道德规范嵌入人工智能程序和机器人设计中去，使得人工智能技术具有一定的道德功能。但是，人工智能不可能完全具备人类的社会属性，不可能具备自觉、自主、自立的社会活动，也不会成为独立的道德主体。[①]人工智能不能像人类那样拥有基于意图而行动的自由，而是需要依赖人类的意图。[②]如果人工智能想要成为与人类一样的道德主体，其行为规则和提供这些规则的机制就不能依靠人类来提供，这是不现实的。前面谈过，"用心"思考的一个基本特征是真善美相统一，"心"本身就具有道德主体的特征，"用心"的这种特征联系着人的社会属性，包括人格、人品、人性等，这些都是人工智能无法模拟和取代的。进一步说，能否"用心"思考将来也可以成为区分"人"与"机器人"的关键。如果一个人的四肢和脏器绝大部分都用智能机器或者人造器官取代了，只要还能够"用心"思考，那么应该说他仍然是"人"而不是机器人。反之，如果一个人形机器人的四肢和脏器绝大部分是自然的生命机体，但安装了智能机器的中枢控制系统，只能按照指令"动脑"而不会"用心"，它就应该说是机器人而不是"人"。

由于人工智能将来也不可能"用心"思考，那么"用心"思考如何与人工

---

① Asaro P M. What should we want from a robot ethic? International Review of Information Ethics，2006，6（12）：9-16.

② Slinerland E. Directionless intelligence//Brockman J. What to Think about Machines That Think. New York：Harper Perennial，2015：345-346.

智能相协调，就成为人工智能未来发展的一个核心问题。人工智能应该成为"用心"思考的必要补充，而不是成为降低"用心"思考能力的异己力量。正如许多人工智能领域的科技专家们所描述的那样，人工智能的未来发展不是取代，而是增强人类的整体智能①，促进人工智能与人类智能的互补，发挥各自的优势②，实现人类与人工智能机器的"共同进化"（co-evolution）③。要促进人工智能与"用心"思考的协调，首先需要考虑如果没有"用心"思考的介入，人工智能的应用可能会遇到哪些问题。

由于近代科学革命和工业革命兴起之后工具理性的发展，近现代技术进步越来越趋于专业化、实用化、定量化，而包括"用心"思维在内的整体的、有机的、体验性的思维方式越来越失去影响力。人工智能技术的发展直接或间接地影响了人们的思维和行为，这都可以说是在没有"用心"思考介入的情况下出现的问题。为什么人工智能应用越来越广泛，有些人的智能反而越来越弱化？这正是由于人工智能在"无心"状态下的发展，不仅不会自行解决可能带来的社会问题，还会削弱人们"用心"思考的天然能力。因此，"用心"思考与人工智能未来发展如何相互协调，已经成为亟待解决的重要问题。

具体协调"用心"思考与人工智能未来发展的关系，需要注意以下三个方面的问题。

其一，人工智能应该成为"用心"思考的有力工具，以提高"用心"思考的效率和质量。尽管中国人对"用心"思考耳熟能详，但要准确说明人们如何"用心"思考却并不容易。通过揭示"用心"思考的机制，可以找到人工智能在其中发挥作用的"接口"。"用心"思考本身也存在一些固有的弱点和困难问题，应该通过运用人工智能技术加以弥补。比如，人们"用心"思考时可能出现偏执和肤浅的毛病，主要是眼界狭隘、感知有限造成的。运用人工智能的各

---

① Jarrahi M H. Artificial intelligence and the future of work：human-AI symbiosis in organizational decision making. Business Horizons，2018，61（4）：577-586.

② James G，Peter E，Harvey L. Cognitive collaboration：why humans and computers think better together. | Deloitte Insights https://www2.deloitte.com/https/us/en/insights/deloitte-review/issue-20/augmented-intelligence-human-computer-collaboration.html[2017-1-13]

③ 杨清清. 微软全球执行副总裁沈向洋："增强智能"是人工智能的未来. 21 世纪经济报道. 转引自人民日报海外网，2016 年 12 月 25 日.

种传感器、互联网、大数据处理技术，拓展"用心"思考的视域和感性素材，可以使人们在"用心"思考时想得更全面、更深入、更周到。"用心"思考时可能出现困惑、纠结、观念冲突，需要甄别一些不成熟的判断、推理、假说，此时运用人工智能技术能够有效辅助思索，及时发现问题，摆脱错误倾向。人工智能可以增强人类的想象力和创造力，成为人类创意的最佳辅助工具。运用人工智能技术有助于人们"用心"思考时避免情感用事和意气用事，更好地发挥知情意相统一的功能。通过价值敏感性设计、道德物化、负责任创新等途径，人工智能可以促进"用心"思考关于真善美相统一的选择，通过大数据处理了解现代工程技术活动可能产生的对环境、利益相关者和社会秩序的各种影响，提出恰当的伦理、法律、管理对策和审美设计方案。如果人工智能真正成为"用心"思考的有力工具，人类智能的质量和效率都将大大提高，这才是人工智能发展的最佳选择。

其二，"用心"思考应该成为人工智能发展的"调节器"，以避免其在"无心"状态下发展可能出现的负面影响。人工智能的发展目前主要是在经济利益驱动下进行的，不断以其高效低成本的优势取代传统的由人力直接操作的各项工作，就企业而言是获利的，就用户而言是便捷的，但从社会影响角度看可能带来一系列问题，比如被人工智能取代的人们如何顺利再就业的问题，人工智能的不恰当应用给人们的健康、安全和隐私保护带来冲击的问题，人工智能发展的不平衡对社会公平正义的影响问题，等等。因此，需要有一种力量来及时调整、引导和约束人工智能的不恰当发展，这就是"用心"思考可以起到的"调节器"作用。

具体说来，在设计人工智能产品时，应该提倡前面提到的"用心的设计"；在确定人工智能发展战略、布局、速度、效益时，应该提倡一种"用心的评价"。这就要求从整体性的、全局性的、体验性的角度加以审视，注重知情意相统一、真善美相统一，使人工智能的应用有助于人的全面发展和社会生活的和谐稳定。比如，要解决青少年过于依赖手机的问题，目前的对策主要是强制约束青少年使用手机的场合与时间，而"用心"的对策需要采取各种办法将青少年的注意力从手机上转移出来，让青少年自己体验到理性地应用手机带来的自信心和成就感。又如，要解决人工智能应用带来的很多人"下岗"的问题，目前的对策主要是将人员分流到目前还需要人直接操作的岗位上去，即使是暂时的或者救济性的；而"用心"的对策则会强调为这些人创造出以新方式利用人工智能的就业岗位，培养这些人的创造能力。对于熟悉"用心"思考语境的人们来说，理解"用心的设计""用心的评价"并不困难，关键在于构建一套合理的评价指标体系和方法，这方面还有很多问题需要深入探讨。

其三，在教育中实现"用心"思考与人工智能的有机融合。这方面教育应该包括以下几个方面：一是注意从原理上讲清楚"用心"思考对于人工智能健康发展的实际意义，使学生们意识到忽视"用心"思考带来的现实问题。现在的年轻一代基本上是伴随着人工智能技术发展成长起来的，对其已经有了越来越强的依赖性，却很少意识到自己的思维方式和能力发生了哪些潜移默化的变化。人工智能的广泛应用强化了工具理性的影响，同时造成了一些人"用心"思考能力的下降，甚至处于"有脑"而"无心"的状态，在智力上很发达，善于使用各种新潮的人工智能设备，但是缺乏知情意相贯通的能力，不善于与他人沟通，不善于控制自己的情绪和意念；缺乏对真善美相统一的理解，缺乏同情心、自律意识和社会责任感，由此就会带来一系列社会问题。现在需要人们转变观念，普遍意识到"用心"思考与人工智能有机融合的必要性和紧迫性。二是在教育模式、方法和评价标准上注意"用心"思考与人工智能的有机融合。培养学生的自觉"用心"思维能力，不可能也没必要在排斥人工智能的环境中进行。现代的自觉"用心"的思维，要时刻关注人工智能的新进展，消化人工智能发展提出的新问题，使整体的、有机的、体验的思维优势借助与人工智能的融合发挥得更充分、更有影响力。因而在教育模式和方法的设计上，要把"用心"思维的要求与人工智能的作用机制都融入教学内容中去，引导学生从深层体验的角度看待人工智能、利用人工智能、引导人工智能的发展，并从教育评价角度考核学生相应实际能力的提高。三是引导学生在学习过程和日常生活中不要过度依赖人工智能，与各种人工智能设备保持一定的"心理距离"，即保留"用心"思维发展的空间，保留从整体上反思人工智能正负两方面影响的能力，保留理性地控制和使用人工智能设备的能力。

如果从中西文化比较的角度，回顾人工智能的发展与"用心"思考的社会影响的起伏，可以对人工智能时代"用心"思考的意义有一个更为宏观的全面了解。从古代开始，西方文化在思维方式上偏重以左脑为主导，注重发展逻辑、数学、实验，理性至上；而中国文化偏重以右脑和边缘系统为主导，注重发展直觉、技艺，体验至上。对逻辑、数学和实验的追求带来了近代科学革命和工业革命，大机器生产不仅替代了人们的体力劳动，而且通过利用自然力和改造自然环境改变了人们的生存模式，直至用计算机替代并超越了人类的部分脑力劳动，出现了人工智能。与此形成对照的是，对实用技艺和体验的追求虽然使人们在农业和手工业水平上取得了很多技术发明，但缺乏对一般性科学原理的深入认识，很难超越人的生理和心理潜能力所能及的范围，在近代逐渐落后。李约瑟在提出"近代科学为什么没有在中国产生"的问题时，注意到了中国传统思维方式的影响，但没有同"用心"思考明确地联系起来。

当人工智能的发展在很多方面已经超过人类智能时，人们开始担忧人工智能发展失控，怀疑是否打开了"潘多拉盒子"。在这样的时代背景下，"用心"思考的特殊价值逐渐突显出来。"用心"思考如果不和人工智能相结合，只能仍然处于相对落后的自发状态，很难体现其时代价值。而人工智能发展如果不和"用心"思考结合起来，就会产生一系列的弊端，由此看来，人工智能未来的发展，需要"用心"思考的介入，需要有一种"用心的人工智能"。李伦教授等提出要给人工智能安装一颗"良芯"①，其中包含使人工智能设计融入道德成分的观念，这是十分必要的。在此基础上，还有必要"用心"去引导人工智能的发展。在这个意义上，中国传统文化在"用心"思考方面积累的丰富思想资源，将对世界范围内人工智能健康发展有所贡献。当然，这需要经历一个创造性的转化过程。

进一步协调人工智能与"用心"思考的关系，还有很多问题需要进一步探讨。这里包括进一步弄清楚"用心"思考的具体机制和规律，分析在缺乏"用心"思考状态下人工智能出现的各种具体问题，进一步研究用于评价"用心的

---

① 参见李伦. 人工智能与大数据伦理. 北京：科学出版社，2018：v-xviii.

人工智能"的具体指标和模式。在深入探讨这些问题之后，人工智能的发展就有可能呈现新的面貌，激发新的生机与活力，走上更健康更有成效的发展之路。在人工智能时代提高"用心"思考的能力，不仅能帮助人们解决人工智能带来的问题，实现人工智能与人类智能的有机统一，也有助于避免人工智能技术的发展出现海德格尔所谈到的那种危险局面，即人类被技术中自己所不能控制的力量摆置（stellen）着，反过来被订造（bestellen）成为构成技术链条中某一环的持存物，从而出现"异化"的现象。①机器即使再智能化，归根结底仍是一种辅助性工具，并不能完全替代人类，根本原因就在于人工智能不会"用心"，人类独有的价值意识和责任感是机器无法复制的。因此，发挥"用心"的优势，将人工智能技术始终作为一种有利工具，以帮助人类更好地改造世界为基本出发点，才能真正促进社会的进步与发展。

---

① 参见马丁·海德格尔. 演讲与论文集. 孙周兴译. 北京：生活·读书·新知三联书店，2005：16-18.

结 语

本书对"心"的理论意义和现实价值的探讨，到这里就告一段落了。现在回过头来看前面讨论的内容，可以概括出以下结论。

（1）回顾"心"的观念的历史演变，可以看出"心"的观念的思想内涵随着时代变迁而不断丰富发展，逐渐形成了特有的概念范畴体系和方法路径。"心"的观念在历史上对中国社会生活各方面都有深远影响，但近代以来却出现了"心""脑"混用现象，带来很多问题，凸显了自觉反思"心"的本质特征和实际价值的必要性。

（2）从现代脑科学角度看，"心"的观念的形成和作用是有生理根据的。"用心"思维对应于以右脑和边缘系统为主导（左脑参与）的思维活动，具有以直观体验为主导、以内隐逻辑为支撑的本质特征。这一特征可以从具身认知研究中得到进一步阐释和证实。"心"的观念以一种特定方式反映了人类的认知机制，而这是以往"动脑"的思维关注不够的。

（3）"心"的认知从对象、途径、方法和结果上都与西方传统认知模式有明显不同，但与现代西方现象学、解释学、隐喻理论研究等思想成果有呼应之处，这是从不同方面超越传统的逻辑分析思维局限性的体现，可以相互借鉴、相互补充。"心"的认知功能在整体性、有机性、体验性等方面有其思维优势，但也存在某些弱点，需要经过创造性转化，以具备更完善的理论形态。

（4）"心"可以成为道德主体，人们可以通过"用心"修身养性提升道德素养和境界。"心"的道德意识、道德情感和道德行为的有机统一，即"知行合一"，有助于培育高尚人格，形成"大我"意识，使人们的道德良知、同情心和责任感具备更坚实的基础。

（5）"心"的审美标准注重真善美的统一，能够有效避免"美"与"真""善"脱节的现象；"心"的审美情趣重"形似"更重"神似"，使审美过程带来心灵沟通的效果；"心"在审美意境上注重"境生象外"，激发无尽联想。这种审美功能不仅怡情，还可以不断强化和深化人体验外部世界的能力。

（6）"心"的谋划与优选联系着传统哲学中的重要范畴"道"与"机"，提供了指引人们正确行动的深刻理念；"恒心"与"定力"展现了意志、情商和抗干扰能力在决定实践活动成败方面的关键作用；而反思与变通则展现了创造性地解决各种疑难问题的丰富实践智慧。

（7）"用心"思维可以有效协调人际关系，化解社会矛盾，起到平衡社会规则和民众心理关系的作用。团队建设需要同心同德的氛围，使成员具备共同的价值观和努力目标，通过心灵交流化解各种矛盾。提高机构效能需要培育工作人员的事业心和创造性，主动解决那些"动脑"思维难以涵盖的重大社会问题。

（8）"心"的观念能够为从传统到现代一些重要文化形态的发展提供更开阔的观察视野、更深刻的思想内涵和更有希望的前景。"心"的观念为和谐共生的文化提供了理论基础和方法，为可持续发展的文化展现了时代背景变化和人们观念冲突的症结，为天人合一的文化提供了思想发展的内在脉络和诠释途径。

（9）"心"的观念能否有现代应用价值，可以在一些典型领域开展探索。自觉"用心"的设计应该具有顺应自然、以道驭术、深度体验、巧夺天工的思想特征。自觉"用心"的教育应该是"心""脑"互补的教育、"知行合一"的教育和"知情意相贯通"的教育。自觉"用心"的管理应该是"有温度""有活力""有智慧"的管理。

（10）"心"与"脑"的未来关系应该是一种互动共生的关系。"心"与"身"的未来关系应该促进"心"对人体各器官和嵌入的人工物的统摄，完善具身认知在"心""脑"之间的调节作用。人工智能未来也不可能取代"心"的功能。人类需要发挥"用心"的优势，将人工智能技术始终作为一种有利工具。

　　通过从传统到现代多角度、全方位地谈"心"，本书希望给读者们展示一个有关"心"的思想文化的整体图景，使读者们开始领略"心"的概念范畴体系和应用范围的博大精深。当陆九渊、王阳明等学者创建和发展"心学"的时候，"心"的概念范畴体系已经初具规模，成为中国传统文化的重要"基因"，在社会生活各领域产生了深远影响。但当时的"心学"处在以农耕文化为主导的社会环境中，还没有经历后来现代化浪潮的冲击。近代以来人们对"心"的观念习以为常，缺乏反思和深入研究，"心""脑"概念的混用造成了很多人"用心"能力的弱化。在人工智能迅速发展的高新技术时代，在经济全球化和社会发展出现"临界效应"的背景下，"心"的观念和方法呈现出新的难以替代的价值，值得学术界深入研究和社会各界广泛关注。新的时代是否有可能出现新的"心学"？"心"的传统思想资源是否有可能转化成推动中国乃至人类社会发展的新的实践智慧？"心"的观念形态如何在跨文化交流中得到广泛理解？这都是值得进一步思考和探索的问题。

　　无论是在回顾历史发展脉络的意义上谈"心"，还是在当代科技和社会发展的时代背景下谈"心"，或者从面向未来的视角谈"心"，都可能面临如何转变人们习惯观念和用法的问题。毕竟大家久已习惯在各种日常语言环境中谈"心"，很可能对本书这种学理性较强的谈"心"方式不完全适应。不少人在阅读本书相关内容时，可能难以完全摆脱原有的"集体无意识"的惯性。要使人们普遍意识到"心"的当代价值和现实意义，还需要经历一个过程。然而时代的发展需要我们在谈"心"时从自发走向自觉，从当下走向未来，从本土化走向全球化。这种必要性可能要在重新发挥"用心"的作用产生显著实际效果之后，才会得到普遍认同。可以设想，当"用心"的设计逐渐成为设计界普遍认可的重要途径，当"用心"的教育成为教育界广泛重视的教育模式，当"用心"的管理在科技管理、工程管理和社会管理中得到各种创造性应用的时候，当"用心"的思想方法在更多的领域中得到推广的时候，"心"的意义和价值就会得到更为显著、深刻的呈现，当然实现这一目标还需要付出艰苦的努力。

　　"中国心"是中华优秀传统文化留给当代中国人的宝贵精神财富，是在当代展现"心"的意义和价值的思想基础。"谈心"是中国人日常生活中心灵沟通的主要途径。从文化反思和展望的角度与广大读者谈"心"，是本书难得的机遇。期待本书能够引起更多读者的心灵共鸣，使谈"心"成为当代中国思想文化建设的难得风景，为弘扬"心"所蕴含的中国智慧做出应有的贡献。